国家社科基金青年项目"民国时期社会工作实务研究"
（15CSH067）

国家社科基金丛书
GUOJIA SHEKE JIJIN CONGSHU

从舶来到本土

——中国早期社会工作实务研究

Localization-Study on
Early Social Work Practice in China

孟亚男　著

人民出版社

目　　录

表 目 录

绪　　论

　　关于本土中国社会工作的历史,实际上研究任务不仅仅是扩展历史知识以及填补与过去的鸿沟,还要针对研究匮乏以及由此带来的学科史建构不足的现状作出回应。与其他在新中国成立后高校院系调整中被裁撤的专业不同的是,社会工作的当代研究似乎与在这之前的早期历史彻底割裂了。从学界已有研究来看,关于中国早期社会工作第一次引入本土的历史对1987年之后专业恢复重建影响的研究还相对匮乏,两个历史片段之间似乎从时空上彻底分割开来。而与此同时,与当代本土社会工作密切相关的"民政工作传统",如最早可以追溯到共产党在农村的"边区"以及革命根据地的基层政权建设工作和战时后勤工作——也没有明显的史料证明与20世纪初引入中国的社会工作实务和专业教育有密切联系。正因为这样,历史呈现出了一种时空叠加和交错的格局。在这样的背景下,本书并不力图重建中国本土社会工作历史,而是希望将研究进一步聚焦,考察自20世纪初社会工作引入至新中国成立这一段不长的历史时段内,社会工作实务有怎样的发展和演变的过程;具体剖析有哪些专业实务的理念、方法和技术得到了引入、应用、本土化,以及哪些得到了传承,以期对当代的社会工作实务提供参考,并尝试为本土社会工作的学科史积累资料和线索。

一、西方社会工作的简要历史

与其他人文社会科学相比,社会工作似乎更注重实务,这也就决定了它和一些以思想主导的人文学科以及以解释说明为主导的社会科学有着本质的不同,更强调"实践属性"。但这并不能成为我们抛弃历史和理论研究的理由。无论是何种社会实践,抑或是专业技术,都必然不会脱离其赖以存在的社会时代以及其赖以展开的社会场域和情境;历史是考察一门专业发生发展到当代际遇的重要的线索和途径。

从已有的研究和教科书的阐述来看,社会工作发生发展的历史至少有四个最基本的前提和背景:第一是与工业化相伴生的各类社会问题。在资本主义工业社会时期,出现了诸多的社会矛盾和问题需要去缓解和应对,这是社会工作产生的需求动因。第二是西方慈善传统的影响。即源自古代的那些针对弱者进行救助的制度和文化所遗留的传承。尽管在传统和近现代之间关于如何定义慈善有着本质的区别,但慈善文化总是有着一脉相承的元素。第三是与国家治理相关的系统社会福利政策和政府行为的出现。尤其是政府将应对社会问题和提供有组织救助当成是政府的责任,并且积极引入科学和专业的组织管理。第四是大量的可以与政府形成伙伴关系的非营利组织及其服务。正是这些组织和机构的出现将社会慈善从传统的互助发展为有组织的科学的慈善和救助行为,并成为政府功能的有效补充。

(一) 工业社会、资本主义及其社会问题

《现代社会事业》一书成书于1944年,言心哲在书中指出了当时社会工作之所以兴起的一个功能性的解释,那就是"社会事业"即"社会工作"本身是基于各种社会问题和病态而产生的一种社会应对机制,其目的是伸张社会正义和补救社会问题。从马克思主义的研究传统来看,由于社会化大生产与生产资料私有制的固有矛盾,工业社会和资本主义产生各类社会问题是必然的。

贫困来自于不平等,除了一些与人性或者人类作为种群所具有的动物性相关的问题表现之外,很多社会问题都与不平等的社会制度密切相关。而在资本主义工业社会的早期,在物质生活相对贫乏的年代,人们更关注的是生存问题,工人阶级与资本家的矛盾导致的周期性的经济危机对社会造成的最直接的问题实际上是贫困以及与之相伴生的犯罪等各类问题。但发展是解决这些问题的最重要的手段吗?或者说贫困为主要表象的社会问题是不是能够靠物质生活的支持来解决?社会工作的先驱玛丽·埃伦·里士满(Mary E.Richmond)很早就洞彻了这一点:

> 我们这些在大城市生活的人,可以亲眼见证这些文明问题正在被解决。这是一件非常有趣的事情;但是那些思考这些问题的人只能看到阶级和阶级之间的差距越来越大,富人越来越富裕,穷人越来越贫穷。不要奢望通过物质资料来对付邪恶。你只是在火上浇油。但是一件更为简单的事情就可以做到这一点——一件简单的我估计你都不会相信的事情——即简单的友善。①

在这里笔者不想再花费更多的笔墨来阐述资本主义早期以及进入工业社会以来至今的那些持续得不到缓解的社会问题及其表象,比如贫困的发生率有多高,或者犯罪率有多高;又或者人们的身心健康问题以及其他更为不公正的问题,比如性别歧视、种族歧视、遭受家庭暴力的妇女以及儿童等——这些方面的资料数据已经很多。作为一项探讨社会工作历史的研究,本书想澄清的是这样一个历史逻辑:资本主义和工业化产生了诸多的社会问题,这些问题有着根深蒂固的与生产力发展存在内在性一致的根源,而且有其制度性的因素存在,并不是仅仅依靠物质生活的丰富就能自然而然解决——那就需要积极或者消极的干预。干预主要分为两方面:一方面是来自政府的宏观干预,通常是用对税收的二次分配来调节,以社会福利来应对那些因贫困而产生的各

---

① [美]Mary E.Richmond:《求索的一生:里士满社会工作专业化历程》,郑国锋主译,华东理工大学出版社 2018 年版,第 62、63 页。

类问题；或者以社会控制和矫正机制来应对社会越轨；而另一方面，在微观的助人方面，社会慈善，或者说后来成为专业的社会工作，扮演着里士满在自己的著作中所描述的"友善"的一面。这种逻辑是不同于政府或者其他自由主义者或者保守主义者所争论的关于不平等的应对策略应采取的问题应对取向的，"友善"实际上源于一种专业假设，那就是如果处于困境的个体、家庭或者群体其需要在一定程度上得到满足和支持，通过各种渠道来赋予他们平等和公正的权利，那么他们能够自己解决问题，融入社会。

（二）西方社会的慈善传统

一般认为，社会工作的出现和工业社会产生以来国家和社会对社会问题的预防、化解和应对以及对这些工作的专业化诉求密切相关。但实际上更直接地与社会救助相关的社会问题是"贫困"——在历史维度上，社会工作与贫困问题以及贫困人口有着先天的血缘关系和共生关系。所以无论是欧美还是港台的教科书，一般都会在社会工作历史的描述和回顾中将社会工作的起源推至早期的社会慈善，而这一般也会与社会工作另一个背景和来源——宗教，密切相关。在与之相关的考察中，我们必须关注的是西方社会慈善与社会工作产生的三个尤其重要的要素：一是西方慈善文化的价值导向——尤其是对贫困和社会问题的看法，对穷人的态度，直接和间接决定了服务的性质和形式；二是西方社会的慈善传统所赖以存在的组织和社会结构形式，比如依托教会以及教区组织，早期的邻里互助和志愿服务人员；三是国家的作用，即政府是如何背负慈善救助责任并如何将慈善作为社会福利制度的产品输出，以及如何对民间慈善救助进行组织管理的。

西方的慈善事业是以两个平台来进行的：一是教会组织，对内本身就带有着在宗教共同体中组织互助的使命；另一个平台是教会组织在世俗的事工，对外依托教会兴办的福利机构和项目来开展社会慈善活动；需要注意的是，在中世纪以前，人们的日常生活世界中，教区即社区。中世纪以后这种状况的转型或者变革是伴随着两种力量的推动作用而发生的:一是政治统治者开始介入慈善事业,如国王、侯爵和贵族开始兴办以收容和救养为主要业务的医院来部分取代修道院、寺院的工作,政府开始抑制行乞并立法监管慈善救助;另一种力量是资本主义和工业化,被剥削的工人阶级迅速进入统治者的社会治理视野并得以被制度化安排。

(三) 社会福利与福利国家

真正以国民收入再分配形式即以国家税收来救助贫民的还是要追溯到1601年英国颁布的 *The Poor Law*,也即《伊丽莎白济贫法》。与传统救助政策不同,该法最核心的变化在于:第一,对穷人分类,将穷人分为有工作能力的贫民、无工作能力的贫民和失依儿童,进行区别救助。比如有工作能力的贫民应当被遣送至"矫正之家"或者"习艺所",接受劳动改造,否则可能面临其他惩罚。第二,强调为了抑制流动行乞,以居住时间来明确城市居民的身份,规定居住在教区三年以上的才能得到救济。第三,强调家庭责任,即强调亲属有照顾穷人的基本责任。只有家庭无力支持,责任才能被转移给公众和国家。第四,国家承担以税收来支持救济的责任,并且将慈善救助纳入政府行政和公共服务。政府会委派由法官任命的监察员来主管每个教区的行政工作,包括接案、调查和决定是否救助,更重要的是,征收济贫税。

《伊丽莎白济贫法》的伟大之处在于其对于近现代国家主导社会福利体系的一种框架式的引领和示范。社会福利的近现代转型最主要的特征实际上主要就是国家主导、税收支持和专门的行政管理,以及对社会组织的认可和与之形成的伙伴关系。这些在该法案及其实施中都能找到雏形。言心哲在其1944年出版的《现代社会事业》一书中是这样评价的:

英国救济法之最有效而最完备者,莫如1601年伊利萨伯①女王

––––––––––––

① 即伊丽莎白。——作者注

所定之救贫法案,该法不仅为英国之救济法之渊源,即美国与其他各国亦莫不奉为模范。该法既立,救贫事业遂规定为教区之义务。同时,向地主征收救贫税,盖认地主有救助贫民之责任。该法又建议开始成立全国统一救贫机关。①

在《伊丽莎白济贫法》中最重要的角色是"监察员",言心哲是这样介绍的:

监察员之职务如下。

(1)凡父母无力抚养之儿童,如有需要,经两评判员之同意,可为儿童代谋工作。

(2)凡无法生活之成人,令其从事工作,借以获得生活费用。

(3)每周向每个居民及有产业者征收赋税,将所收得之总额作下列必需之用途:①收买大宗便宜苎麻、羊毛及其他必需用品,以作发给贫穷工人之用;②救济一般跛足、无能者、盲人以及其他不能工作之人;③安插贫儿,如充当学徒之类;④监察员每月至少须集会一次,并须于年终作一办理经过之报告。②

在当时,这些工作主要是政府统一安排部署,工作人员也主要是政府人员,虽有各类社会组织以及协会参与,但尚未有全国性质的慈善组织参与。在后续的政策演进过程中,政府主导作用不断增强,包括在济贫法影响下当时德国创设的救济穷人的"爱尔伯福制""汉堡制",在教区的划分和监察员的工作方面更为细致,而且在救助对象的识别和界定方面也更为人性化和更为注重规避福利依赖。但更重要的变化发生在美国:

南北战争之后,伴随着1873年的经济萧条,社会出现了混乱状态和大量个人、家庭和社区方面的问题。美国的慈善组织运动出现了,其主要模式仿效了欧洲的改革。这一运动推行数十年后,出现了

---

① 言心哲:《现代社会事业》,河北教育出版社2012年版,第98页。
② 言心哲:《现代社会事业》,河北教育出版社2012年版,第98页。

数量众多的私人慈善机构和社区福利委员会,且多数建立在美国人口众多的中心地区。能力卓著的社会工作者逐渐成为这些委员会的工作人员,他们试图了解社区的需求,吸收社区领导者参与研究这些需求,制定计划,并尽力使计划的实施获得成效。①

社会福利的逻辑起点之一是对社会问题的回应。查尔斯·扎斯特罗(Charles H.Zastrow)讨论过在社会福利领域的"剩余论"与"设置观":在剩余论那里,福利接受者境况困难的原因是他们自己的问题,如个人的不足、盲目的行为或罪过等,也就是说资本和服务不是权利,而是礼物或者施舍,需要穷人或者弱势群体以承担义务去交换,福利行为应该是临时性的,长期的福利支持必然带来依赖;而"设置观"则认为社会应建立各种保障社会公平竞争的规则,社会福利是帮助人们满足基本需求的必要手段,而且社会变得如此复杂,很少有个人能够在没有社会服务帮助的情况下发挥作用,也即不仅社会福利是接受者的权利,而且专业服务也是必需的——这些都是需要制度化的,并可以对社会的发展和民众的福祉起到积极的作用②。在国家福利制度的框架内,服务对象越来越专业的需求下,传统慈善救助不得不积极寻求"科学"的支持,社会工作实务也因此得以专业化。

(四) 社会工作的发生及其专业化的进展

1877年美国第一个慈善组织协会成立于水牛城(Buffalo)。而在这之前,19世纪早期,美国的私人性质的机构就已经开始尝试去帮助那些在大城市生活的困难人群。但查尔斯·扎斯特罗认为,这些创办者多为牧师和"富裕的人",不了解人类行为,也没有专业训练。而与他们在欧洲的那些同行们所做

---

① [美]O.威廉姆·法利等:《社会工作概论(第9版)》,隋玉杰等译,中国人民大学出版社2008年版,第23页。

② [美]查尔斯·H.扎斯特罗:《社会工作与社会福利导论》,孙唐水等译,中国人民大学出版社2005年版,第11—12页。

的差不多的是,美国早期的福利组织主要针对对象也是贫困者,他们成立团体的目标和常做的工作是"调查穷人的习惯和环境,提供穷人帮助自己的计划以及鼓励穷人的储蓄和节俭。当这些工作做完之后,他们会挨家挨户访问穷人"①,这也被认为是社会工作最初的基本形式。

美国社会工作的产生有两个运动的推动:一个是慈善组织的联合,体现为慈善组织会社运动,主要是为了整合贫困人口信息,避免慈善资源的浪费,以及能够有更大的平台来开展救助:

于1877年在纽约的布法罗②开始的慈善会社(COS)迅速被许多城市采纳。在慈善会社中,私人机构联合起来,(1)向个人和家庭提供服务——在这个方面,他们是社会个案工作和家庭咨询模式的先驱者;(2)计划并协调私人机构的努力来应对城市中日益紧迫的社会问题——在这个方面,他们是社区组织和社会计划模式的先驱者。③

另一个是睦邻组织运动,体现为通过邻里中心的建设与提供公益慈善服务来促进外来人口融入,融洽邻里关系,整合与提升社区社会资本。前者是如何更有效地帮助到穷人,而后者则是"居住在贫穷的邻舍,使用传教士的方式教导居民如何过有道德的生活,并改善他们的环境"④,这种组织运动成为社区工作的重要来源:

第一座美国的社区中心是1886年在纽约建立的,三年后珍妮·亚当斯⑤在芝加哥建立了最著名的一所中心赫尔大厦。在它的带动

---

① [美]查尔斯·H.扎斯特罗:《社会工作与社会福利导论》,孙唐水等译,中国人民大学出版社2005年版,第47页。
② 即水牛城。——作者注
③ [美]查尔斯·H.扎斯特罗:《社会工作与社会福利导论》,孙唐水等译,中国人民大学出版社2005年版,第47页。
④ [美]查尔斯·H.扎斯特罗:《社会工作与社会福利导论》,孙唐水等译,中国人民大学出版社2005年版,第47页。
⑤ 即简·亚当斯。——作者注

下,类似的邻里中心很快出现在美国的其他城市。如今,这种社区中心在人们的生活中扮演了重要角色,它提供服务满足小孩子、青少年和成人男女娱乐上的需求,解决人格上的问题。①

这样的发展尽管并不是虚假的繁荣,但是在当时并不是没有问题和危机的,也引发了一系列的"行业反思"。尤其是体现为管理者的"高高在上"与带薪工作者和志愿者面对需要帮助的对象时"茫然无措"。里士满很早就在关注这种现象,并提出了专业化的必然要求:

> 我也不会忽视这个事实,现在这个国家的慈善组织会社没有一个管理者与穷人接触过,除了二手经验外,他们不知道任何有关于贫困的知识。总有些人在遇到一个穷人时,就像一个带着宝宝的单身汉一样无助,甚至这些人在某种程度上也可能是有用的。

> 如果这是慈善,为什么要烦心去研究实验和比较,如果良好的意图已经足够,我们为什么要在获得知识和技能以后还要如此努力奋斗呢?……但是放弃所有站不住脚的重要主张,把慈善事业放在教育神学和医学的科学水平上,我们提高了她的真正重要性,因为作为一种科学,作为一个有组织的实体,她已经落在了后面,这点很快会变得显而易见。②

在专业化问题上,里士满是身体力行的,她分别在1917年和1922年出版了《社会诊断》和《什么是社会个案工作》两本专著并由此成为社会工作理论研究和实务总结的先驱者。正是她在费城慈善组织会社(Philadelphia Society of Organizing Charity)任职时重组这个会社并引入了新的个案记录,开始了科学的慈善和专业的个案工作③。关于社会工作是否是一门专业,当时还有一

---

① [美]O.威廉姆·法利等:《社会工作概论(第9版)》,隋玉杰等译,中国人民大学出版社2008年版,第24页。
② [美]Mary E.Richmond:《求索的一生:里士满社会工作专业化历程》,郑国锋主译,华东理工大学出版社2018年版,第126—127页。
③ 参见林万亿:《当代社会工作理论与方法》,五南图书出版公司2002年版,第73页。

个业内非常有名的讨论。亚布拉罕·弗莱克斯纳(Abraham Flexner)博士在1915 年美国召开的全国慈善与矫治委员会会议上提出的关于一种职业成为一个专业的六个条件:①伴随着个人责任的智慧性操作;②构成素材来自科学与学习;③这些素材逐渐趋于实用且轮廓分明;④拥有可教育的沟通技巧;⑤朝向自我组织;⑥逐渐在动机上成为利他性。① 据说根据这六项标准,弗兰克斯纳的专业评判标准激发了当时社会工作业界朝向专业化努力的热情。职业和专业是相对应的,在现代化的大背景下,实际上专业化的要求要比弗莱克斯纳的标准还要更严谨、系统化和标准化。一般认为,一门职业的专业化至少应该包括四项重要的内容:第一是一套逻辑严谨并可以不断进化的理论知识体系;第二是一套在理论指导下的可检验的行之有效的实务技术;第三是在高等教育和职业培训中占据一席之地;第四是拥有合法地位的行业人员、行业组织和从业标准与制度。

作为对社会工作比较了解的业内人士而言,其实都知道上述所谓专业化实际上都是靠实践推动的,至少在社会工作专业化的早期和中期尤其如此。即便是到了当代,理论研究在社会工作学界仍然不受重视。而且需要注意的是社会工作的理论大多来自心理学、管理学、社会学等多学科的借鉴,所以当我们谈到心理动力、认知行为、系统理论、社会生态等所谓社会工作耳熟能详的概念、命题和理论流派时,都不可避免地要提到它们的其他学科渊源。在简春安、赵善如著的《社会工作理论》一书中,将社会工作的理论和知识建构按照背景、专业方法和专业教育等线索进行了系统梳理,从初步专业化的社会福利开始,分阶段的进展和特征如下:

---

① 参见 Flexner, Abraham, Is Social Work a Profession? *Research On Social Work Practice*, 2001,11(2),pp.152-165。

表 0-1　社会工作理论和知识建构的八个阶段①

年份	背景	个案工作	团体工作	社区组织	专业教育	理论与知识进展	其他
基础阶段	1.有组织有规划处理社会问题;2.实务工作在边做边学中探索;3.COS成立,开始开展科学的慈善;4.发现社会学不足以支撑实务;5.Richmond认为社工应纳入为大学教育						
1870—1900年							
专业阶段							
1900—1914年	1898年认为是社工专业创始年	1890年开始使用,1911年被明确为一种助人技术	并未开始独立应用,但已经在睦邻组织的赫尔馆开始应用	尚未正式化,社会福利工作者在社区开展活动居多	从一年教育到两年教育,大学开始有课程	弗莱克斯纳(Abraham Flexner)提出六个专业标准	Richmond发表了《社会诊断》,个案工作专业化起步
1914—1930年	第一次世界大战促使社会工作由贫困转向更多的问题领域	精神分析成为理论基础;医务社会工作出现;治疗性关系占据主导	强调民主表决机制;杜威、涂尔干、齐美尔、库利、勒温等人的理论被引入团体工作	杜威强调民主;1921年来德曼发表《社区发展》一书,强调人道主义	个案占据主流;专业组织前后涌现,专业化进程加速	团体理论得到丰富	

① 参见简春安、赵善如:《社会工作理论》,华东理工大学出版社2018年版,第57—73页。

续表

年份	背景	个案工作	团体工作	社区组织	专业教育	理论与知识进展	其他
1930—1940年	社会科学界的研究眼光由个体转向宏观的社会体制	诊断派个案工作受到挑战;助人目标转向激发案主的潜能,鼓励案主自我成长	1923年凯撒在西储大学开设团体工作课程;1930年柯露尔出版了《社会团体工作》一书;1935年柯露尔在全美社会会议上发表社会团体工作哲理方面的文章;《社会工作年鉴》将团体工作列入社工二领域	强调联合合社会组织的重要性;1939年的 The Lane Report 认为社区组织是一种过程			
1940—1950年	重新修正和建构实务工作	瑞恩克的功能流派和弗洛伊德的精神分析学派交相辉映	1946年柯露尔注意到个案、团体、社区组织都有共同的要素	1942年魏特模特提出社区组织与个案和团体工作的区别;1945年强森指出社区工作者的专业性			
1950—1960年	多元活动及思想;1951年 Holly Tyler 的报告完成	实务的主轴是人在情境中	注重民主参与教育角色的发展;也可以包括治疗的目标;整合了社会学、人类学、心理学的知识	社会组织的专业化过程遇到困难	1958年社工协会完成了 A Working Definition of Social Work Practice 报告,明确了社会工作的专业性		

续表

年份	背景	个案工作	团体工作	社区组织	专业教育	理论与知识进展	其他
1960—1970年	专业持续发展;研究生和大学生人数增加;社工从业人员增加	强调自我心理学;恢复重视贫困问题处理	开始把团体动力模式化;认识到团体成员和团体过程才是解释性团体的主角;治疗性团体与个案工作一样需要理论支持	1962年社会工作教育协会承认社区组织在社工教育中是重要的一环;强调社区工作服务必须重视计划协调和募款			
1970年以后	1.个案管理理念开始被重视;2.量化研究与质性研究产生;3.系统理论与生态理论被广泛使用;4.社工的理论由引用而逐渐出现有建构性的理论的出现;5.电脑的出现资讯体系;6.科技发展与伦理考量得到重视						

透过这一梳理不难看到,社会工作的专业化是一个伴随着实务进展而在教育和学界得到不断整理和确认的过程;而另一方面,行业组织、职业资格与标准的确立确保了这一过程在实务领域得到不断强化和反馈。而与此同时,资本主义的全球化进程已经从殖民地开始,这套产生于资本主义工业社会的专业方法被"打包"在基督教的"社会福音"运动中得以在世界传播,以强化和拓展帝国主义在全球的殖民统治。这其中就包括了大洋彼岸已经经历鸦片战争的古老帝国——处于晚清的风雨飘摇的中华帝国。并且其影响持续到辛亥革命后的南京临时政府、北京政府和之后的国民政府时期。

二、中国早期的社会工作实务:研究的方法、线索与框架

尽管有了百年以上的历史,以及围绕这一学科的繁多著述和在实践中的相对统一的框架,但如何界定社会工作始终是一件很困难的事情。在此基础上,如何界定社会工作实务却相对简单——社会工作既是职业又是专业,社会工作实务就是将这种"职业""专业"付诸实践。然而真要落实到研究,就需要有定性的描述和外延的界定。巴拉德福特·谢弗(Bradford W.Sheafor)和查尔斯·霍雷喜(Charles R.Horejsi)认为社会工作实务的基本要素应该包括四个方面①:第一是社会工作者扮演的角色;第二是随着时间推移而演变的若干原则;第三是在实务工作中适用的理论模型;第四是社会工作者在实务过程中需要的批判性思维、最佳证据和用以指导案主完成整个改变过程的技能。这种理解是相对狭义的理解。在广义的范围内,社会工作者的实践并不仅仅是服务,还包含其他相关的但同样重要的实践,直接或间接影响着服务输出的发生以及效果。

---

① 参见[美]巴拉德福特·谢弗、查尔斯·霍雷喜:《社会工作实务:技巧与指南(第十版)》,卢玮译,中国人民大学出版社 2019 年版,第 43 页。

（一）关于社会工作实务的界定

"实务"一词在英文中对应的是"practice"，也翻译成"实践"。埃文斯（R. Evan）曾提出过"实践理论"和"实务理论"的区分，即实践理论是"theory of practice"，可理解为对社会工作宏观环境的分析，是引导社会工作者介入工作的最高层次的认识工具；而与之相对应，"实务理论"则是"practice theory"，是社会工作一些具体的介入模式，是较狭义的工作手法、技巧以及有关的原则、规范等，"实务"应该指的是"较狭义的工作手法、技巧"①。

美国社会工作者协会（NASW）1992 年发布的课程政策声明中，谈到社会工作实务是这样规定的：

> 社会工作实务内容必须包括知识、价值和技能，他们能促进人类福康，改善影响人们的消极的环境状况。实践内容必须包括下述技能：确定问题，收集和评估数据，计划和定合同，找出各种干预措施，选择和实施恰当的行动过程，运用恰当的研究监督和评估结果；运用恰当的基于研究的知识和技术的成果；结束工作。实际实践内容也包括针对其他类型案主的实践模式和技能，如，不同的社会、文化、种族、宗教、精神和阶级背景以及所有规模的系统。②

在中国本土流传最广的关于实务的社会工作教材恐怕就是职业资格考试教材《社会工作实务》③一书了。在该书中，实务被赋予了三个维度：第一是过程维度，即社会工作实务被分解成接案到结案的六个阶段；第二是领域维度，

---

① R.Evans，"Some Implications for an Integrated Model of Social Work for Theory and Practice"，*British Journal*，1976，6（2），pp.177-200.
② ［美］查尔斯·H.扎斯特罗：《社会工作与社会福利导论》，孙唐水等译，中国人民大学出版社 2005 年版，第 109 页。
③ 这里指的是全国社会工作者职业水平考试教材编写组编的"全国社会工作者职业水平考试指导教材"《社会工作实务》，该教材分为"初级"和"中级"两种，分别对应"全国社会工作者职业水平考试"中的"助理社会工作师"和"社会工作师"两个级别的职业水平测试。

即按照服务对象和服务开展的具体场所将实务分为儿童、青少年、妇女、老人等;第三是知识体系维度,即要开展具体社会工作实务就应该要了解服务对象/场所的概况,明确服务对象的需求和问题,界定好实务开展的任务,并运用专业的技术去满足需要、解决问题。

笔者认为,其实不需要再列举更多的关于实务的理解了,需要的是在学界和业界的通常认知基础上,结合本研究的具体研究情境和研究目标来做操作性的处理——本研究是对中国本土早期社会工作实务的具体进展来做回顾和总结的。林顺利曾在《解读社会工作历史的三个视角》中提出本土、现实和专业三个视角①,借鉴这种"三维"的分析方式,在本研究中需要将社会工作实务放在四个维度进行考量:第一是专业的维度,即便是在分析历史,也要将专业的制度和标准置于具体历史情境中作为历史叙事的尺度,可以在专业的演变中变化尺度,但是一定不是任意地遴选史料和证据;第二才是历史维度,即要在纷繁复杂的史料证据中构建线索,尝试梳理实务在专业演进中的轨迹;第三个维度是现实性维度,即克罗齐所谓的"一切历史皆是当代史",必然要站在当代的角度和视野去审查过去——不仅仅是追求当代的历史镜鉴,而是要在当代的叙事话语体系中去建构;第四个是本土性维度,社会工作实务归根结底是在情境中开展,不仅仅是人在情境中,而且是"史"在情境中,从摇摇欲坠的半殖民地半封建社会,到民族资产阶级和军阀主导下的乱世飘萍,再到中国共产党的星星之火起燎原之势,社会工作有可为有不可为,纵使有社会精英裹挟其中,但终究只是那个时代的"水花";再者,具体到实务,则更是要深入"下里巴人",而那些来自底层的弱势群体最典型的特征就是本土性,以本土文化和制度为土壤的社会结构才是社会工作真正需要进入的情境。加上社会工作实务作为服务输出的"结构"和"过程"的双重属性,笔者要构造一个相对系统的体系,将历史中的"实务"做澄清和还原。

---

① 参见林顺利:《解读社会工作历史的三个视角》,《中国社会工作》2013 年第 3 期。

因此,在本研究中,社会工作实务是处于"历史—现实""专业—本土"两个连续统之中的,以社会工作者为主体,在相应的价值伦理和知识体系的框架下运用专业手法,按照相对规范的服务输出过程,服务于儿童、老年、青少年、妇女、残疾人等服务对象和领域的一种专业活动。其内容和机制可用下图来描述。

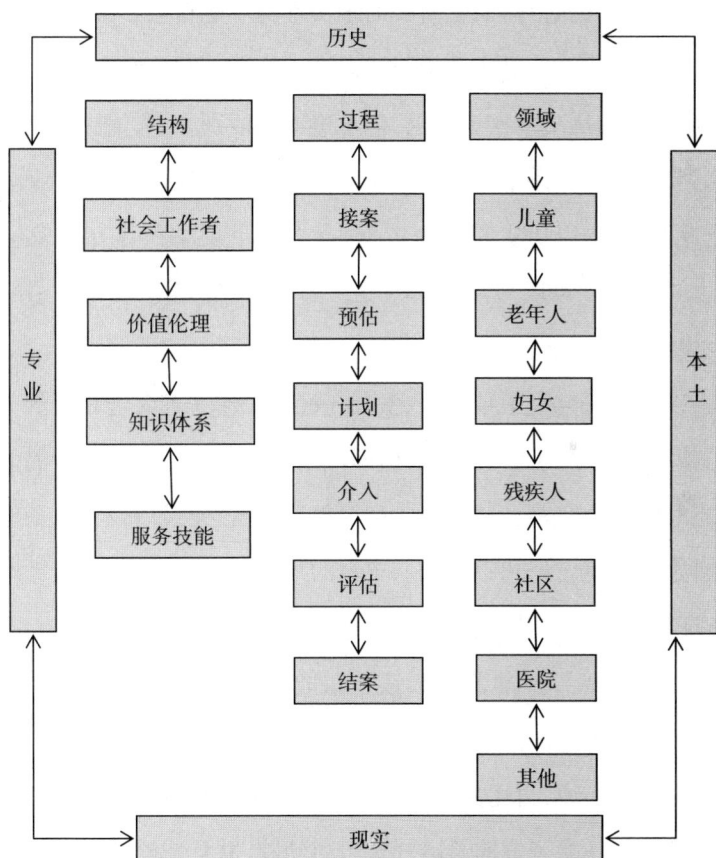

图 0-1　社会工作实务历史考察的内容和机制

(二)社会工作实务历史研究的思路

作为一门专业实务的历史研究,首先是专业,然后才是历史研究,所以既不能是史料的堆砌,也不能是纯粹的专业技术演变的资料汇集,而应该是能够以专业技术的历史演进为核心,来串联一门学科的历史,并让这些历史事实能够在现实层面得以阐释和描述。布克哈特(Jacob Christopher Burckhardt)在《关于世界历史问题的思考》中指出,由于历史学的对象如此巨大以至于我们根本不能完全消化那些材料①。而何兆武则提示我们,历史包含过去发生的事件和我们对事件的解释,而更重要的事实本身不能自己给出解释。②

所以,对于非史学专业的人来研究历史,本身并不是治史,而是治学。尽管都要以发生过的历史事实为依据,但这里面的区别在于,治史终究要面对丰富的史料,要在历史联系中寻找可供阐释的线索;治学不同,非专业治史要治的终究是专业,是要以历史事实为依据,寻找和重现学科与专业发生发展的"规律性",或者其中可以为本专业"立法"的痕迹和要素。所以本书的做法主要集中在以下几个方面:

第一,以史学研究为工具,深入发掘与社会工作实务演进相关的史料。20世纪初至新中国成立,短短几十年,但即便是仅仅聚焦于社会工作的引入和发展,涉及当时的社会慈善、国家福利、高等教育、乡村建设以及卫生工作等诸多领域,史料之繁杂也已经超乎想象。史料的重要性在于其事实性,也即一个新的史料被证明,极有可能推翻所有已经建立的历史线索。而更潜在的"风险"是一个史料可能需要一组证据链去还原和推演,比如"赫尔馆"的创建者简·亚当斯(Jane Adams)来华,因何来华,来华之后对于本土的社会工作有何影响,均需要史料去还原;再比如熊希龄的女儿熊芷在政府支持下创办了北碚儿童福利试验区,但如果了解熊希龄的香山慈幼院,并且能够进一步了解熊芷在西方留学所学的正是儿童福利课程,那么对于本土儿童社会工作的发展则具

① 参见[瑞士]雅各布·布克哈特:《关于世界历史问题的思考》,载刘北成、陈新编:《史学理论读本》,北京大学出版社 2006 年版,第 82 页。
② 参见[瑞士]雅各布·布克哈特:《关于世界历史问题的思考》,载刘北成、陈新编:《史学理论读本》,北京大学出版社 2006 年版,第 57 页。

有完全不同的意义。西学东渐,主要是要"洋为中用",然而西学入本土何其艰难? 步济时(John S.Burgess)、蒲爱德(Ida Pruitt)等人自 20 世纪初长期在北京做慈善,可在当时的中国,将社会工作与本土助人系统结合的工作,势必曾经颇费周折,几多辗转——想来如是,但证据呢? 1927 年大革命失败之后,中国共产党被迫转入农村;然而在农村是如何开展农村工作的? 建设基层政权,又是如何开展信用社和合作社建设,动员基层社区组织建设的? 而这些工作方式的实务经验,和当时国民党统治区的社会工作实务之间有何关联? 这些都没有办法通过解释来作出结论,如无证据,历史是没办法凭空假设的,但偏偏这些问题又是何其重要? 所以,本书不是立志治史,但却必须以史为器,在史料开掘的前提下来探寻专业实务演进的逻辑。

第二,以西方社会工作实务演进为参照系,研究中国早期本土社会工作实务的演进。1911 年,或者以基督教青年会干事步济时入境作为起点,当时的社会工作在西方的专业化进程也不过是经历了漫长的积累才刚刚起步,彼时弗莱克斯纳还没提出六个标准,里士满也没发表《社会诊断》,但那些以步济时为代表的外国人进入中国之后迅速按照社会福音的新传统在北京、天津、广州等地的青年会开始了"赫尔馆"所开展的一些类似的社会服务;而他们的前行者们也早已在上述各地开启了福利院和医院,并开始着手帮助穷人,推广宗教信仰——尽管带着本质性的"殖民主义"的特征,但客观上来讲这些活动的重要性在于:在生产力和生产关系都相对落后的半殖民地半封建社会土壤上,被这些传教士们不遗余力地种上了社会工作的专业的种子,即便是他们自己大陆上的社会工作专业化也还没有开花——这就使得"后发"成为一种优势。中国早期社会工作实务尽管有着非常显著的"外部性"或者说被动嵌入的特征,但如果将《伊丽莎白济贫法》以来的资本主义和工业社会积累的背景排除之后,在时间上是与西方几乎同步的。与此同时,需要我们提起注意的是,在这一时期,大陆本土的"西学东渐"远没有结束,外有步济时、蒲爱德等外籍人士往返牵线,内有言心哲等知识精英信息沟通,西方世界社会工作的最新进展实际上都会很快引入本土,并迅速成为高等教育和社会试验的源泉。所以,本书可以将中国早期社会工作实务的历史梳理置于一种类似于世界性的标准下考量,从而保持考察的专业性,不会由于本土的"相对落后"的假设而过度向"当代"妥协。

第三,强调社会工作实务的本土性,将社会工作实务在本土的适用性转变作为本土成就和经验加以总结。强调专业化和国际视野并不等于屈从或者是固执,社会工作源自西方,意味着必须要适应本土环境生态而获得生存的资源与条件。比如说,作为社会工作母体的基督教,尤其是深受"社会福音"影响的基督教青年会是促进和推动中国早期社会改革的重要力量,但也不得不在20世纪20年代以后积极寻求"本色化"①,而即便是这样,仍然没有逃过在"非基督教运动"之后迅速衰落的命运。固然是大势所趋,但是也有在文化上"水土不服"的原因。在左芙蓉的《社会福音、社会服务与社会改造——北京基督教青年会历史研究》一书中谈到较早进入中国传教的艾迪(Sherwood Eddy)博士在自述中的一段话:

> 傲慢的中国官吏、绅士和学者对礼拜堂向来是过门不入的,也不愿失去自己的"面子",站在街上听洋鬼子的说教。在一个世纪以内,他们是快然自足,不受他教的感动的。②

传统社会制约下,想要改变就必须要从那些善于和易于改变的群体入手,这也是作为肩负社会福音使命的传教士们在当时中国各地兴办青年会,以及步济时想到联络燕京大学并开设社会工作课程的主要动因。那一时期的政府官员、开明绅士,在传教士们的带领下从办学校、办医院、办慈善等入手,从社会服务来推广基督教文化,走的是社会福音的路子,但也有着本土化的动机和

---

① 吴义雄:《自立与本色化——19世纪末20世纪初基督教对华传教战略之转变》,《中山大学学报》(社会科学版)2004年第6期。
② 左芙蓉:《社会福音·社会服务与社会改造——北京基督教青年会历史研究1906—1949》,宗教文化出版社2005年版,第45页。

目的。所以社会服务的本土化则脱胎于传教的本土化,社会工作实务的本土
化脱胎于社会服务的本土化。当时步济时认为只有社会服务才能救中国:

中国现在极重要的问题,即是能不能把他们的团结精神发展,能
不能使普通人民以社会公益为怀,明白合作方法,共同谋社会之
需要?

……

国内已有三种运动,我要简单地说起来,以证明中国人可以发展
互助的习惯,而得团体的精神,第一例即北京之贫民救济。

……

再以平民教育为例:更有一运动,对于本文题旨,愈表示显明。
当此世事复杂时代,固不能人人关心慈善事业或公共卫生,公共游戏
事业。

……

地方服务团

本城有较小的运动,其目的更专注于创造团体的自觉精神,也值
得提到。接踵而立之地方服务团有六,每团均有科学的具体办法,应
付穷人之需求,及卫生工作。其一与协和医院合作,有组织极完备之
卫生部。七处服务团,每年有一卫生星期,以演讲与展览,宣布公私
卫生各要着。每团又有教育工作,如工读学校,夜校,半日学校等。
亦有组织运动场者。然最要之点,不在进行之各种工作,而在联合地
方人众,以自谋地方之福利云。①

在步济时那里,社会福音的使命就是所谓的"拯救俗世",让"天下归主"。
而要在中国传教,就必须要积极参与到当时中国最大的问题讨论中——如何
救中国,要分析中国当时社会问题的成因,要提供解决应对的方案。步济时认

---

① [美]步济时:《中国社会服务工作之意义》,《社会学杂志》1925 年第 5—6 期。

为中国社会问题的成因在于缺乏团体精神,而解决的对策就是社会服务——这就给社会工作的引入提供了一种基于"民族大义"的合法性。而此后诸君,包括许仕廉、言心哲、蒋旨昂,在探讨社会工作的时候莫不以救国和复兴为伦理基础,这也是非常重要的本土化的价值前提。步济时在上面的文章中提到了三种服务运动:第一种是科学的慈善;第二种是乡村建设;第三种是社区和医院的社会工作。这三种社会服务在20世纪20年代,无不代表了与美国乃至资本主义同步的社会工作进展状况,在某种程度上是新引入的社会工作在中国大地上迈出的非常重要的国际化步伐。

具体来讲,社会工作实务的本土化大概有三个阶段:第一个阶段是埃迪博士到步济时,从基督教的社会服务中引入社会工作并逐步专业化,尝试将西方舶来的传教的辅助手段应用于本土;第二个阶段是与基督教的"本色化"紧密联系,主要表现为基督教兴办的各类慈善组织和机构开始交付本地社会精英(主要是青年会成员骨干)运营管理,开展服务和传教工作;第三个阶段是在基督教传教运动退出中国之后,国家福利框架逐渐介入,社会工作作为知识体系和专业技术被逐渐纳入社会治理。在这几个阶段中,实务的结构和过程都在发生演进,并不仅仅是主体和对象的问题,而是价值、知识和技术都在变化;更重要的是,中国共产党在农村的工作积累了大量的超出后来民政工作的经验模式,并得以在新中国成立后成为社会福利、社会保障与社会动员的重要手法,这些都是本土化的重要的经历,是超越西方社会工作经验之外的。

(三) 中国早期社会工作实务的线索与框架

这一时期,政权更迭和战乱频仍是重要特征,社会事业和社会建设都不可避免带有着"救亡图存"和"民族复兴"的使命。在这种背景下,社会工作具有着多元属性:起源于科学的慈善,则必然带有拯救民众和化解社会问题的功能预期;初期发端于宗教,则必然带有为传教和文化殖民服务的特征;而后期参与社会建设,则被看作是国家转型的治理手段。总结来看,结合上文提到的研究框架,本书尝试梳理几条明显的线索,在结构中完成社会工作实务历史的建构工作。

1.实务历史研究的线索

(1)主体线索

通过已有资料来看,中国早期社会工作实务史中所涉及的主体即社会工作服务的提供者和践行者大概有以下几类人群:

第一类是来自于西方的传教士,自认为是社会福音的使者,同时是西方殖民主义的推动者,也有少数对中国报以同情的社会精英。他们所扮演的角色在初期是引入者和推动者。初期社会工作进入中国,是在西方传教士有组织推动下展开的:一种组织是教会组织,在 20 世纪 20 年代,在华基督教青年会就设置了社会工作部这个部门,而且步济时也曾经为青年会的社会服务编制过社会工作技术指导。另一种组织形态是福利机构,目前资料比较多的是北平协和医院社会服务部,其主持者是生于中国,受教于美国的传教士的女儿蒲爱德女士,是她开启了中国的医院社会工作事业。

第二类是中国本土具有留学背景的且具有社会活动能力的本土精英。这类人中部分人皈依于基督教或有国外宗教背景,比如基督教青年会的成员朱友渔、晏阳初等,有宗教信仰但积极致力于本土的政治和社会改良;也有部分人并不以宗教为己任,或者不具备宗教背景,但却积极参与社会慈善和社会服务,或者在社会工作专业教育以及研究方面推动了实务的进展。

第三类是那些并未直接参与社会工作事业,但却从环境生态方面给予社会工作事业以大力支持的。这里主要指的是 20 世纪 40 年代左右的政府部门,比如"社会部",在谷正纲任职期间就曾集中组织对社会工作的研究以及积极推动将其纳入社会建设起了重要作用。

第四类是中国共产党,尤其是在边区政权建设中,积极推动了最具本土特色的基层政权的组织动员和政治动员,其中的民政工作传统,至今仍然深刻影响着中国的民生保障和社会治理,这也是我们在以本土性维度梳理那一时期的社会工作实务时不能忽视的案例和经验。

（2）情境线索

社会工作生态系统理论倡导"人在情境中"，对环境的重视可见一斑，实务的开展尤其如此。在历史梳理中，事物的情境变化主要是依托历史阶段。上推至晚清，下延伸至新中国成立，其间则历经辛亥革命、北伐战争等时点，政权更迭则从北洋政府到南京政府再到重庆陪都，以及中国共产党的边区政权；对于社会工作实务来讲，重要的影响在国家—社会的关系格局，政权更迭和战乱频仍可能会给予社会工作事业相对自由的发展空间，而国家政权的下移则可能会赋予社会工作参与社会治理的合法地位；在另一个层面，工业化进程和民族资本主义的崛起在城乡各有不同的影响，城市的工业化和乡村的衰败必然成为社会工作要面临和解决的问题——基督教青年会的社区服务和本土精英所开展的乡村建设运动就是一种具体回应；在更微观的情境中，基督教青年会的会员们面临的是北京、天津和广州等地的多元文化，可能成为障碍因素，也可能造就新的事业——比如解放婢女、娼妓和天足运动等；而战乱频仍可能使得原本在北平协和医院和北平精神病院的个案工作，演变为为伤残军人服务的伤残重建工作；燕京大学等高校向西南搬迁，造就了在华西坝等地的各类社会工作实践，也为政府设置福利试验区提供了智力支持。如此种种，都是情境的变化，引发了实务工作的回应和演进。

（3）对象和领域线索

步济时等人早期的服务对象是基督教青年会自己的会员，有各类读经、社交和游艺活动，也有各类技能培训。同时在对外开展的服务中，更多的是针对工人的夜校，在社区的公共卫生健康的演讲，以及针对穷人的帮扶。蒲爱德在北平协和医院社会服务部则主要是针对医患的对接、穷人的个案式支持。而与此同时，教会福利机构和本土慈善机构则主要针对那些传统助人系统难以支持的鳏寡孤独以及战时流民中老弱病残的帮扶，更常规的是孤儿。在乡村建设运动中，服务对象和领域逐渐转向更具有系统情境的人群，比如针对平民的教育、家庭帮助以及社区社会组织培育等;在清河试验区里还有针对妇女的相对系统的个案和小组工作出现。那么,我们可以断定的是,在早期社会工作引入后,就有了城市社会工作、医院社会工作、社会救助三个比较集中的领域;服务对象就包括了儿童青少年、贫困人口、社区居民和患者这样四大类;加上本土自主发起的乡村建设运动,就又有了农村社会工作和农民;在中后期,又增加了残疾人、军队、精神卫生这样的对象和领域。伴随着问题域变化和情境的变化,社会工作实务在拓展,但是这种拓展的限制因素仍然是资金的来源和专业人士的支持——而这往往是社会工作行业不因历史而改变的对实务最重要的影响因素。略微遗憾的是,已有资料很难支持我们按照现当代的领域与对象划分更为完整地去总结概括我们在上面的结构框架中呈现出的人群和领域的线索,而只能尽可能组织史料去做一些补充性的工作。

(4)价值、知识和技术的演进线索

这些要素的演进在当时受三个因素影响:第一个因素是传教士和知识精英们的活动。比如步济时和蒲爱德,所接受的高等教育就是社会学或者干脆就是社会工作;二人也曾往返中美,将价值、知识和技术及其更新在中美之间实现沟通。第二个因素是西学东渐的影响。比如与中国社会工作专业教育相关的朱友渔等人本身在西方学的就是与社会工作相近的学科和知识体系;再比如许仕廉、言心哲等人也都是西学东渐的获益者,会积极推动社会工作的舶来和本土化。第三个因素则是在这期间社会工作的对外交流。比如熊芷赴美留学,有简·亚当斯等来华交流等;当然也包括参与国际专业圈子的如言心哲等人与美国学界通讯交流等。言心哲在1944年出版的《现代社会事业》一书不仅知识非常系统,而且所引文献甚至有1942年的国外文献,当时学术界的交流成效可见一斑。

具体到当时中国内地社会工作实务的经验研究,主要集中在言心哲、蒋旨昂、孙本文、朱亦松等人的一些概论性的著作中。其中需要重点关注的有几点:第一是宋思明等人撰写的医院社会工作和精神健康社会工作,有西方的知识引介,也有本土的实务总结;第二是蒋旨昂的《社会工作导论》,有建构别于西方的本土社会工作知识体系的想法,尽管并不成熟;第三是李安宅的《边疆社会工作》,尽管从西方专业性角度看可能不够严谨,但确确实实对本土民族社会工作有着"开山"的意义;第四是乡村建设经验,无论是晏阳初和梁漱溟对自身定县平民教育和邹平实验的描述和概括,抑或是许仕廉对"清河试验区"的总结,均可以作为农村社区工作的雏形,而且带有"地区发展"模式的特征;第五是重庆陪都时期,国民党统治下兴建的一系列的儿童福利实验区,尤其是熊芷和言心哲负责的一些专业举措,带有着机构社会工作实务探索的意义;最后,仍然要聚焦中国共产党在边区开展的"民政工作"及其传统,代表着无产阶级专政下国家参与民生和社会保障的特色社会服务形式与群众路线视野下的基层动员工作创新模式。

2. 研究框架

按照研究的原则和上述线索,本书将积极致力于搭建一个中国早期社会工作实务演进的系统框架:

第一部分是绪论部分,主要交代关于基本概念、研究原则和分析理路。站在当代立场来考察历史,优势就在于可以编制史料开发和梳理的规则。本书不是治史,是治专业;主张从专业和职业的角度去回顾历史,梳理线索和逻辑,期望能够从实践史的维度建立一个学科的历史基础。所以,本书力图在历史情境中把握好本土和专业、历史和现实的交叉维度,并且将社会工作实务看成一种结构的过程,看作服务输出,以此来明确研究的对象和原则。

第二部分是进一步理清社会工作实务引入和演进的背景。这一部分要梳理社会工作实务引进的背景和情境变化的线索,把社会工作实务当成一个具体的历史事件来交代其发生和发展的大背景,为实务分析提供一种历史情境支持,关注实务演进的生态结构和影响因素。

第三部分是与社会工作实务人才和专业性密切相关的高等教育问题的描述。社会工作专业教育始于民国时期,由步济时开创,嵌入社会学教育中,有着相对完整的课程设置和人才培养体系,不仅吸纳了许仕廉、言心哲等人对西方知识体系的系统引入,而且与当时的医院社会工作、乡村建设、社会慈善、伤残重建以及国民党统治下的社会建设与社会改良有着较好的互动,为当时的社会工作事业输送了人才并且确保了其专业性和职业性。

第四部分是对早期社会工作实务在诸领域发展的系统梳理。这一部分是本书的核心部分,要着重考察社会工作在医务社会工作、儿童青少年、妇女、劳工、机构、伤残、边疆、城市、农村以及边区等主要对象和领域中的实务进展,采取结构和过程的视角,力图在有限的史料下还原具体场域中实务的操作过程及其成效。

第五部分是对早期社会工作实务中所呈现出的专业方法的经验概括。通过对诸领域典型实务经验进行专业梳理,尝试将早期社会工作实务按照个案工作、团体工作(小组工作)和社区工作三大方法进行分类概括,力图将上述实务领域的工作纳入国际视野下的研究框架,注重与当时国际社会工作历史进展进行对照,并尝试发掘实务本身的本土性要素。

第六部分是一种扩展本土特色社会工作实务的尝试。本书希望根据当代社会工作与民政工作的互动关系追溯大革命失败后中国共产党农村道路中边区军政建设和基层社区政权建设中的民政社会工作传统,将之视为本土社会福利体制转型的具有中国特色的社会工作实务,力图为中国特色社会工作历史与体系建设提供新的视角和素材。

最后是结论和余论部分。这部分重点讨论社会工作实务主要的历史经验,尝试将之置于本土社会工作学科史建构的大格局中,将研究的成果作为对当前社会工作实践的历史回应。

第一章　开端:西方殖民者的社会工作

　　中国的早期社会工作,就不得不追溯到晚清,尤其是以"鸦片战争"为标志的帝国主义列强入侵所带来的复杂影响——衰落的晚清帝国在被入侵的同时,也不可避免地被裹挟,被动进入资本主义的全球殖民秩序中。不管是马克思主义视野下的"革命叙事"还是现代化理论主导的"近代化"或者"现代化"历史叙事,西方资本主义的入侵所带来的变化是无可回避的,那些渗入近代中国日常生活的"外国人"对中国的国家治理、经济与社会结构、制度与文化的影响也是客观存在的。在宏大的历史叙事中,社会工作不过是嵌入社会转型的一粒尘埃,但与推动了中国社会历史进程的其他力量一样,都带有"舶来"的色彩,从这一角度出发看,正是那些参与到中国近代史的"外国人",将这样一个专业和一项近代福利制度的成果引入中国。

第一节　西方教会势力与社会工作

　　晚清到民国初年,在华的传教士仿佛是一个具有双面性的群体:一方面他们属于伴随着西方列强入侵而进入中国的宗教团体,是殖民主义的践行者,属于当时西方资本主义殖民体系的固有组成部分;另一方面他们在传教过程中,又不可避免地将西方的相对先进的理念文化等传播到了中国;他们在中国所

积极开展的慈善事业和社会事工,是催生中国社会福利事业近代化的重要的
力量。关于这群"外国人",费正清(John King Fairbank)认为他们的主体是传
教士,其特殊性在于一方面受各类"条约"和治外法权的保护,另一方面,他们
对将社会福音传播到中华大地有着"不遗余力"的热情。①

一、西方教会社会工作的引入

在社会工作被引入的历史中,社会福音(Social Gospel)运动有着非常重要
的作用。社会福音运动强调"通过皈依基督教和坚定地组织中国的基督教教
会来平等地拯救个人"②,这就为他们的社会服务提供了理论和价值的动力。
社会福音是一种神学运动,也是一种从英国到美国,推动基督教青年会向全球
输出慈善和传播美国梦的思想和价值动因。③ 可以肯定的是,社会福音运动
推动了在华传教士积极参与中国的社会服务和社会改造,而在这一过程中,在
欧美已经萌芽的与慈善事业和社会服务密不可分的社会工作作为一门专业被
引入到了中国。

左芙蓉的研究中大致梳理了社会福音运动的简要历史:

> 社会福音作为一种运动,产生于 19 世纪后期,有学者恰当地将
> 社会福音说成是致力于与上帝国的理想一致的社会重建运动。社会
> 福音神学首先出现在美国,20 世纪的前 20 年,社会福音的影响在美
> 国达到顶峰。一战之后,社会福音遭受挫折。1930—1940 年代,社
> 会福音的影响日渐式微。④

---

① 参见[美]费正清编:《剑桥中华民国史:1912—1949》(下卷),中国社会科学出版社
1998 年版,第 2 页。
② [美]邢军:《革命之火的洗礼:美国社会福音和中国基督教青年会》,赵晓阳译,上海古
籍出版社 2006 年版,第 3 页。
③ 参见[美]邢军:《革命之火的洗礼:美国社会福音和中国基督教青年会》,赵晓阳译,上
海古籍出版社 2006 年版,第 3 页。
④ 左芙蓉:《社会福音·社会服务与社会改造——北京基督教青年会历史研究 1906—
1949》,宗教文化出版社 2005 年版,第 13 页。

这到底是怎样一种运动呢？从牛津基督教史的介绍来看，这种运动有着和社会工作相同的"基因"。社会福音运动是近代工业化和城市化的直接产物，作为一种基督教神学思想，产生于19世纪下半叶的美国基督教会：

> 随着工业革命和城市化的迅速发展，随着大城市和工业大都会的形成，犯罪、贫穷、普遍酗酒、赌博、社会不稳定形成了新的社会罪恶，劳工不稳定局面的扩大从下至上威胁着整个社会。①

在这种背景下，新教徒们开始将专注力转移到社会问题上来，这种关系促成了他们对拯救"俗世"的重视，引发了社会福音运动。这一运动有着如下的特质：第一，受基督教社会主义的影响较大。从思想渊源来看，"社会福音"运动肇始于欧美，吸收的是英国和欧洲大陆基督教社会主义的主张以及美国进步的社会思想。第二，注重社会服务并与社会工作密切相关。比如一些教会建立了向城市群众提供社会服务的机构，在农业传教、医疗传教和教育传教等领域都不同程度运用了社会工作理念和手法。第三，强调基于正义的社会改造。美国的社会福音的三个派别，分别以格拉登（Washington Gladden）、饶申布什（Walter Rausehenbuseh）和马休斯（S.Mathews）为代表，都倡导积极入世，主张把上帝的启示应用到社会政治经济的各个方面，改造人们生活和工作的社会环境。与个人救赎相比，他们更关心整个社会的救赎。

在社会福音影响下，基督教青年会、基督教女青年会、圣公会、美以美会、公理会等教会组织在传播基督教时往往大量采取以往宗教没有的手段和形式，而其中最重要的就是由单一的布道宣传走向多种形式的社会服务，积极推动传播地的社会改革与变迁，并以此来实现上帝之国的荣耀，而不是简单的个人救赎。"社会福音"毫无疑问吸纳了当时自由派和社会主义的观点，在诸多的"社会福音"思想中，都集中在一个非常具有"社会学"味道的思想，那就是如果社会得不到拯救，那么个人的救赎往往就丧失了意义。从这一点出发，晚

① ［美］邢军：《革命之火的洗礼：美国社会福音和中国基督教青年会》，赵晓阳译，上海古籍出版社2006年版，第13页。

清到民国初年的在华传教的基督教诸多流派和组织，固然是有着文化殖民的客观目标，但毫无疑问，除文化殖民之外，这种社会福音的思想也能够从宗教层面解释这些"外国人"努力改造当时的中国的热情。

以基督教青年会为例1844年6月6日基督教青年会产生于英国伦敦城中心区的圣保罗教堂，是由两家布料店的年轻店员创立的，奠基人是乔治威廉（George Williams），主要成员是来自英国圣公会、卫理公会、公理会和浸礼会。

其宗旨是"把年轻人领到耶稣基督的身边，在他们身上建造基督的品格"。加入该组织的要求是："任何青年人，只要是福音派教会的固定成员，均可加入"。①

在诸多的信奉"社会福音"的基督教派中，基督教青年会是最有激情也是最富有社会使命感的一个。1851年基督教青年会被引入美国，迅速得到了如火如荼的发展，其原因在于"它倡导的'提高青年人精神、道德、社会和体魄的目的'是如此地适合于倡导扩张、注重实际和正在变化的美国城市社会"②。美国第26届总统，特德·罗斯福曾经这样评价基督教青年会：

> 我喜欢你们青年会会员的理由，就是你们将宗教和公共意识放在了一起。③

在本书看来，基督教青年会在美国的兴起至少有三个要素：第一是新生的美国比欧洲更适合本身带着自由主义血液基因的社会福音的流行；第二，上升期的美国工业化更发达，"工业革命所带来的自我价值感"④更强，更适合基督教青年会积极乐观的精神特质；第三，在美国积极的城市化和社会变迁中，社

---

① ［美］阿尔文·施密特：《基督教对文明的影响》，汪晓丹等译，北京大学出版社2004年版，第111页。

② ［美］邢军：《革命之火的洗礼：美国社会福音和中国基督教青年会》，赵晓阳译，上海古籍出版社2006年版，第14页。

③ ［美］邢军：《革命之火的洗礼：美国社会福音和中国基督教青年会》，赵晓阳译，上海古籍出版社2006年版，第24页。

④ 参见［美］邢军：《革命之火的洗礼：美国社会福音和中国基督教青年会》，赵晓阳译，上海古籍出版社2006年版，第15页。

会问题和社会矛盾凸显,而公民社会发展却相对自由,成为以"救世"自居的信奉"社会福音"的忠实者大展拳脚的重要的土壤。基督教青年会在美国迅速扩张,为向中国输出"社会福音"奠定了基础。

基督教的传教士们对中国有着浓厚的兴趣。尤其是在鸦片战争之后,清政府国门的打开,极大激发了基督教青年会的传教士们的热忱,使得这种浓厚的兴趣成了可以实现的实际行动。从 1895 年北美协会第一名干事来会理来到中国到 1903 年短短 8 年时间,基督教青年会就已经开始在整个中国蔓延开来。到 1912 年,基督教青年会已经成为"中国最大的基督教组织",在中国 21 个省中的 18 省设有机构,30 个城市青年会有 32330 名会员,170 个学校青年会的 14200 名会员。①

基督教青年会在中国的成功和在美国不尽一致,但却有着相近似的环境生态因素:第一是相对自由的发展空间。自由的条件有两个:一个是清政府战败之后所签署的一系列不平等条约为传教士赢得了在华的权力,甚至是优先权或者"治外法权";另一个是国家政权的衰落和不稳定的政局,为传教士的各类活动减少了不必要的限制。第二是本土社会精英对于西方传教活动从最初的抵触到逐步接纳。从晚清"洋务运动"、"戊戌变法"和清末"新政",到"五四运动"的"德先生"和"赛先生",再加上其间的西学东渐,政府和民间都在谋求向西方学习,这就为接纳具备西学素养的传教士提供了来自本土精英阶层的"善意"。第三是社会转型的"大势所趋"。鸦片战争之后,剧烈的社会变迁下的中国不仅仅是向西方政体学习,而是面临着系统的"近代化"的任务。当时的中国,自然经济趋于瓦解,工业化开始兴起,民族资产阶级即将登上政治舞台,政治经济文化的近代化为传教士们将带有资产阶级和工业化背景的"社会福音"布道给中国提供了最好的时机。第四,当时伴随西方列强入侵接踵而来的社会矛盾、贫困问题和弱势群体问题为社会服务的嵌入提供了

---

① 参见[美]邢军:《革命之火的洗礼:美国社会福音和中国基督教青年会》,赵晓阳译,上海古籍出版社 2006 年版,第 39 页。

"合法性"契机。清政府灭亡之后,北洋军阀统治和国民党统治期间,政局动荡、战乱频仍、天灾人祸层出不穷,贫困、犯罪等社会问题凸显,同时伴有一些由传统向现代变迁的问题,比如解放妇女,更具体地说包括解放婢女和娼妓,以及改变社会陋习等社会改良任务,为传教士兴办社会服务提供了契机。

关于基督教与社会服务之间的关系,在《沪江大学月刊》1916年第4卷第4期上翻译刊登的一篇Bromley,C.L.撰写的文章非常富有意味:

> 夫社会服务者,花也,果也,外表也;基督教者,根也,木也,内神也;故谓社会服务即基督教之施诸实行者无不可以。盖基督教可作两面观,证之于耶稣之言矣。其言曰:当一心一性一意当尔主之上帝,此诚之首而大者;其次则爱人如己是。①

这样一种比喻很显然将社会服务当成了基督教外显于世界的基本形式,也即基督教之爱人如何体现?——社会服务即是。这就和邢军在《革命之火的洗礼》里面谈到的可以相互印证:

> 可是,部分由于儒教社会的定位和中国的急切需要,部分由于青年会本身的传统,从一开始,中国青年会奠基人来会理实践着"我不是来传教,而是来服务的原则"。作为一个服务性团体,青年会开展了许多世俗性事工。②

二、社会工作的开端:社会服务及其专业化

基督教青年会的"世俗性事工"主要做了什么呢? 在欧洲和美国,基督教青年会主要以服务青年自身为主,以俱乐部形式为加入的青年们提供团契、查经和读经的机会,并且组织他们积极参加社会活动和文体娱乐,甚至后来还会为找工作和旅途中的青年提供临时住所。在当时的中国,基督教青年会所开

---

① [美]Bromley,C.L.、学向译《基督教与社会服务之关系》,《沪江大学月刊》1916年第4期。

② 参见[美]邢军:《革命之火的洗礼:美国社会福音和中国基督教青年会》,赵晓阳译,上海古籍出版社2006年版,第39页。

展的服务包括平民教育活动、社会风俗改良、公共卫生运动、群众体育活动等，尤其是针对青年群体和弱势人群的服务，得到了不断普及和扩张。这里需要注意的是，在当时"社会服务"往往和"社会工作"一词交叉使用，都带有着近代意义上的慈善事业的特征。在《伊丽莎白济贫法》颁布之前，照顾穷人本身就是教会的责任；颁布之后，对弱势群体，尤其是穷人的救助才被纳入政府福利制度范畴内；但在具体实施层面，除了社会保障的二次分配之外，具体的调查、帮扶仍然是慈善机构来承担。明确责任是历史分析的一个基础，慈善机构是由谁所创设的，是关乎救济的精神与原则的问题——如果是教会创设的，而政府并未参与，那么就不能算作进入国家福利体系。这个思路实际上是在界定政府、宗教和社会组织的行为边界的问题，而社会服务恰恰经历了从宗教行为到政府社会福利框架下的政府出钱，社会组织输出服务的现代化的演进，而这一过程也是服务走向专业化的过程。1890—1929年，是社会福利初步专业化的时期①，而这里的"社会福利"就是与政府社会保障相对应的社会服务从理念、理论到专业技术和组织形式开始走向专业化的过程。如果说汤恩比馆和赫尔馆还不能算社会服务的专业化开始的话，正规的受薪服务人员和针对服务人员的教育与培训机构的出现，则真正拉开了专业化的帷幕。在短短的39年内，社会工作在美国实现了从学校到课程、从理念到理论、从知识体系到技术技巧相对系统的专业化，成为一门具有科学性质的专业。左芙蓉谈到：

> 社会服务成为一门科学和专业是在19世纪末20世纪初以来的事情。工业革命之后，城市化进程加快，也因此引发一些社会问题，社会动荡不安的因素增加。以前存在的那种慈善事业已经不能满足新形势的需要，于是社会服务应运而生，并且进入学术领域而逐渐成为一门学科。社会服务观念和实践对于近代中国来说是全新的，它们在中国的出现，主要应归功于青年会，而社会服务作为一门学科，

---

① 参见简春安、赵善如：《社会工作理论》，华东理工大学出版社2018年版，第42页。

于 1920 年代被介绍到中国，又与北京青年会外籍干事步济时（John Stewart Burgess）有直接关系。①

左芙蓉在《社会福音·社会服务与社会改造》一书中，提供了时任北京基督教青年会干事的步济时提供的社会工作方法：

I.公共讲座

 a.讲座形式

  1.演说或者演讲

  2.实体幻灯机和电影

  3.图片、图标或者模型讲解

 b.一些专题

  1."公共健康和个人卫生"

  2."结核病"

  3."锻炼"

  4."鸦片之害"

  5."纸烟之害"

  6."公民的义务"

  7."共和国之含义"

  8."公民之责任"

  9."爱国主义"

  10."科学"

 c.地点

  1.公共会堂

  2.剧场

  3.节庆时搭建的讲台

---

① 左芙蓉：《社会福音·社会服务与社会改造——北京基督教青年会历史研究 1906—1949》，宗教文化出版社 2005 年版，第 23 页。

4. 街道布道小教堂

5. 人群集中地

6. 乡村

d.演讲之前的准备

1. 演讲者中间组成讨论小组

2. 将有经验者的教授方法加以分类

3. 一名学生示范演讲,其他学生或者领袖提出批评

4. 演讲人阅读的书籍包括教育法、穷人生活状况以及反映处理百姓问题所必需的"观点"之"调查报告"和其他杂志

Ⅱ.夜校或者日校

a.学生

1. 穷苦儿童

2. 学校中的雇员或者其他机构的雇员

3. 商店或者工厂的店员

b.教学内容

1. 阅读

2. 书写

3. 算术

4. 地理

5. 历史

6. 卫生或者生理学

7. 公民的权利和义务

8. 道德

c.上课地点

1. 夜校在日校的教室里

2. 夏日学校在学校教室

3. 在公共会堂

4. 在租借的房屋

5. 在教会或者教会建筑里

6. 在寺庙里

Ⅲ.阅读或者讲故事

a.对象

1. 儿童

2. 百姓

3. 病人

b.内容

1. 教育的意义

2. 道德的价值

3. 纯粹的和完全的娱乐

Ⅳ.图书馆与阅览室

a.供学生之用

b.供一般人之用

Ⅴ.文献出版物

a.出版物

1. 小型活页资料

2. 招贴资料

3. 小册子

b.专题文献

1. 所有题目的资料在Ⅰb.里面

2. 专门类或者个案类的文献:

"苦力卫生的简要说明"

"儿童的看护与喂养"

"父母的责任"

"对受伤者的当场救护"

Ⅵ.社会研究

a.主题

b.程序建议

1.选出明确的研究主题,不要太大

2.制定详细的工作计划,包括:

a)详细询问被调查者之调查表

b)探讨问题的不同方式之一览表

3.可行的方法是,不要让被调查者知道你正在调查他们

4.准确记录你所认为是重要与否的每一事实,试图去掉你的所有偏见,忠实地记录与你的想象不同的事实

5.只有在获得了充分的事实之后才下结论

6.详细地将你的结果列表显示出来。如果你不知道怎样做这项工作,请求数据学和社会学教授的帮助

Ⅶ.宣传

所有的社会工作者都认为,解决社会需求和社会弊病的最终有效手段是通过舆论的力量。虽然并非蓄意希望社会罪恶和社会失调继续下去,社会知识和缺乏对社会知识的兴趣是大多数社会病害的根源

a.制造舆论

1.生动的事件和事实(例如你所研究的一个阶层之生活中的个别事件)

2.用图片展示你所希望改变的状况

3.实际所作的社会研究之统计数字或准确摘要

4.说明其他国家解决社会弊病的方法

5. 图表或者图标

6. 有关社会的和公民的义务之文章

b. 怎样使事实公众化

1. 报刊文章

2. 招贴与广告

3. 小册子

4. 演讲

5. 实体幻灯机和电影

6. 在公共场所的商店橱窗或者私人住宅的窗户中展示

Ⅷ. 运动和娱乐

a. 服务对象

1. 年纪较轻的学生

2. 街边儿童

b. 地点

1. 学校校园

2. 空旷场地

3. 租借的院子

c. 娱乐形式

1. 器械锻炼

2. 操练

3. 田径运动(跑步、跳远等)

4. 游戏

d. 无场地的娱乐

1. 步行

2. 家庭社交

3. 少年俱乐部

Ⅸ.大公司或者商店的学徒和雇员之教育工作和社会工作

　　a.地点

　　　1.在商店或者公司(下班之后)

　　　2.在家里

　　　3.在租借的房屋

　　b.有用的服务形式

　　　1.雇员之间的文学俱乐部

　　　2.演讲

　　　3.书籍与杂志

　　　4.讲授健康原理和组织各类体育活动

　　　5.夜校

Ⅹ.社会工作的准备

　　a.阅读有关社会主题的好书(到 1913 年 9 月,北京青年会有望拥有一个社会专题的小型图书馆,由芝加哥大学的亨德森博士 Dr. Henderson 之友杜德夫人 Ms.Doud 慷慨资助)。

　　b.为社会工作者所做的演讲

　　c.为社会工作者举办的会议,在会上讨论计划与方法

　　d.为社会工作者开设的课程

　　　1.由那些本身可以成功地从事社会工作的有经验的教师带领,使用的方法

　　　2.社会工作的原则与理论

　　　3.社会工作的领域

　　　4.国外社会工作

　　作为一名成功的社会工作者所具备的一些资格

　　　1.无私

　　　2.对任何条件或者任何状态下的人都要有兴趣

3. 不抱偏见,推心置腹

4. 科学准确地观察和记录

5. 从历史上促进人类进步的伟大人物那里获得灵感

6. 相信人的能力

7. 希望和相信人类亲善、友好和服务的新的社会秩序的

到来①

之所以不遗余力大占篇幅将这一段技术指导引用到这里,主要是因为步济时撰写这部分技术指导的时间段正好也是美国社会工作专业化的时间段,他本人作为青年干事作出了这么一套服务技术指导,可以充分证明社会工作专业化的进程至少在当时北京青年会的社会事工中已经开始。

总的来看,西方殖民入侵为当时的中国带来的是一种系统的影响,不仅在外部开始植入一些西方的资本主义的元素,也开始推动内部的工业化和资本主义的近代化转变。作为这种变化的后果之一就是基督教社会福音在华的传教——或者直接对应在华的社会服务即社会工作被引入中国。

第二节 中国内地社会工作的引入者:步济时

在已有的文献中,步济时这个名字在民国初期基督教青年会和其开展的社会工作中占有重要的位置。究其原因,在于他本人作为基督教青年会的干事,适逢其时地参与到了当时北京社会精英关于救亡图存的讨论中,而又以宗教人士和专业人士的双重身份参与到社会调查、慈善事业、社会服务等事业中,并且在燕京大学开创和引领了中国内地的社会工作专业教育事业;尤其是在推动社会服务专业化的过程中,这个"外国人"发挥了非常重要的作用。

---

① 左芙蓉:《社会福音·社会服务与社会改造——北京基督教青年会历史研究 1906—1949》,宗教文化出版社 2005 年版,第 142—147 页。

一、步济时的生平

《燕京大学史稿:1919—1952》中对步济时生平有所记载,概括起来有这样几个方面①:第一,出身宗教家庭。1883 年出生于美国一个城市平民家庭,父亲是长老会的男青年会的积极分子。第二,具备社会学专业教育背景。曾于 1907 年到哥伦比亚大学攻读社会学专业②。第三,本人是西方在华传教士中的精英。步济时于 1909 年到远东任男青年会干事,来到北京后与一个美国传教士之女结婚,并为北京普林斯顿基金及其后的燕京普林斯顿基金服务。第四,他在华的主要活动包括发起成立社会组织、积极投入社会服务、创设燕京大学社会学系③以及开展社会调查。

已有资料表明,步济时在华的社会关系除了与其他"外国人"的交往外,与北京的社会名流和当时的各高校的学生精英均有联系。社会名流方面,比如他所参与的"京师公益联合会",会长是时任北洋政府"国务院"总理汪大燮;而另一个由他任董事会成员的北平家庭福利协济会,其组成成员章元善等人,均是当时京城的社会名流和官方政要;就是在他所组织的"北京社会实进会"中,在创办《新社会》杂志时,当时的主要成员就有后来加入中国共产党并担任重要角色的瞿秋白,以及志同道合的民主人士郑振铎、瞿菊农、许地山等人。

二、步济时在内地开展的社会调查与社会服务

步济时 1909 年开始担任北京基督教青年会的干事。1911 年着手组建隶属青年会学校部的"北京社会实进会"(Student Social Service Club)。该组织

---

① 参见燕京大学校友校史编写委员会:《燕京大学史稿:1919—1952》,人民中国出版社1999 年版,第 1112 页。
② 1907 年硕士,1928 年博士。——作者注
③ 步济时 1922 年创办燕京大学社会学系,该系于 1925 年改称"社会学与社会服务学系",有时也直接使用"社会学"系。——作者注

初期主要开展社会服务活动,后来社会调查也被纳入工作中。社会调查对于一个有着社会学功底的西方学者来说,是其了解所来到的这个不同于西方文明的社会的"不二之选"。步济时很早就开始接触青年学生,甚至以调查问卷的形式来搜集整理他们的一些兴趣等信息。据可查的史料记载,步济时来到中国之后,先后主持或参与了三次较为重要的社会调查。

第一次是关于人力车夫的调查,时间是 1914 至 1915 年。该调查由步济时主持,北京社会实进会具体实施。主题是调查北京人力车夫的生活与工作状况,使用方法重点是问卷调查、观察和访谈;主要结论是人力车夫工作并不经济,并提出了改良的建议。第二次调查是 1918 年前后,与普林斯顿的同事西德尼·D.甘博(Sidney David Gamble)对北京社会进行的系统调查,涉及历史、地理、政府、人口、健康、教育、商业、娱乐、社会罪恶、贫困和慈善事业、监狱、灯市口地区、教会概览、宗教事务、社区服务团等方方面面,主要采取的调查方法是田野调查。调查结果于 1921 年在美国出版,题为 *Peaking a Social Survey*。第三次同样是采用田野调查的方法,系统研究了中国古老的经济组织——北京行会。

之所以要开展这些调查,步济时在《北京行会》一书中是这样认为的:

对中国社会活动的参与一定会引起研究的兴趣,由于这个古老民族正在发生的社会结构变化,对那些实际参加调整社会的人来说,调整的复杂性和困难性变得越来越迫切,对获得关于潜在的社会经济和政治形势的更明确知识形成了挑战。

……

我希望对古老中国的古老组织——行会的研究,能起到对历史悠久且正发生巨变的中国文化的一些基础性理解作用。[1]

诚然,对于接受过社会学学术训练的步济时来说,社会调查无疑是了解中

---

[1] 　[美]步济时:《北京的行会》,赵晓阳译,清华大学出版社 2011 年版,第 13 页。

国社会,以便于开展传教事业的重要基础。对于这些来自西方的传教士们来说,只有了解,才能介入,这也是《北京社会调查》被基督教青年会誉为里程碑的主要原因。而更为重要的是,步济时等人的社会调查,将科学的研究思路引入到了对社会的认知,开启了中国本土社会学研究的先河,同时也为社会工作实务的开展以及学科的落地奠定了基础。

步济时的主业并不是调查,而开展社会调查也不仅仅是为了认知社会,而是为了便于他在基督教青年会的社会服务工作。关于对社会服务在中国的意义,1925 年,年轻的基督教北京青年会干事步济时发表了一篇题为《中国社会服务工作之意义》①的演讲,堪称"中国内地社会工作宣言"。在该演讲中,他列举了京内中外人士对于中国现状的三种态度并重点强调了社会服务对于解决当时中国社会衰败问题的重要意义。在他看来,中国农村等之所以出现各种问题,主要是缺乏团体精神:

中国现在极重要的问题,即是能不能把他们的团结精神发展。"能不能使普通人民以社会公益为怀,明白合作方法,共同谋社会之需要?"

未解决这个问题以前,我们须知道:穷困与不识字,实在对于中国人历来过重的习惯性,要负大半责任。大半数人民,除每天挨饿外,何能有工夫去思想打破旧日习惯?——既不能思想,即不得不盲从习惯。现在十分之八九的人民不识字,这些人绝不能希望他们能有恢阔的社会责任心!②

那么如何应对呢? 他认为当时开展的三种运动:贫民救济、平民教育和地方社区服务团的工作都是很好的回应方式,都是以社会服务(即社会工作)来重建社会整合的重要手段:

接踵而立之地方服务团有六,每团均有科学的具体办法,应付穷

---

① 参见[美]步济时:《中国社会服务工作之意义》,《社会学杂志》1925 年第 5—6 期。

② [美]步济时:《中国社会服务工作之意义》,《社会学杂志》1925 年第 5—6 期。

人之需求,及卫生工作。其一与协和医院合作,有组织极完备之卫生部。七处服务团,每年有一星期,以演讲与展览,宣布公私卫生各要着。每团又有教育工作,如工读学校,夜校,半日学校等。亦有组织运动场者。然最要之点,不在进行之各种工作,而在联合地方人众,以自谋地方之福利云。①

赵晓阳曾在步济时《北京的行会》一书的译者序中提出,步济时组建北京社会实进会的目的主要是在北京开展社会慈善性、救济性活动,"开办平民夜学演说调查及孩童游戏诸工作"②。步济时是这样介绍"北京社会实进会"的:

北京社会实进会在这年 11 月里头开正式成立大会,厘定章程、筹募经费慢慢地规模粗定了。到了三年夏天,政府正式立案,就在米市大街那边租定了几间房屋,暂且充作会所,先举行演说会、儿童游戏场种种事业;四年夏天,会员又增加了许多,会务也扩充了不少,就搬到史家胡同路北一座较大的房屋里去。那夜学校、演说会、游戏场、人力车夫调查以及各种事业也都次第地举办了。又在西城设立了一所分会,规模和总会也差不多。到了五年夏间,又创办夏令工作,有露天学校、露天讲演、露天游戏和调查夏令卫生及慈善机关各种临时事业;六年夏,因为会所地址给房主售出,所以就搬到北城南弓匠营二号,做本会的会所。③

简单概括来说,步济时当时所开展的社会服务主要还是一种基于社会组织(北京社会实进会)的社区服务。关于这类社区服务如何开展,步济时的同事兼好友西德尼·D.甘博(Sidney D.Gamble)在《北京的社会调查》一书中有

① [美]步济时:《中国社会服务工作之意义》,《社会学杂志》1925 年第 5—6 期。
② 赵晓阳:《译者序》,载[美]步济时:《北京的行会》,赵晓阳译,清华大学出版社 2011 年版,第 2 页。
③ [美]步济时:《记载北京社会实进会的沿革和组织》,《新社会》1919 年第 1 期。

特别详细的记载:

> 在 1919 年 11 月,40 名中外人士①在基督教青年会集会,商讨在灯市口地区开展一个社区服务工程的问题。他们大部分人都住在被调查的灯市口地区,或者离这一地区很近。同时,他们之中大部分人都是公理会的成员。公理会位于灯市口的南部。
>
> ……
>
> 经过调查,威尔德博士对这一地区的需要,进行了生动形象的描述。没有经过太多的讨论,大家便一致决定组织起一个"服务团",这一名称一直沿用至今。他们设定了 7 个委员会,分别负责解决以下问题:社会关系,休闲和娱乐场所,慈善和技艺工作,道德改良,夜校教育,演讲以及大众普及教育,公共卫生保健。不久又增加了一个负责社会调查的委员会。服务团最初的经费是 600 元,由基督教青年会和基督教女青年会以及公理会捐助。不久,服务团的成员又捐助了 700 元,大部分捐助者并不是基督教会的成员。服务团的总部,最初开设在崇文门大街的一座茶馆里,茶馆是向前任财政总长曹汝霖借用的。不久之后,又搬到了灯市口大街一座有两个房间的建筑里。②

从这一描述来看,地方服务团的服务方式和 19 世纪晚期以及 20 世纪初期在美国开展的那些社会工作实务并没有什么本质的不同,只是在本地没有训练有素的社会工作者,以及没有普遍接纳的社会生态而已。总的来看,步济时所推动开展的社会服务工作是嵌入在他的慈善工作中的,比如本书之前提到的,作为当时的社会活动家之一,步济时参与了京师公益联合会等公益组织,并且对这些组织的规范管理和科学服务有着重要的贡献。

---

① 其中包括步济时。——作者注
② [美]西德尼·D.甘博:《北京的社会调查》,陈愉秉等译,中国书店 2010 年版,第 439—440 页。

三、步济时开创的燕京大学社会工作教育

步济时的社会实进会主要成员大部分是青年学生,这让他很快将社会工作实务与人才培养对接起来:

> 几年之后他开始考虑同大学合作,建立一个培训社会服务人员的正规机构,以便此项工作能持续而有效地进行。在他看来,社会服务工作为基督教的发展开辟了一条新的道路。社会服务的目的同基督教的出发点一致,都是要解放人,使他们从局限的环境中获得发展机会,从而有一个健全的人生,而为了达到这一目标便需要培养社会工程师和技术员来设计社会发展,解决比比皆是的社会问题,穷困无知劳工悲惨的处境,城市中的娼妓鸦片犯罪等。[1]

步济时真正同大学上层管理者和社会精英的对接,开始于北京证道团。该组织 1919 年由北京的中外基督徒组织创立,创办的理念是认为基督教是改良中国社会唯一的需要。[2] 当时成员中外国人就有时任燕京大学校长的司徒雷登,中国人则有李荣芳、梅贻琦、丁淑静、吴耀宗和徐宝谦等人。[3] 正是通过时担校长以及神学院负责人的司徒雷登,步济时从 1919 年开始在燕京大学神学院讲授社会学课程。1922 年,普林斯顿北京基金会为了给美国在中国设立的社会团体及社会福利工作培养社会工作专业人员,委派他在燕京大学成立了社会学系,成为我国成立最早的社会学系之一。当时的社会学系主要由他和其他 6 名美国兼职教师任教。1925 年该系改称为"社会学与社会服务学系",主要设置的课程为社会学和社会工作课程;1926 年步济时返美,由许仕廉担任系主任。伴随着外国教员的渐次退出以及本土教员的不断加入,师资队伍迅速本土化起来。

---

① 阎明:《中国社会学史:一门学科与一个时代》,清华大学出版社 2010 年版,第 15—16 页。
② 参见北京基督教青年会:《证道团宣言书》,《生命(北京)》1920 年第 1 期。
③ 参见北京基督教青年会:《证道团宣言书》,《生命(北京)》1920 年第 1 期。

　　燕京大学社会工作教育的历史意义不仅仅在于创办得早,更重要的在于其对于社会工作学科和社会工作实务具有重要的影响。在当时的社会生态下,社会工作可能没有像美国本土那样蓬勃发展并成为国家主导的社会福利的核心专业技术的可能性,但是却为社会工作学科体系提供了教育和研究的支持;而对于社会工作实务来说,教育的意义不仅仅在于人才培养——事实证明也确实没有形成职业化的规模,还在于理论知识体系的完备和传承机制的确立,以及与实务之间形成"学研一体"的良性互动。本书认为,燕京大学的社会工作课程至少在三个方面影响了中国的社会工作第一次引入和发展:第一,伴随着燕京大学开设社会工作课程和专业教育,后续沪江大学、之江大学、南京金陵女子学院、齐鲁大学、福建协和大学、清华大学、辅仁大学等高校纷纷仿效,开设了社会工作专业的课程,形成了社会工作教育在高校体制内的整体氛围;第二,由北平协和医学院社会服务部和燕京大学的实习实践开始,高等教育和社会工作实务实现对接,在人才和技术两个层面实现了互动,这对于中国本土的社会工作实务至关重要;第三,燕京大学和后续几个大学的教育,尽管毕业生对口就业开展社会工作的比例没那么高,但的确培养了一定规模的专业人才,像宋思明、吴桢、雷洁琼、汤铭新等人,为社会工作的传承奠定了基础。

第三节　蒲爱德与北平协和医院的社会服务部

　　和步济时相比,蒲爱德在中国早期社会工作历史上的地位并不逊色,在很大意义上可以与之相提并论,甚至如果非要对比在业务上的专业性,客观上来讲,蒲爱德女士有可能更为专精。之所以要这么比较,是因为蒲爱德以北平协和医院社会服务部为平台,将医院社会工作系统引入了中国,代表着当时社会工作实务最具专业性的一个领域和方向。

一、蒲爱德的生平

蒲爱德女士与中国有着深厚的渊源。她本人出生于山东,其父母是传教士。费正清给蒲爱德所著《在中国的童年》一书所做的序里面是这样描述的:

> 故事的讲述人艾达·普鲁伊特[①]出生在临近山东省蓬莱城的一个村庄。后来她进了(美国)佐治亚州的女子学校和哥伦比亚的师范学院,然后到费城做社会工作,接着又去了波士顿的马萨诸塞综合医院。在那里她跟随医院社会服务的先驱伊达·坎农一起工作。回到她的出生地以后,普鲁伊特女士成了北京协和医学院医院社会服务部的领导人。直到 1937 至 1938 年日本人入侵,在 20 年里,她在这座由洛克菲勒资助的著名医院里处理了患者们众多的社会问题,在这一新领域展示了自己的才能。[②]

寥寥数语,就将蒲爱德的主要人生脉络勾勒出来了。但对于早期社会工作实务来说,还不够丰满细致。关于蒲爱德,可以整理一个简单的年表:

• 1906 年至 1909 年入读亚特兰大寇克斯学院(Cox College),学文学。

• 1909 年至 1910 年入读哥伦比亚大学师范学院,在其慈善事业学院(School of Philanthropy),即后来的"纽约社会工作学院"(New York School of Social Work)学习,获理学学士。后在纽约一孤儿院任小学老师。

• 1912 年返回中国山东老家与家人团聚。

• 1912 年至 1918 年在山东芝罘(烟台)任其母亲创办的教会女校教师和校长。1918 年再次赴美,在费城组织慈善协会(Philadelphia Society of Organizing Charity)从事社会工作。

---

① 即蒲爱德,下同。——作者注

② [美]安娜·普鲁伊特、[美]艾达·普鲁伊特:《美国母女中国情:一个传教士家族的山东记忆》,程冰译,中国文史出版社 2011 年版,第 133 页。

• 1920 年,蒲爱德被洛克菲勒基金会选中,组建新成立的北京协和医学院的社会服务部(Social Service Department)。蒲爱德没有正规的医务社会工作的科班训练,北京协和医学院首先派她到麻省总医院(Massachusetts General Hospital),跟医院社会服务部主任、美国医务社会工作的先驱伊达·坎农(Ida cannon)实习学习医务社会工作一年。

• 1921 年至 1938 年,蒲爱德任北京协和医学院社会服务部主任,负责西方医生和中国病患者之间的沟通、病人的入院前后护理和全面康复;在当时中国最先进的医疗服务与最普通的病人之间架起平等和交流的桥梁。

通过年表我们可以发现:第一,蒲爱德熟悉中国社会,但更重要的是她受过专业的社会工作训练;第二,从年代上对应,当时的美国医务社会工作也是刚刚起步和开始专业化。所以,在那个时代,蒲爱德和医院社会工作的引入,让中国本土的医院社会工作从起步就站在了一个很高的起点。王成志是这样评价蒲爱德的:

> 浦爱德①训练和培养中国第一代社会工作者,推动了全中国的社会工作开始发展。浦爱德开创了中国的医务社会个案工作(Medical Social Case Work),留下数千个非常系统的医务社会工作个案。这些个案几乎都是比较完整的个人、家庭和社会故事。这批医务社会服务档案是研究民国时期中国社会生活的最宝贵的档案文献资源之一。到 1938 年,浦爱德离职时,社会服务部发展到 34 人之强;她的学生和社会服务部训练出来的人员,为当时中国各大医院、医学院的社会工作的中坚力量。在北京期间,她在燕京大学社会学系授课。②

---

① 即蒲爱德,下同。——作者注
② 上海市孙中山宋庆龄文物管理委员会:《孙中山宋庆龄文献与研究》,上海书店出版社 2014 年版,第 127 页。

二、北平协和医院的社会服务部

北平协和医院最早于 1861 年由雒魏林(Lock Hart)医生创办,当时叫"施医院"。1863 年迁院,还找了数十名学生翻译《全体通考》《西药大全》等西医书籍;直到 1905 年更名为"协和医学校",录取了 45 名学生,成为当时中国唯一的最高医学校;后来得到美国洛克菲勒基金的支持,规模不断扩大。到 1914 年的时候,"初次来诊的有 20900 余人,复诊的有 43500 余人。住院男 924 人,女 282 人,至今犹为中国最大的医院"[1],就已经名声在外了。医院或者医学院开设社会服务部肇始于北平协和医学院。1931 年《协医校刊》上是这样介绍其社会服务部的:

> 本院社会服务部,初创于 1921 年,在当时中国是独一无二的。它是由一支在蒲爱德女士领导下的受过专业训练的高效率的团队组成的。它积极致力于解决患者的社会和经济问题,以恢复他们作为社会人的正常的生活和健康。

> 本部之主旨:在检考病者之经济,家庭,职业,及其他状况,俾可解决药石刀圭所不治之痛苦;借以减轻病势,增速复原。[2]

1947 年《华西社工》杂志发表了一篇《为什么医院设置社会服务部》的文章,是当时的一篇科普之作,里面简单概括了医院社会服务部的三点功能[3]:第一,可以直接帮助患者,比如办理手续,当然更重要的是协助个人处理一些经济和社会困难,甚至帮助患者介绍工作以及安排团体活动以促进人格发展等,增强其社会适应能力;第二,可以帮助家庭,促进家庭关系和谐,普及卫生保健知识以及协助儿童保育等;第三,可以对社区有所贡献,比如公共卫生宣

---

① 王治心:《中国基督教史纲》,上海古籍出版社 2007 年版,第 289—290 页。

② 编辑部:《社会服务部:Pruitt,A.B》,《协医校刊》1931 年第 3 期。(原文为英文。——作者注)

③ 参见郑瀛之:《为什么医院设立社会服务部》,《华西社工》1946 年第 3 期。

传和疾病防治,以及协助培训社区个案工作员和团体工作员等。社会服务部的日常工作是怎样的？张大庆在《中国近代疾病社会史》中是这样描述的:

> 病人从踏入协和医院开始,治疗的全过程都能够受到社会服务部工作人员(以下简称社工人员)的帮助:医院的楼门口设有门诊服务台,初次来院找不到路径的病人可以向该服务台的社工人员询问各科室的方位;其次,有门诊分科处,指导病人看病应挂哪个科的号,各科室也有为该科室配备的社工人员,病人就诊后,若无力支付医疗、住院费用,医生首先介绍病人去与本科室的社工人员谈话,社工人员用英文写出病人的社会历史,并做家庭访问,通过调查作出给予患者以医药社会福利的决定。具体项目包括减免费用、分期付款、资助衣物、给予营养和路费、殡葬救济等救济形式,并且分临时和常年定期两种。减免药费或透视费的事项在门诊分科处办理,减免住院费事项在住院处办理,住院处主任是社会服务部的监督员。①

这些程序和实务步骤与当前我们在医院开展的实务社会工作基本相同。当时的社会服务部主要还是以社会个案工作为主的工作手法,这也符合当时美国医院社会工作的主要形式。蒲爱德在题为《医务社会工作者:他们的工作与专业训练》②一文中谈到了个案工作方法在医院中的应用,认为个案工作方法既可以应用到服务对象以及工作中,也可应用到临床需要中,取决于所治疗疾病的种类、医院的组织结构,或者医院的性质,以及社区的组织;蒲爱德认为个案工作在神经科门诊、整形外科门诊、肿瘤门诊都具有不同的重要意义;门诊所治疗疾病的种类,决定社会服务使用什么样的方法,以及是否有必要进行调查研究或者随访。

据张中堂回忆,社会服务部步入正轨是在 1928 年之后,社会工作者达到

---

① 张大庆:《中国近代疾病社会史 1912—1937》,山东教育出版社 2006 年版,第 154 页。
② 参见[美]蒲爱德:《医务社会工作者:他们的工作与专业训练》,唐佳其、刘继同译,《社会福利(理论版)》2014 年第 10 期。

30人左右。除此之外,还有日常办公人员10人,分别为英文秘书1人,俄语翻译1人,中文书写员1人,打字员2人,办事员2人,工友1人,洋车夫2人。服务部的人员编制如下:

主任:管理社会服务部的全部工作及编制任务,负责对外联络及推广工作;

副主任:协助主任办理行政事务,并帮助解决处理病人的问题;

监督员:辅导初级社工人员的工作;

高级工作员:可以在一科及病房独立工作;

初级工作员:在工作有问题时请示监督员;

学员:在监督员指导下学习;

书记:负责对服务部的档案资料进行整理与存放,有打字员、中文、英文记录员各1人。①

除此之外,当时的社会服务部还有一些辅助机构,比如针对医院职工和社会服务部"延伸服务"的"怀幼会"等。同时还需要注意的是,曾经在眼科担任社工的宋思明后来到了精神科,并在协和医院接手北平疯人院并改造为北平精神病院之后,一度在那里主持工作,成为中国本土精神健康社会工作方面的先行者,在后续抗日战争的伤残重建工作中作出了卓越的贡献。

三、协和医院社会服务部的地位和影响

在协和医院之后,20世纪30年代又先后有济南齐鲁医学院、南京鼓楼医院、上海红十字会医院等先后成立社会服务部。后经历抗日战争,各院事业均有中断;抗日战争爆发后北京高校迁往西南,华西协和大学医学院于1943年设置社会服务部;四川省立医院、中央大学医院等也均尝试设置社会服务部;齐鲁大学附属医院社会服务部也着手恢复重建。

---

① 参见张中堂:《社会服务部二十年》,载政协北京市委员会文史资料研究委员会编:《话说老协和》,中国文史出版社1987年版,第364—365页。

在上述医院的社会服务部建设中,北平协和医院的社会服务部起到了引导和示范作用,并且提供了进修服务和人才输出。正是蒲爱德及其所领导的北平协和医院社会服务部培训了中国历史上第一批专业的医院社会工作人员,并将这一事业积极拓展到了其他医院,产生了一种"行业性"的影响。张中堂的回忆中,蒲爱德曾派最好的社工人员朱宣慈去南京鼓楼医院辅导医院社会服务工作,派钱且华去山东齐鲁医学院医院建立社会服务部,还派人帮助建立上海仁济医院、中山医院的社会服务部。与此同时,华西医学院社会服务部以及南京鼓楼医院都曾派社工人员到北平协和医院社会服务部学习;而且需要明确的是,北平协和医院社会服务部对社工岗位的要求非常严格:

> 由于医院社会服务工作是一种专门职业,要求从业人员必须接受高等院校社会学系大学本科毕业的专业进修(专业进修时间一般为一年)和技术培训,学习社会医学的管理知识、工作方法和手段,具有处理实际问题的能力。从专业的设置到师资的配备,从课程的设置到教学的安排,医学教育、心理学和社会医学始终有机地结合在一起,以培养学生具有较全面的知识。①

通过实习和就业,协和医院社会服务部工作在高等教育和职业之间建立了联系,对于社会工作实务和研究之间的良性互动至关重要。蒲爱德本身就在燕京大学社会学系和协和医院高级护士学校任教,主讲《个案工作》课程;而燕京大学、辅仁大学及上海几所大学的社会系学生也都以协和医院社会服务部作为重要的合作单位,在实习和就业方面有大量的联系。除此之外,协和医院社会服务部还和清华大学等有研究和实务方面的合作。

在蒲爱德和协和医院社会服务部的影响和直接支持下,本土的一些社会组织和慈善事业迅速实现专业化的转变。最典型的就是北平家庭福利协济会,1933 年该会的年度报告显示,蒲爱德女士担任该会执行部委员兼家庭工

---

① 参见张中堂:《社会服务部二十年》,载政协北京市委员会文史资料研究委员会编:《话说老协和》,中国文史出版社 1987 年版,第 366 页。

作股主席,该年度所开展工作中,家庭工作股的主要工作就是社会个案:

> 二一年度①家庭工作股个案工作报告。

> 本年度共办理新旧案 171 件,其中有新案 88 件,个案中共大小人口 705 口。至本年终,各新旧案经办理后,告结束者为 79 件。如已结束之个案与发生问题时,仍可来回请求重理。本会成立,今年渐为社会所闻知,故本年度自请求助者较往年为多。②

除了个案工作外,在协和医院职业治疗部的帮助下该协会开设了手工工厂,将传统慈善救养扩展到了救养教工一体化的新模式,加速了本土慈善组织的近代化进程:

> 于民国 21 年 12 月本会内个案中选定妇女五人交由协和医院职业治疗部主任卜女士办公室开始教做手工。至本年 1 月,其中一人选充工头儿,担任管理及教导工女之责,并迁至本会办公室继续工作,于是妇女工厂开始正式成立。此后,人数渐增,至 6 月底妇女在场工作者计 20 人。最初卜女士教作美国式补花被及中国古式挑花棉布手巾等。成绩甚优。于前三月间所出各货,系赞助本会者所定做;伺后除应订货外,并致各样花被及棉布等出卖。以往所售各货及订货单均系卜女士代办。③

所以,从这些资料来看,蒲爱德的社会工作实务并未局限在北平协和医院社会服务部,而是以此为平台,在慈善事业方面向外不断延伸开来。除此之外,蒲爱德组织和参加了大量与社会工作相关的慈善救助活动:1937 年抗日战争后,蒲爱德在北平协和医院创办的红十字会医院积极参加救死扶伤工作;1938 年开始,蒲爱德协助路易·艾黎(Alley Rewi)从事工业合作社工作;1938 年底,她先是在上海担任工会促进委员会的干事。随着"工合运动"的成功展

---

① 即民国二十一年。——作者注
② 北平家庭福利协济会:《北平家庭福利协济会报告书》,1932 年,第 1 页。
③ 北平家庭福利协济会:《北平家庭福利协济会报告书》,1932 年,第 12 页。

开,蒲爱德积极投身宋庆龄、斯诺等在香港成立的工合国际委员会,从上海到
香港任干事,具体实施宋庆龄、斯诺(Edgar Snow)和艾黎等人的计划,协助筹
集海外资金。1939 年,浦爱德受艾黎委托赴美国,并按其要求留在美国,筹建
中国工合美国促进会(American Committee in Aid of Chinese Industrial Coopera-
tives)。到 1946 年为止,该会为工合募集 300 多万美元,而这笔海外资金是香
港工合国际委员会能独立控制的为数不多的资金之一,其中相当一部分投入
到了积极抗战的八路军、新四军控制区域,支持了中国共产党领导的抗日
战争。

第二章 教育:专业人才的培养

在西方,社会工作教育的兴起是基于社区慈善工作者专业素质提升的需求应运而生的。最初形式是慈善组织会社(Charity Organization Society)里面的学徒制,再然后是一些短期和长期的培训课程。直到一些相对正式的慈善学校和高校专业的建立,社会工作才得以作为一个专业进入了高等教育,开始了从一门职业到一个学科的转变。在中国本土,社会工作高等教育与社会工作几乎同时作为"舶来品"被引入,在归国留学精英如许仕廉等人的努力下创立和发展,在这一过程中,社会工作教育与实务相互交织,对实务的本土化推展和演进起到了很重要的作用。

第一节 燕京大学引领的专业教育

至于我国早期社会工作教育的产生,王思斌曾指出:"通过社会服务的方式培养符合基督教精神的年轻人进度缓慢,于是开始倡导对年轻人进行现代教育,而最接近基督教的高等教育是社会工作教育。"①目前学界基本上能达

① 王思斌:《社会工作概论》,高等教育出版社 2014 年版,第 93 页。

成共识的是,社会工作的专业教育开始于20世纪的20年代,最初是在燕京大学开始设置课程,而促成者恰恰正是前面章节中谈到的步济时。

一、步济时与燕京大学社会学系

在前面的章节中本书曾经提及步济时的生平,也谈到过步济时在传教过程中发掘中国青年这个"金矿"的过程以及与中国内地大学生之间的合作,包括社会实进会的成立以及《新社会》杂志的创办。但是真正让步济时走进燕京大学的则是通过"北京证道团"(Peking Apologetic Group)的"生命团契":

证道团宣言书

我们在北京地方居住的基督徒,因为感受了环境的激刺,引起了良心上觉悟。既深知基督教是改良中国社会唯一的需要,传布基督教是我们基督唯一的责任。又深知道在现今的时候,传布基督教必得按近今科学哲学的概念,解除现代人种种的误会及疑惑,确实证明基督的真理体现。起先不过是各个人的感想,后来个人将所感想的互相述说,多半得着同情,经过几次谈论就渐渐集合了团体,既成了团体自然就有当作的事业和对外的关系,也就不能没有名称,因此就为这个团体起名为证道团。①

当时的证道团成员为29人,分别为:陈化民、陈国梁、林鸿飞、巢坤霖、司徒雷登、萧元恩、李荣芳、梅贻琦、万卓志、陈振原、何涞原、丁淑静、步济时、吴耀宗、杨建章、博晨光、薛慰仁、李天禄、张元礼、麦美德、寇润岚、全邵武、胡学诚、伍英贞、诚冠怡、柴约翰、陈颂平、徐宝谦、吴雷川。而正是在证道团成立的前1年,即1919年,北京高校"北京汇文""华北协和""协和女子大学"三学校合并为"燕京大学",担任校长就是司徒雷登,而"科长"就是其中的男校文理科科长博晨光。燕京大学史稿中记载:

---

① 北京基督教青年会:《证道团宣言书》,《生命(北京)》1920年第1期。

步济时由"生命团契"与燕京联系,1919 年开始在宗教学院(在大学设社会系之前)教授社会学。在中国社会学研究中率先倡导实地调查。步济时倡议成立社会系并任系主任后,社会工作与社会学是合并的。经过努力两个领域分离,服务工作减弱,学术标准增加。其后许士廉、吴文藻继任社会系主任,树立燕京社会系的声望。①

步济时进入燕京大学之后,最初是和司徒雷登一起在神科任教,讲授宗教社会学的课程。而与此同时,步济时至少在 1920 年已经开始担任燕京大学社会学系的系主任:

次再说社会学系。本校对于社会学系是极注重的。主任是步济时先生(J.S.Burgess)。本系的课功②有:(一)社会之起源与进化。这一门是由 Ditmnar 博士教授的。(二)社会学概论。这一门功课是以 Black Marand Gillin 的《社会学大意》和 Hayes 的《社会学概论》做根据而参与其他的参考书。教员是狄吉安(Dickinson)女士。(三)现代社会问题与社会服务之方法,Miss Hass 教授的。除这三门以外,还有一门特别的功课,学生只有一人。第一学期是研究近代社会改造的学说,如各种的社会主义工团主义、无政府主义、布尔塞维克主义等。第二学期是以美国麻省大学 Prof.Bogardus《社会学概论》为根据而参考许多社会学家的原著,同时并编译这本书。③

在燕京大学社会学系毕业生傅悫冬的回忆中,新创建的燕大社会学系隶属于燕大文理科,由步济时首任系主任职务,全系只有美国教师 6 人,其中专职教师只有 1 人,其他 5 人都是兼职。当时仅有 10 余门课程,内容侧重于宗教服务、社会工作和社会调查,不注重对社会学理论的研究。④

---

① 张玮瑛、王百强等:《燕京大学史稿》,人民出版社 1999 年版,第 1112 页。
② 即功课。——作者注
③ 谢婉莹、瞿世英、刘万芳:《燕京大学神科》,《生命(北京)》1921 年第 1 期。
④ 参见傅悫冬:《燕京大学社会学系三十年》,《社会》1982 年第 4 期。

据于恩德在 1930 年出版的《社会学界》第 4 期里的介绍:燕京大学初创时,教员方面仅有专职 1 人,义务 6 人,课程 10 余门,许仕廉担任系主任以后,至少在 1930 年教员已经发展到了 12 人。[①] 而在 1948 年发表的《燕京大学社会学系概况》一文中指出,1922 年开始到 1948 年,燕京大学的社会学系经历了从创始到扩大以及一系列的人事变动[②]:1922 年,除了创始者步济时之外,外国教员还包括甘博、甘霖格(I.Sweet)与艾德敷(D.W.Edword);1924 年开始引入中国教员,当时专任教员是许仕廉,兼任教员是朱友渔、陶孟和、李景汉等人;1925 年增加社会服务短期科,系名变为"社会学及社会服务学系";1926 年以后增设研究院,由许仕廉代理系主任;1929 年出版《社会学界》,增设专为社会服务机关人员培训的函授科,系主任为华义侠(J.S.Word);1928 年接受美国洛克菲勒基金补贴,与政治、经济两系合并,成立应用社会科学院,杨开道等人加入;1929 年,吴文藻、林东海加入;1930 年张鸿钧加入;1934 年许仕廉被聘为政府实业部顾问之后,转由杨开道代理系主任;1937 年,杨开道转任法学院农村建设科主任,则由吴文藻主持系务;1936 年吴文藻出国考察,张鸿钧主持系务;1937 年张鸿钧任华北农村建设协进会实习处副主任,系务转由赵承信主持;1943 年后由林耀华代理。具体到社会工作的设置,在这一过程中虽然时有变化,但也逐渐健全:

系内原来分为"社会学"与"社会工作"两大专业,前者为理论研究探讨,后者为实际应用。以后随着形势的发展,在系内学科组织相应增加扩大,专业划分更细了。1927 年系内进一步分为 8 科 1 校,即:社会学本科、社会学研究科、社会服务本科、社会服务研究科、社会服务专修科、宗教社会服务研究科、宗教服务速成科、社会服务函授科及一个暑假学校。1929 年在社会学本科内又分为 4 个组,即社会学原理及人类学组、社会立法组、社会行政组及社会研究和社会统

---

① 参见于恩德:《燕京大学社会学系概况》,《社会学界》1930 年第 4 期。

② 编辑部:《社会学界消息:燕京大学社会学系概况》,《社会建设(重庆)》1948 年第 1 期。

计组。社会学本科的学生到二年级时必须选一个主修组。1932 年还成立了学系图书馆。①

二、燕京大学之后内地社会工作教育的兴起

许仕廉曾撰文指出,"社会学实用方面,即社会服务,除一二学校外,绝不注重"②,但当时还是在小部分高校得到了一定的普及和发展。1926 年的《沪江年刊》中刊载外籍教员怀爱兰所写《概况:本校之社会科学科》一文谈到:

> 只有从比较上,我们能定自己的相当地位。所以几个含有友谊精神的比较,作兴是很有趣味的。譬如沪大是首先在中国创立社会学系,而得到这种荣誉。直到那个时候③其他大学或者是全无此类课程,或是只有一课为满足。多数的大学至今仍只有一课,一直到 1923 年吾校较任何学校社会学课程为多。此后燕京大学(受许多团体的赞助,如男女青年会神学除及大学本身)即开始创办社会工作科,新添设许多课程。现在这两所大学对于此项学科较中国其他大学为优胜。④

燕京大学之后,沪江大学、震旦大学、之江大学、金陵女子文理学院、齐鲁大学、岭南大学、福建协和大学等均曾开设社会学和社会工作的课程。而正如怀爱兰所言,沪江大学有着源自葛学溥(Daniel H. Kulp Ⅱ)的社会学传统以及沪东公社和劳工新村的社会服务基础,到了 1929 年社会学系的课程设置中已经有了"社会个案""社会改造"等社会工作课程。复旦大学也于 1930 年起开始向应用方面转型,积极开设社会工作课程:

> 应主任⑤说以前偏重理论方面,今后则改重实用方面。同学们

---

① 傅愫冬:《燕京大学社会学系三十年》,《社会》1982 年第 4 期。
② 许仕廉:《对于社会学教程的研究》,《社会学杂志》1925 年第 4 期。
③ 即 1915 年。——作者注
④ 怀爱兰:《概况:本校之社会科学科》,《沪江年刊》1926 年第 11 期。
⑤ 即应成一。——作者注

也说暂时放下社会哲学多做社会工作,因此本学期除社会工作劳动运动时开班外又添上社会统计和劳动研究法,这都是求实用的。……此外,李剑华先生的社会工作最合中国民情……①

非常值得一提的是,1929年上海诸大学社会学学者发起成立了一个"东南社会学会"②。该学会成立伊始,其上海部吴泽霖、应成一、范定九、蔡毓聪以大夏大学、中央大学、沪江大学、燕京大学、暨南大学、厦门大学、中公大学、东吴大学等学校的社会学系课程,草拟了一个《中国大学校社会学系课程草案》,该草案将课程分为预修学程、必修学程、选修学程三部分。而其中必修课程中有"社会工作"一门,而选修课程中有社会工作组,包含乡党组织③、儿童幸福、社会服务机关管理、社会保险、新闻纸与社会五门课程。这一事件,意味着至少在1929年,社会工作已经成为本土社会学学科中稳定的课程设置和分支方向。

社会工作专业教育的兴起,在西方是实务需要;而在本土,有着其特有的外部性和被动性,但大的社会转型背景决定了在国民党统治下,有着朝向现代资本主义发展的一面;而工业化和城镇化的推进,也在一定程度上为社会工作实务提供了与西方相似的情境;在此之外,时局动荡、战乱频仍、天灾人祸也给社会工作实务提供了得以展开的空间。社会工作专业教育,由步济时在燕京大学创建,而历经非基运动之后由本土"西学东渐"留学归来的本土社会知识精英接手并进一步拓展,从办学思想到专业与学科建设,都有了较快的发展。

第二节　社会工作专业的教育理念

教育理念,亦或者是办学理念,是开展专业教育,培养专业人才的前提和

---

① 鹤:《本学期的社会学系》,《复旦大学社会学系半月刊》1930年第1期。
② 编辑部:《社会科学界消息:东南社会学会成立消息》,《社会科学杂志(上海)》1928年第4期。
③ 即社区组织。——作者注

基础，也必然会对专业人才从业之后的社会工作实务产生影响。我国早期社会工作的专业理念学习自西方，最初从属于社会学学科，在培养目标、课程设置、专业实习等环节也在一定程度体现了该时代特有的思考。在燕京大学社会学学科发展初期，尤其是许世廉的教育理念影响下，社会工作课程得到了重视并在人才培养方面取得了较好的发展。

一、许仕廉和燕京大学

研究中国早期本土社会工作专业教育，许仕廉是一个无论如何也跨不过去的里程碑式的人物。在燕京大学社会工作专业教育的历史上，许仕廉从步济时手中接过社工课程设置的"薪火"，并着实投入了一番心血去研究和经营。关于其人，张玮瑛、王百强等主编的《燕京大学史稿》中录其生平如下：

> 许仕廉是湖南湘潭人，1896 年出生，早年留学美国，获爱渥华大学①哲学博士学位。1924 年回国，任教于武昌国立师范大学。1926年出任燕京大学社会学系主任、教授，同时兼任《社会学杂志》编辑。1927 年创办《社会学界》年刊。自 1934 年起，先后担任南京工业调查所专员，中国社会学社副理事、理事，北京市社会局顾问、《美国社会学及社会研究》杂志特别编辑等职。1931 年赴美讲学，任芝加哥大学社会学系研究生导师。1932 年任外交部参事、条约委员会委员。1933 年任伦敦及意大利人口问题研究委员会驻华通讯员。他强调人口问题是研究中国经济、社会及政治问题的根本；认为种族品质对于社会有重大关系，主张提高人口素质。②

许仕廉对社会工作的具体贡献并不全部在此简短介绍中，在可查的关于中国早期社会工作办学理念的研究，许仕廉应该是当之无愧的第一人。1925年，许仕廉在演讲中提到步济时的调查，并认识到了燕大社会工作在国内的领

---

① 即艾奥瓦大学。——作者注
② 张玮瑛、王百强等：《燕京大学史稿》，人民出版社 1999 年版，第 1113 页。

先地位:

> 1925 冬步济时教授应中华基督教高级教育会之请,调查了十个基督教领袖大学社会学的教学,他也偶然调查了国立和私立领袖大学社会学的教学。在这次调查的结果里面真是出乎我们意料之外,证实了燕大社会学系所设立的课程数目和教授钟点都远超过其它各大学。燕大社会事业科——照我所知道的,是中国唯一的,——正式训练一种人才,适应目前之需要,以做各种社会事业,我们的老同学和毕业生已在社会事业上有了他们相当的贡献,早为全国人士所称许,但是我们应当"精益求精",所以第一个教育方针便是注重社会工作科。①

所以,在刚接过步济时的任务之后,或许是受到步济时关于中国需要社会工作的观点的影响,许仕廉认识到了社会工作在燕京大学社会学系以及在全国的特殊地位,在此基础上,他特别阐述了关于社会工作的办学理念:

> 对于社会工作科,我们所要注重的有两件事:一,它的性质要极端的实用,教法和训练也要提高,使学生出学的时候能直接服务社会,不至于有什么阻碍或需要重新适应的事。他的内容要完全中国的、科学化的。使训练能适应中国的环境,学生能得到社会的信仰而占领袖地位,不致有种种隔膜,或需重新适应社会。要办到这两层,第一我们教育程度加高,第二多设立试验场,第三我们与各种建设的社会运动联络,第四加聘各种社会服务的领袖人才(华人)为教授。虽然,实行这些工作,必须大量款项,才能着手。我们却也有几分的成功。②

所以在主政燕大社会学系初期,许仕廉的社会工作教育理念已经开始初现端倪:第一,社会工作人才培养必须注重实务导向,要以教法和训练来达到

---

① 许仕廉:《燕大社会学系教育方针的商榷》,《晨报副刊:社会》1926 年第 61 期。
② 许仕廉:《燕大社会学系教育方针的商榷》,《晨报副刊:社会》1926 年第 61 期。

学生实务能力的提升,毕业就能服务社会——这显然是和其他社会学分支不同;第二,人才培养一定要本土化,即要适应中国国情并能得到社会的认可。结合当时的情境,许仕廉把握到了社会工作专业教育的要义,尽管实现起来并不容易。

在《对于社会学教程的研究》一文中,许仕廉指出当时社会学学科建设和课程方面的"八大问题",其中尤其提到"社会学实用方面,即社会服务,除一二学校外,决不注重"①的问题。他认为:

> 教社会学不可不有一定方针。有方针,然后定程序科目。教育方针不出四种,甲、一种普通科,使人知道社会原始构造生活及其问题。乙、一种高深研究科,由此渐近,以养成特别社会学理论家及研究家。这种理论家,将来可以当教员、做编辑、著书立说或任实地调查。丙、养成高等社会服务专门人才,其训练之苦当比商科、医科、农科、工程科有过无不及。丁、一种速成社会服务科,以教育现在在慈善或其他机关服务者或充青年会干事、教堂牧师者。②

这段话体现了许仕廉对当时社会工作专业教育理念的观点:第一,国内本土社会学教育和人才培养应当注重应用社会学,尤其是社会工作人才培养。第二,应该将社会工作专业人才进行分类培养:第一类是接受系统的四年本科教育,培养高等社会服务专门人才;第二类是针对当时在职的社会服务人员进行专业培训,以提升其社会服务能力,举办短期人才培训班。在此基础上,1929年,许仕廉在《建设时期中教授社会学的方针与步骤》一文中重点探讨了社会学学科与课程建设的思想,将社会工作课程放在了社会学的总体设计中:

> 第七,科学的社会工作(scientific social work),是以最新的方法改良社会制度(如救济制度、社会教育制度、工会制度、农会制度、乡

---

① 许仕廉:《对于社会学教程的研究》,《社会学杂志》1925年第4期。
② 许仕廉:《对于社会学教程的研究》,《社会学杂志》1925年第4期。

村自治制度、监狱制度等),实行社会建设。①

受步济时和许仕廉的影响,燕京大学的社会工作教育理念是蕴含在社会学总体框架内的,确实得到了重视。于恩德在 1930 年第 4 期的《社会学界》中介绍了燕京大学社会学系的办学宗旨:

（1）发展社会化的思想;（2）养成负责任的公民资格;（3）训练社会服务及社会调查专门人才;（4）提倡科学的地方建设;（5）促成以科学方法改良社会的舆论。②

而关于人才培养目标,在办系原则上有所说明:

该系工作均依下列原则办理:（1）使学生对于普通科学,有广泛的预备,以便研究社会学与社会事业时有相当的基础;（2）使学生完成最少数的必修课程之外,均按个人之兴趣选修功课,以应个人的需要;（3）特别注重社会调查,使学生明瞭现代社会的情况,及搜集科学材料的方法;（4）求与实际的社会服务机关、社会运动及国内外的社会思想家相接近,对于实际工作与实际考察相完满的设备;（5）一切课程计划求应对中国的现实社会及政治改造的需要为目的。③

二、言心哲的教育理念

如果要给许仕廉做一个角色定位的话,他应该算作社会工作专业"教育家"。他对社会工作专业教育的理念主要是从专业办学的"设计者"和学科建设的"负责人"两个角度出发的。同时代稍晚社会工作教学和研究方面的学者中,言心哲和蒋旨昂对社会工作的专业教育的研究颇具典型性,与许仕廉略有不同,后两者的研究和主张是从专业教师和研究者角度出发的。本书以言心哲的教育理念为代表来进行介绍。

---

① 许仕廉:《建设时期中教授社会学的方针及步骤》,《社会学界》1929 年第 3 期。
② 于恩德:《燕京大学社会学系概况》,《社会学界》1930 年第 4 期。
③ 于恩德:《燕京大学社会学系概况》,《社会学界》1930 年第 4 期。

作为我国早期社会工作教育和研究的典范，言心哲生平并没有那个时代特有的"波澜壮阔"。《言心哲自传》记载了他的大致生平[①]：他于1898年7月30日出生于湖南湘潭，自幼父母双亡，是被叔父养大的。自幼好学，7岁入私塾，14岁高小毕业，15岁考入长沙甲种商业学校，曾受教于名师杨昌济和李肖聃，旁听于"长沙船山学社"。21岁赴法勤工俭学，后留学美国南加州大学攻读社会学和经济学。1928年获得硕士学位，同年秋季被时任燕京大学社会学系负责人、他的表弟许仕廉博士邀请回国任教。此后曾先后任教于燕京大学、南京中央大学、复旦大学、中山大学。1940年起曾任谷正纲主政的"社会部"的社会行政计划委员会委员、人口研究委员会的委员，并担任重庆实验救济院的管理工作。中华人民共和国成立之后，1952年起高校院系调整，社会学专业被撤销之后言心哲很长时间不能从事社会学与社会工作的教学和研究工作。直到1979年社会学得以恢复重建，言心哲在华东师范大学着手建设社会学教研室，才得以继续从事社会学相关的学术研究和活动。1984年2月11日，言心哲病逝于上海。

言心哲在社会工作教学和研究方面均有建树。在《现代社会事业》一书中，他不遗余力地引入了西方的社会工作知识体系，而且非常注重专业和学科建设。在办学理念上，言心哲是将社会工作这一专业和学科放在近代"西学东渐"与现代社会转型的大背景下来看待的：

> 现代社会事业在我国这次抗战以前是被忽视的一种事业，我国以往谈民族复兴与国家建设的，很少有人把社会事业看作一个重要的部门，殊不知社会事业的兴办与研究为增进社会福利、提高人民生活的一种重要工作，是以欧美先进诸邦莫不努力创办各种社会事业，以减少人民困苦、培养国家元气。社会事业在我国发展的必要性，已由多年抗战的经验而深深地感觉到了，此点从近年来中央及地方社

---

① 言心哲：《言心哲自传》，《晋阳学刊》1982年第4期。

会行政机构的设立,各项社会事业的兴办以及社会事业教育之渐加注意,可以窥见一斑。①

言心哲认为社会工作专业教育目标是应对社会病态的处理:

现代各国之从事社会事业者,当其在校学习期间,不仅受有各项专门课程的训练,且须获得一些实习的经验,是以出校以后,对于某种社会事业的举办或推动多能胜任愉快,对于各项社会病态的处理亦能应付有方。欧美各国社会事业的办理,得以井井有条,似乎要多归功于各社会事业教育机关对于人才训练的努力。②

他认为正是由于当时的中国社会问题严重,社会病态凸显,因而尤其需要社会工作人才:

从事社会事业者,欲卓然有所建树,非学能兼备,经验丰富,殊虽望其有所成就,欧美各国之所以设立专校或专系以训练此类人才,实非无因。美国全国人口现约有 13000 万人,而以社会事业为专业者约有 4 万人,我国现有人口约 45000 万人,若以美国的情形相比拟,则我国应有社会事业人员十余万人,而现今之受有此类训练与实际从事此类工作者,殊属有限。由此可见,人才的训练为我国当前社会事业方面一个很迫切的问题。③

在系统考察了西方的社会工作教育基础上,结合本土社会工作的需求,言心哲认为社会工作教育应该有如下目标:

第一,须顾及社会的需要。第二,须注意于社会事业高级人才及低级人才之训练。第三,须灌输现代社会事业的基本理论。第四,须注意于社会事业专门技能的培养。第五,须使被训练者能独立地担任社会研究工作。第六,要使学生有认识各种社会问题的本领及随

---

① 言心哲:《现代社会事业》,河北教育出版社 2012 年版,第 3 页。
② 言心哲:《现代社会事业》,河北教育出版社 2012 年版,第 199 页。
③ 言心哲:《现代社会事业》,河北教育出版社 2012 年版,第 199 页。

时自动求得解决的能力。第七,要使学生有深入民间、服务社会及办事的精神,推己及人,及仁民爱物的人生哲学。[①]

与当代社会工作专业人才培养目标相比,言心哲的提法有以下几个特征:第一,注重社会工作人才培养的需求导向,把握到了这一专业的特性;第二,提出人才分层分类培养的制度;第三,提出了知识体系和技能训练的要求,注重这一专业注重实务的特征;第四,兼顾了社会分析和研究能力培养;第五,特别强调了社会工作伦理的本土文化背景——"推己及人"及"仁民爱物"的人生哲学,很显然是来自于儒家的"仁"学思想。

第三节　社会工作教育的课程
建设与师资概况

之前的章节中本书曾经提及,以燕京大学为代表的中国社会工作早期教育,最初是以课程的形式出现,是与社会学的专业建设"打包"在一起由国外引入的。在 20 世纪初到中叶,国外的社会工作教育课程体系正经历从独立课程逐渐发展成系统的课程和知识体系的过程。早期社会工作教育的课程建设,受师资等条件限制,实际上一直"嵌入"社会学课程体系内,这也显然是和社会工作本身缺乏独立学科地位是密切相关的。

一、嵌入社会学专业教育的社会工作专业

许仕廉的《对于社会学教程的研究》一文中就曾对当时社会学的课程设置有过系统的建议,我们大概也能据此看出在 1925 年刚刚被引入中国不久,社会工作在社会学系统课程中的地位:

　　……社会学可分为理论及服务两项,后者应同时有实地调查或

---

① 言心哲:《现代社会事业》,河北教育出版社 2012 年版,第 215—219 页。

实地服务。对于高级生应设研究科,社会学与心理学、经济学、人类学等密切相关,不可不互相联络。兹拟一系统的教程以资参考。

一、普通社会学——此科立人基础。应以极有资望有学问之教授担任之。宜注重理论方面。

二、普通社会问题——注重问题方面。

三、社会心理学——或由心理学系担任。

四、人群行为学。

五、社会态度学——注重心理。

六、社会原始学——注重文化物之研究。

七、人类学——须附有实验。

八、文化学——需附有实验或电影表示。

九、社会进化论——许大学三年级以上学生自习。

十、种族关系论。

十一、社会优生学。

十二、西洋社会思想史。

十三、中国社会思想史。

十四、家庭论。

十五、宗教与社会。

十六、社会教育。

十七、工业社会。

十八、乡村社会学。

十九、社会测量学。

二十、社会服务学。

二十一、慈善学——讨论贫之原因及其救济。

30 各科均须附有实验。

二十二、刑罚学。

二十三、游戏学。

二十四、公众卫生服务论。

二十五、地方邻里问题。

二十六、儿童教养论。

二十七、男童子服务学。

二十八、女童子服务学。

二十九、男女青年会服务学。

三十、教会服务学。

三十一、社会研究方法。

以下各属经济学、政治学、教育学、历史学、地质学等范围内。但习社会学者有不可剥研究之必要。鼓励学生习此类科目方法有三：一为列于必修科目，那学生不得不习；二可以一部分并入社会学系内教授；三可以一部分在各系内教授，但可以在受益学期内计算点数。①

之前章节本书曾经提到过，步济时最初在燕京大学引入社会工作课程的时候，就是在社会学系和社会学学科的整体的名义下进行的。而当时与燕京大学相比肩的沪江大学、复旦大学等高校，包括上海的其他高校，也基本上都是如此设置。这与美国在社会工作教育中相对独立的学院设置（哥伦比亚社会工作学院）并进行训练的思路很显然是不一致的，却也符合当时中国社会工作实务的刚刚引入，尝试开设的探索和"依附"状态。根据《中国社会学讯》1947 年第 7 期刊载的各系概况，本书暂列 1946 年金陵女子大学、国立中央大学（今南京大学）、私立华西大学三所大学的社会学的课程如下：

---

① 许仕廉：《对于社会学教程的研究》，《社会学杂志》1925 年第 4 期。

表 2-1　1946 年金陵女子大学等三所大学的社会学办学状况①

学校名称	办学状况
金陵女子大学	金女大社会学系已成立十余年。现在有龙冠海博士主持系务。在校学生共 78 人(不包括一年级生),分别主修儿童福利、都市社会学、乡村社会学等科目。本学期开设课程有中国社会问题、社会制度、西洋社会思想史、社会心理学、儿童行为指导、社会工作与行政社会学原理等 12 种。教授有薛汤铭新、张世文、尹德华诸氏,阵容坚强。
国立中央大学(今南京大学)	中央大学社会学系近年在课程方面,理论与实际并重。本年度除普通社会学、社会心理学、人类学基本科目外,理论课程设有社会思想史、近代社会学理论、都市社会学、社会变迁、社会学名著选读等。实际课程计有中国社会问题、社会调查、社会事业、社会行政、社会立法、社会政策、社会救济、社会保险、社会统计等。全年共开 20 门,23 班。教授 6 人,副教授 1 人,助教 3 人,学生 143 人。
私立华西大学	该系成立迄今已 33 年,本年度学生注册人数计 150 人。兹将其教职员姓名及课程概况报道以下:教授李安宅、冯汉骥、姜蕴刚、蒋旨昂、徐蕴辉、于式玉等。讲师艾西由、区闲奇、戴志明等。课程有社会学原理、中国社会史、人类学、社会统计、中国社会思想史、西洋社会思想史、社会心理学、农村社会学、社会学理论与方法、毕业论文研究班、社会工作、文化学、西南民族学、知识社会学、政治社会学、道德社会学、康藏史地、经济社会学、宗教社会学、藏文、社会哲学、殖民政策、社会工作课程、社会行政、社会调查、社会救济、社区组织、个案工作、社团工作、儿童福利、儿童指导、儿童保育、儿童心理、儿童心理测验、儿童与学校、儿童卫生、边疆社会工作、家庭、社会运动、人口问题、社会工作实习甲、社会工作实习乙、社会工作实习丙、论文社会工作范围(都市、乡村、边疆)。

二、许仕廉和燕京大学的社会工作专业课程设置

许仕廉认为:"社会学之重要,既如上述,科学的社会学与科学的社会工作,在中国之提倡,乃不可缓矣。"②在课程设计中,社会工作是社会学的重要组成部分,一个社会学系教科应分为两部,基本教科和扩大教科:

基本教科共有 13 门课程,43 学时,包括:普通社会学(至少 6 小时)、社会原始学(至少 2 小时)、社会思想史(至少 3 小时)、中国社

---

① 参见编者:《各大学社会学系系讯:金陵女子大学社会学系概况》,《中国社会学讯》1947年第 7 期。

② 许仕廉:《对于社会学教程的研究》,《社会学杂志》1925 年第 4 期。

会问题(至少 4 小时)、家庭问题(至少 3 小时)、贫困问题及救济方法(至少 3 小时)、犯罪学及刑罚学(至少 3 小时)、社会调查(至少 3 小时)、社会统计(至少 3 小时)、劳工问题(至少 3 小时)、工业问题(至少 3 小时)、乡村社会学(至少 3 小时)、社会服务方法(至少 3 小时)。

扩大教科又可以分为五组:甲、社会服务组(social work);乙、人类学文化学组(anthropology and ethnology);丙、社会问题组(social problems);丁、社会理论组(social theory);戊、社会经济组(social economics)。每组至少教授一人,助教若干人。①

到了 1930 年,根据许仕廉的汇报,社会学系的课程设置如下:

表 2-2　1930 年燕京大学社会学系课程设置②

课程类别	秋季		春季	
	课程	学分	课程	学分
社会理论与人类学	7	19	7	21
应用社会学	7	17	7	18
社会调查	3	8	2	5
社会服务	4	9	3	7
	21	53	19	51

1933 年《社会学界》第 7 期发表的《燕京大学社会学面面观》一文中,将燕京大学社会学课程分为两部分,一部分是社会学,一部分是应用社会学。在应用社会学部分列举了当时的社会工作课程设置:

本系为要在社会工作方面训练人才,实验技术,于是有课程的设备,练习的机会,与研究的便利。课程方面为:

① 许仕廉:《对于社会学教程的研究》,《社会学杂志》1925 年第 4 期。
② 许仕廉:《附录二:燕京大学社会学及社会服务学系一九二八至一九二九年度报告(一九二九年六月二十五日)》,《社会学界》1930 年第 4 期。

社会工作概论(三—三学分)

贫穷与救济(三)

犯罪学及刑罚学(三—三)

个案工作方法(二)

儿童团体工作(三)

儿童福利问题(三)

公共卫生(二)

精神病社会工作(三)

社会立法(三—三)

社会机关与行政(三)

实习工作(甲)(三—三)

实习工作(乙)(二—二)

公共福利行政(三)

社会工作研究班(二—二)

研究生实习工作(二—六)①

1946—1947 年,燕京大学社会学系的课程划分为四部分,系必修课、社会学组必修课、社会行政和社会福利组必修课以及训练社会救济人才和盲民福利人才,列社会工作课程如下②:

表 2-3　社会学系本科课程(1945—1946 年)
(社会学组社会行政组共同必修科)

课程	学分	年级	教员
社会学导言	三—三	一	黄　迪
人类学	三—三	二	林耀华

① 编者:《附录二:燕京大学社会学面面观》,《社会学界》1933 年第 7 期。
② 编者:《附录二:燕京大学社会学面面观》,《社会学界》1933 年第 7 期。

续表

课程	学分	年级	教员
社会心理学	三一三	二	夏仁德
社会统计学	三一三	二,三	赵人儁
中国社会史	三一三	二,三	徐益棠
社会制度	三一三	三	林耀华
社会调查	三一三	三,四	周励秋
社会事业	三	三,四	关瑞梧
社会行政	三	三,四	徐雍舜

表 2-4 社会学系本科课程(1945—1946 年)(社会学组选修科)

课程	学分	年级	教员
农村社会学	三一三	三,四	徐雍舜
都市社会学	三一三	三,四	黄 迪
边疆民族学	三一三	四,五	林耀华
教育社会学	三	三,四	廖泰初
家族社会学	三	三,四	林耀华
知识社会学	三	四,五	李安宅
理论社会学	三一三	四,五	黄 迪
边疆语言	三一三	四,五	李方佳
中国社会制度史	三一三	四,五	黄 迪

表 2-5 社会学系本科课程(1945—1946 年)
(社会行政或社会福利组选修科)

课程	学分	年级	教员
社会问题	三	三,四	周励秋
个案工作	三	三,四	周励秋
集团工作	三	三,四	魏永清
农村社区	三	三,四	廖泰初
农村建设	三	三,四	廖泰初

续表

课程	学分	年级	教员
地方政府	三—三	三,四	徐雍舜
教育行政	三	三,四	魏永清
社会运动	三	三,四	范希纯
社会机关管理	三—三	三,四	关瑞梧
人口问题	三	三,四	黄　迪
劳工问题	三	三,四	周励秋
家庭问题	三	三,四	范希纯
儿童福利问题	三—三	三,四	关瑞梧
托儿所	三	三,四	关瑞梧
精神健康工作	三	三,四	周励秋
高级个案工作	三—三	四,五	周励秋

1948 年第 1 期《燕京社会科学》中,燕京大学法学院发布《社会学系近十年概况》,详细描述了燕京大学课程体系的演进,将燕京大学社会学系的课程分为太平洋战争以前(1942 年)和 1945—1946 年以及 1948 年三个阶段,与 1933 年比较,受时局动荡影响,社会工作专业课程的增减实际上并不体现社会工作发展的渐进性。正如该文所言:

综观十年来本系课程,我们可以看出影响科目的取舍的因素至少有三个:一是当时社会环境的需要,如成都燕大有盲民福利课程;二是人的变动影响到科目的变动,例如因最近几位先生之离校及新教员的加入也影响课程的变动;三是受晚近社会学思潮之影响,例如"知识社会学""当代社会学说""人口与社会"等介绍当代社会学思潮之课程。①

1944 年秋,国民政府"教育部"主持召开"大学课程修订会议",在社会学

---

① 燕京大学法学院:《社会学系近十年概况》,《燕京社会科学》1948 年第 1 期。

系课程中增加社会行政组①,意味着社会工作专业设置得到了官方认可:

表 2-6　国民政府教育部修订后的全国高校社会学系课程设置(1944 年)②

修课性质	科目	学分	备注
必修课(49—64 学分)	1. 社会学	6	
	2. 统计学	6	8—10
	3. 社会心理学	3—6	选习
	4. 社会制度	6	一科
	5. 社会调查	3—6	
	6. 社会事业及行政	6	
	7. 社会制度	6	一科
	8. 社会思想史	6	
	9. 人类学	3—6	
	10. 农村社会学	3—6	
	11. 都市社会学	3—6	
	12. 中国社会问题	6	
	13. 中国社会制度史	3	
	14. 中国社会思想研究	4—6	
	15. 近代社会学理论	6	
	16. 毕业论文	2—4	
选修课程(一)(社会学专业选修,须选修 28—38 学分)	1. 社会政策	2	
	2. 社会立法	3	
	3. 社会运动	4	
	4. 社会事业史	3	
	5. 社会学名著选读	3—6	
	6. 欧美社会学家研究	3	
	7. 社会变迁	3	

① 等同于社会工作专业方向。——作者注
② 言心哲:《现代社会事业》,河北教育出版社 2012 年版,第 234—239 页。

续表

修课性质	科目	学分	备注
选修课程（一）（社会学专业选修，须选修 28—38 学分）	8. 教育社会学	3	
	9. 宗教社会学	3	
	10. 社区研究	3	
	11. 家庭问题	3	
	12. 人口问题	3	
	13. 农民问题	3	
	14. 劳工问题	3	
	15. 华侨问题	3	
	16. 犯罪学	3	
	17. 优生学	3	
	18. 社会统计学	3	
选修课程（二）（社会行政专业选修，须选修 28—38 学分）	1. 职业指导与介绍	3	社会行政专业必修科目，除与上列社会学专业必修科目前 10 门及毕业论文相同外，并须在以下五门中任选两门：1. 中国社会问题，2. 社会立法，3. 社会政策，4. 社会运动，5. 社会事业史。另加社会行政实习4—6分。
	2. 社会组训	3	
	3. 社会保险	3	
	4. 社会救济	3	
	5. 合作事业	3	
	6. 儿童福利	3	
	7. 精神病社会工作	3	
	8. 医药社会工作	3	
	9. 妇女工作	3	
	10. 个案工作	3	
	11. 团体工作	3	
	12. 社区工作	3	
	13. 工矿检查	2	
	14. 边疆民族问题	3	
	15. 边疆语言	3	
	16. 边疆行政	3	
	17. 边疆教育	3	
	18. 边疆社会工作	3	

三、言心哲与蒋旨昂的社会工作课程设计

言心哲在《现代社会事业》一书中专设"社会事业人才的训练"一编，搜集整理了美国和德国的社会工作专业教育的课程设置，并且详细介绍了当时美国的本科和研究生课程体系。本科生课程如下：

社会事业概论 Introduction to social work；

社会事业史 History of social work；

社会个案工作 Social case work；

社会团体工作 Social group work；

儿童福利事业 Child welfare；

犯罪及社会处理 Crime and its social treatment；

贫穷与救济 Poverty and relief；

医院社会工作或医药社会工作 Hospital social work or medical social work；

医药知识 Medical information，即救助个人与补救社会问题时关于医药方面所应有之知识；

监狱改良事业 Prison reform work；

农村社会事业 Rural social work；

精神病治疗社会工作 Psychiatric social work；

精神病学知识 Psychiatric information 即为精神病人服务时所应有的关于精神病方面之知识；

社会事业行政或称公共福利行政 Social work administration or public welfare administration；

劳工问题 Labor problems；

公共卫生 Public health；

青年男女社团事业 Club work for boys and girls；

社会调查 Social survey；

社会统计 Social statistics；

社会研究 Social research；

社会立法 Social legislation；

少年犯罪及其处理 Juvenile delinquency and its treatment；

社会保险 Social insurance；

公共救助 Public assistant；

社区或地方组织 Community organization；

合作运动 Cooperative movement；

社会运动 Social movement；

娱乐事业 Recreation work；

专题研究 Seminar；

实地工作 Fieldwork。

研究生课程：

高等社会事业 Advanced social work；

家庭个案工作 Family social work；

高等医药社会工作 Advanced courses on medical social work；

高等监狱社会工作 Advanced social work in prison；

犯人试释及假释工作 Probation and parole work；

高等精神病治疗社会工作 Advanced psychiatric social work；

高等娱乐事业 Advanced course in recreation work；

人事行政 Personal administration；

工厂检查 Factory inspection；

劳工立法 Labor legislation；

社会研究 Social research；

社会改良深究 Advanced social reform;

社会处理 Social treatment;

专题研究 Seminar;

实地工作 Field work。①

与之相对照,言心哲认为:

> 我国社会事业人才的训练则尚在开端时期,因师资的缺乏与教
> 材的困难有待商榷之处颇多。我国大学各学系的课程标准,教育部
> 曾经一度规定,但实属草创,各方的见解亦殊不一致。且曾经规定课
> 程之各学系,亦有相当历史,意见尚多分歧,社会事业学系课程标准
> 之规定当非易事。②

在国民政府教育部的大学课程方案发布以后,言心哲又对社会工作的专
业课程设置提出了自己的详细方案,他把社会工作的专业课程分为必修和选
修两部分,必修课程包括:

表 2-7　言心哲的社会工作课程设计③

课程名称	应修学期	学分数目	年级
社会学	2	6	1
社会问题	2	6	2
社会事业概论	1—2	3—6	2
儿童福利或妇女工作	1	3	2
社会调查与研究	2	6	3
社会心理学	1	2	3
社会统计	1—2	3—6	3
社会个案工作	1—2	3—6	3、4
社会团体工作	1	3	3、4

① 言心哲:《现代社会事业》,河北教育出版社 2012 年版,第 229—230 页。
② 言心哲:《现代社会事业》,河北教育出版社 2012 年版,第 231 页。
③ 言心哲:《现代社会事业》,河北教育出版社 2012 年版,第 234—239 页。

续表

课程名称	应修学期	学分数目	年级
社会行政	1	3	4
社会立法或社会政策	1	3	4
机关参观及实习	1—2	2—4	2、3、4
专题研究或毕业论文	2	4	2、3、4

选修课程包括：

课程名称	应修学期	学分数目	年级
社会保险	1—2	3—6	2、3
公共卫生	1	3	2、3
劳工问题或劳工福利	1	3	2、3
社会政策	1	3	2、3
社会立法	1	3	2、3
家庭福利事业或家庭个案工作	1	3	3、4
儿童福利	1—2	3—6	3、4
妇女工作	1	3	3、4
社会教育	1	3	2、3、4
社区组织	1	3	2、3、4
心理卫生	1	3	2、3、4
贫穷与救济	1	3	2、3、4
犯罪问题	1	3	2、3、4
监狱改良事业	1	3	2、3、4
合作事业	1—2	3—6	2、3、4
社会运动	1	3	2、3、4
精神病人服务事业	1	3	2、3、4
医院社会工作	1	3	2、3、4
娱乐问题	1	3	3、4
行政学	1	3	3、4
农村社会事业	1	3	3、4
公文程式	1	2	3、4

在上述课程设置基础上,言心哲讨论了本土课程开设的状况,其中指出由于学分限制,以及师资与教材的缺乏,可以考虑在社会学系设置课程组,条件成熟后再行独立。结合当时专业教育的具体情境,言心哲大力发展社会工作之"拳拳之心"的确是彰显了情怀,但即便是今日,本土社会工作也远没有发达到他所设想的状态。

在《社会工作导论》一书中,蒋旨昂谈了他所认为的社会工作课程设置。他认为:社会工作教育的目标应该是体验社会问题和解决社会问题。具体科目应该设置如下:

表 2-8　蒋旨昂的社会工作专业课程设计①

课程模块	具体课程	开课年级
一般社会科学及求学工具	三民主义、社会学、政治学、经济学、法律通论、社会人类学、应用心理学、应用文、外国语、体育习惯	一年级
社会现状	社会工作导论、社会研习方法、婚姻与家庭、合作经济、社会保险、社会教育、公共卫生、民法、行政法、地方行政	二年级
社会工作技术	家庭个案工作、医药个案工作、精神病人个案工作、社闻音乐及舞蹈、社团工作、社会救济史、社会实验史、社会形态及其组织、民众组训、社工宣扬、社会机关参观、社会工作实习	三年级
社会工作推广	农民政策、劳工政策、人口政策、其他社会政策、社会立法、社会行政、高级社会工作实习、论文	四年级

同时他还指出,专修科以大学系二、三年级的课程为主,研究所更要注重大学系三、四年级课程的探讨。② 这样也就和之前言心哲关于人才分类培养的一些提法不谋而合。

四、社会工作专业教育的师资情况

从燕京大学等社会工作专业教育的课程设置来看,对比许仕廉、言心哲等

---

① 蒋旨昂:《社会工作导论》,河北教育出版社 2012 年版,第 67—68 页。
② 参见蒋旨昂:《社会工作导论》,河北教育出版社 2012 年版,第 67—68 页。

人的理想,相差很多。主要原因之一就是受限于师资。与社会学相比,社会工作侧重实务,师资力量更难建设。从步济时开始,大学社会工作的师资经历了外国人执教到归国本土知识精英再到专业毕业生执教的过程,可以说历经三代。1929 年燕京大学社会学系师资有专兼职 15 人;而沪江大学在专业介绍中提及者仅 4 人:

> 沪大社会学系自本学期始。增加使用社会学各科。并请钱振亚君担任教授,此外尚有赖姆生,强生及万来教授等。①

到了 1931 年,各学校的外籍教师逐渐减少乃至消失,本土知识精英占据了绝对主导,从燕京大学的师资变化可见一斑:

> 一个学系之成功,在乎有良好之教授及完备之课程。该系每年均添聘国内知名之学者充任。本年除原有之教授如许仕廉博士、林东海博士、吴文藻博士、张鸿钧硕士、许地山硕士、严景耀硕士、步济时博士、兰安生博士、蒲爱德学士、甘林格博士诸人外,添聘杨开道博士、王杰仪硕士、嵇文甫先生、蔡可选硕士、魏翠英博士。②

老牌的燕京大学社会学系尚有外籍人士,新建复旦大学社会学系则全部为“新生力量”:

> 本系自应成一先生主持以来,对于本系之图谋发展,不遗余力。兹将其最近概况分别罗列如左。(一)添聘教授。本季除应成一、萧远、毛起鵕、李剑华、袁锦昌诸先生继续授课外,更新添董秋原先生担任人类学一班。查叶先生系前本系教授对于人类学素有深切之研究,此次回校定有新颖之发现以教同学。③

到了 1947 年,社会学和社会工作专业师资渐成规模,但总体上还谈不上

---

① 编辑部:《社会学系概况》,《社会学界》1929 年第 3 期。
② 子厚:《燕京大学社会学系近况(民国二十年九月调查)》,《复旦大学社会学系半月刊》1931 年第 9 期。
③ 家骏:《复旦大学社会学系近况》,《复旦大学社会学系半月刊》1931 年第 1 期。

"力量雄厚",至于专攻社会工作专业的师资,更是"凤毛麟角"。以下是当时的全国社会学师资情况:

表2-9 全国各大学社会学系教师一览①

校名	系名	地址	教员	系主任
南京大学(原"国立中央大学")	社会学系	南京	孙本文、傅尚霖、朱约庵、吴百思、毛起鷂、郝继隆、(A.R.O,Hara)、谢征孚、陈定闳、高植、郭骥(以上教授)、邵士枚、李宗贤、陈倚兴(以上助教)	孙本文
清华大学	社会学系	北平	潘光旦、陈达(在假)、吴泽霖、吴景超、费孝通、苏汝江、李景汉、李树青、戴秉衡(以上三人在假)	潘光旦
中山大学	社会学系	广州	高达观、刘渠、周信铭、董家遵、岑家梧(以上教授)尹德华、梁剑韬(以上二人讲师)、冯海燕(助教)	高达观
复旦大学	社会学系	上海	应成一、言心哲、何德鹤、徐蕴辉、喻兆明(以上教授)、章书和(助教)	应成一
云南大学	社会学系	昆明	许烺光(在假)、张之毅、罗振庵、胡庆钧	
苏州大学(原"社会教育学院")	社会事业行政学系	苏州	刘及辰、朱亦松、高达观(在假)、陈仁炳、张少微、王克、王启润、袁少卿、张迦陵	刘及辰
金陵大学	社会学系	南京	柯象峰(在假)、史迈士(L,Smythe)、马长寿、徐益棠、范定九(以上教授)、王达富(助教)	史迈士代
	社会福利行政组		陈文仙、何昌明、吴桢(以上教授)	
燕京大学	社会学系	北平	赵承信、林耀华、严景耀、雷洁琼、关瑞梧、林嘉通、戴世光、邓金鎏	赵承信
金陵女子文理学院	社会学系	南京	龙冠海(在假)、汤铭新、郭知鸳、吴榆珍、毛起鷂(以上教授)林志玉、李季谋(以上二人助教)	龙冠海(在假)
沪江大学	社会学系	上海	张春江、金武周、蔡尚思、左任侠、姚善友	张春江

---

① 参见编辑部:《社会学界消息:全国各大学社会学教师一览(三十七年七月调查)》,《社会建设(重庆)》1948年第5期。

续表

校名	系名	地址	教员	系主任
华西大学	社会学系	成都	李安宅（在假）、蒋旨昂、冯汉骥、姜蕴刚、罗宗荣（以上教授） 云心、梁文瑞（以上二人助教）	蒋旨昂代
	乡村建设系		张世文（教授）	
岭南大学	社会学系	广州	方与约（J. E. Fisher）、黄翠峰、高惠亚（Cower）、罗致平（讲师）	方与约
大夏大学	历史社会学系	上海	苏希轼、郑安仑	苏希轼
光华大学	社会学系	上海	应成一	
东吴大学	社会学系	苏州	钱长本	
辅仁大学	社会学系	北平	杨堃	
齐鲁大学	历史社会学系	济南	汪德亮	
震旦大学	社会学系	上海		
广东省立法商学院	社会学系	广州	谢健弘、陈（原文不清）、岑家梧、林楚君	谢健弘
乡村建设学院	社会学系	重庆（北碚）	刘桂灼、王启树、邹鸿滨	刘桂灼代
以下仅设社会学课并无专系				
政治大学		南京	桂丹华	
北京大学		北平	许德珩	
暨南大学		上海	慎闻达	
四川大学		成都	胡鉴民、王燕生	
南开大学		天津	陈序经	
贵州大学		贵阳	炳（原文不清）	
圣约翰大学		上海	陈仁炳	
武汉大学		武昌		
浙江大学		杭州		
东方语文专科学校		南京	卫惠林	

第四节　专业实习、社会服务与毕业生去向

社会工作是一门实务主导的专业,实习实践和社会服务是学校教育的固有组成部分,是对理论课堂的检验,也是理论联系实际的最主要的教育设置。至于为什么要实习,戴维·罗伊斯(David Royse)等人认为:

> 作为专业人员,社会工作专业的学生在课堂上学习实务原则、价值伦理行为、实务的专门知识和科学基础等内容。在实习教学中学生在督导之下将课堂所学运用于现实当中。因此,成为一名专业社会工作者所需要的准备,包括了正规学习和实务体验两部分,其中实务体验也就是专业实习。这种实务训练并不是社会工作专业独有的,而是所有助人专业共有的。①

一、专业实习的理念与实践

在本书上一节的我国早期社会工作专业教育课程设置中已经涉及到实习课程设置的情况。对于实习,许仕廉认为这对于社会学和社会工作至关重要:

> 社会服务学②重实习。第一步,设《社会机关参观》一科(institution visitation)。该科教授,每周率领学生多人,参观附近社会服务之机关,使学生亲眼看见种种社会问题及解决方法。第二,设大学实习处(university settlement),如伦敦之 Toynbee Hall 芝加哥之 Hull Hall。以大学之人力财力设一服务机关,一面为社会服务,一面做学生实习机会。第三,将本校学生送往各有资格之社会机关实习。如燕京大学将学生送往日本、上海、天津各大工厂,北平各慈善及社会机关,实

---

① [美]戴维·罗伊斯等:《社会工作实习指导》(第六版),何欣译,中国人民大学出版社2005年版,第1页。

② 即社会工作。——作者注

习一年,使能得社会服务学证书。第四,学校内可组织种种社会服务工作,由学生担任之,同时可做课程工作之一部分。①

言心哲在其《现代社会事业》一书中对实习也非常重视:

> 实地练习在社会事业教育方面之重要,久已被人承认。实际说来,实地练习,应视为学校课程之一部。实地工作数量之多寡,可以影响到学校声誉之高低。此因社会事业人员的实际工作效能,有如医生一样,要影响人类本身的幸福,责任非常重大,课堂讲授,不过为训练人才工作之一部。社会事业人才一方面要有学理的基础,一方面要有实地的经验。②

在谈到中国本土高校的实习时,言心哲认为确实存在问题与障碍:

> 第一,我国现有之社会事业机关,研究与实验工作有成效的甚少,若令学生加入是类机关实习,没有多大的教育价值。第二,即令有可以实习的机关,机关方面或亦不愿收容临时的实习生,因为学生来到机关实习,不仅不能对于机关方面有所协助,有时反足以妨碍机关事业的进行。第三,有学识、有行政经验的领导人才难得。长于理论与思想者,每缺乏实际行政的经验,富于行政经验者,又多无学识的基础,且未必能诱导初学之士。资质平凡,常识中庸,经验短少之人,殊难望其担负督导之责。③

从前面课程设置和实际开展来看,当时的社会工作的实习大致分为三类:第一类是社会机关参观与实习;第二类是毕业实习;另外一类是各高校开展的社会实践。关于个案、团体和社区组织,并未配备相应的独立的实验课程,而是较为集中的综合性的社会机关参观和实习实践课程。到了民国末期,社会工作实习的课程逐渐向特色方向发展,并体现为与社会服务相结合的趋势,如

---

① 许仕廉:《燕大社会学系教育方针的商榷》,《晨报副刊·社会》1926 年第 61 期。
② 言心哲:《现代社会事业》,河北教育出版社 2012 年版,第 348 页。
③ 言心哲:《现代社会事业》,河北教育出版社 2012 年版,第 352 页。

燕京大学、岭南大学、金陵女子大学等高校的相关院系都曾经设置乡村建设实验区以及在学校附近开办儿童福利站,其目的之一就是为了推进学生的专业实习。

二、各高校的社会服务及其对专业实务的推动

高校对社会服务的注重主要还是来自于基督教的社会福音。这种传统源自基督教青年会,在教会学校得到了很好贯彻。不独社会工作,凡经世致用的学科在教会学校都会有相应的社会服务开展,比如基督教青年会参与乡村建设,其中很多专业力量来自院校;而与此同时,学校也积极投入乡村建设。另一种推动高校开展社会服务的是当时动荡的时局和高校在救亡图存与民族复兴中的使命担当——如果说20世纪20年代的高校社会服务有着基督教社会福音的影响的话,那么"非基督教运动"以后,在本土社会精英的管理下,更多的社会服务则与当时的中华民族危殆的时局有关,代表着知识精英和青年学生对拯救国家和服务社会的投入。燕京大学社会学系的社会服务传统最早是由步济时带动的,从创办"北京社会实进会"到进入燕京大学主持社会学系的工作之后,步济时一直在强调实际的社会服务对于高等教育的重要性,这一点在燕京大学社会学系的接替者之一赵承信那里得到了延续:

> 讨论的范围弄清楚了。服务工作在燕大有什么重要?我们来燕大是要读书的,研究学问的,为什么又要谈起服务来?服务为什么要科学化?第一,两个问题没有什么价值去讨论,我们来燕大求学,不单是求书本的学问,更应求实验的学问;我们享受了特有的高等教育权利,帮助一般无识的国民也是我们应有的职务。……①

高校的社会服务和实习是密不可分的。从燕京大学来看,最典型的社会服务是带有高校特色的"乡村建设"——"清河试验区"和对周边社区服务的

---

① 赵承信:《科学化的燕大学生社会服务工作》,《燕大月刊》1929年第3—4期。

典范——"燕大社区服务团",这两个社会服务事业都带有高校特有的专业性和实验性。

1934 年 11 月 17 日,许仕廉在欢迎江西省政府国内农业农村事业考察团讲话中介绍"清河试验区"为实习创设,目的主要是两个:一个是做社会工作实验场,可以供学校师生研究和实习;一个是"要根据现有民俗宜于实地环境,找出改进农村社会工作的技术"①。所以可以明确判断,许仕廉和他带领的燕京大学社会学系想做的事情其实是一贯的,即在当时的乡村社区建设运动潮流中,依托高校教学单位开设清河试验区,以实习和实践的安排培养学生的实际思考和动手能力;同时也是紧紧围绕其一心谋求社会科学本土化,进而能够有助于缓解和应对中国社会问题。至 1932 年,试验区设立了研究、卫生、服务和经济四个股,开办了工厂和医院,开展了儿童福利、职业训练、公共卫生、文化学习、公共娱乐、体育活动等福利事业,组织了信用合作社、消费合作社和小本借贷,打算用以改善农民的经济生活。系内教师写了多篇有关试验所的报告②。在清河试验区的社会服务中,一些社会工作实务的专业手法已经得到应用,比如吴榆珍在清河实验区督导推进的妇女工作:

> 清河妇女工作,可以分为卫生工作与教育工作。教育工作又可分为职业及文字教育,今将各种工作结果列于左。
>
> a.卫生工作——凡接生孕妇及婴儿检查,卫生教育,训练产婆,皆由助产士举行,因为未能得到工作全部的统计,所以不能在这里报告数目。
>
> b.教育工作——大部分的职业教育与文字公民教育,是协同前进的。计幼稚园及女子班举办的地方,有本镇的黄土北店,八家村,三期村,树村,及前屯等六处。现在仍旧成立的有本镇黄土北店,三期村三处,其余三处都是因为缺少适合的领袖人才,所以不能进行。

① 许仕廉:《清河镇社会实验工作》,《村治》1933 年第 2—3 期。
② 参见傅愫冬:《燕京大学社会学系三十年》,《社会》1982 年第 4 期。

幼稚园及女子班的学生前后共有一百五十人,现在仍在受教育的,尚有四十四人。所有学生之内读完第四册千字课的有十四人,读完高级千字课的有六人。

试区所提供的女子工业有挑花,挑地毯,纺毛线,磨花生等。凡女子班的学生都学过其中一种或一种以上的手工业,计学成赚钱的女子前后有四十人。如今仍在工作赚钱的有二十二人,每人每月工作可得入款五元至七元之中。①

在这些以社区为场域展开的群体性的社会工作中,还体现出一些更为细致的实务技巧的应用,比如培育女性社区领袖:

幼女班的领袖

幼女班的领袖郭瑞霞的事迹前面已经提过很多,她是本地妇女领袖中最成功的一位,所以将她的事迹略再具体叙述。

郭现年二十七岁,未婚,天资聪颖,有才干。父亲及叔父皆经古玩商,曾受过相当教育,十四岁时生母去世,后娶一位继母,家中诸事有继母及叔母操管,所以她很清闲。她有位妹妹曾在本族叔母家念二年私塾,她得机随着认些字,对于读书虽很感到兴趣,自己常看小说,还有不认识的字就请教父亲或去查字典,在家时红楼梦,三国志等小说她已都看过。

自民国十九年试区成立少女手工班,以她学手工的成绩最好,兼有干事才能,所以同伴少女都听顺她的意见。二十一年春,试区请她做半时间的工作,教三旗幼女手工,及为黄土手工班送取活计,每月给以薪金六元。二十一年秋本镇幼女班成立,由她担任教千字课及手工,这时期作整时间的工作,每月薪金十元。北平金大福与试区定做的活计,以前都吴先生去接洽,自二十二年末也由郭去办理。她求

---

① 邓淑贤:《清河试验区妇女工作》,燕京大学文学院社会学系学士学位论文,1934年,第91—92页。

知心很强,一面做事一面仍随着吴先生读书,对于工作也尽责任,各方面成绩都很好,所以试区将工作渐渐地都使她负责担任。

据她说她起始来试区做事时胆量很小,教幼女班时也不懂教授的方法及管理的方法,很是困难,所以一年中只教了两册千字课。自从民国二二年胡先生来后,得以实地观察胡先生的教管方法,每早得吴先生及胡先生教以教导的常识,又由胡先生带她去很多图书馆的书籍阅览,她就感到她得了不少的进步。在思想方面她来到试区之后也改变了很多,从前她的人生观只限于家庭方面,如今知道除了家庭之外还有很多社会的园地。她很容易接纳新思想,她对于一个新的名词新的语句都很用心地记着,并还会运用得很适当的。她的口才也很好,如今已经能在很多人的集会里报告她的工作。她的语言态度绝不似一位未入过学校的乡间女子所能做到的。她每一个礼拜都做一篇文,做好了交给吴先生或胡先生改。因为吴先生多与她相识几日,所以文字有词不达意之处吴先生所改的比胡先生所改较能与她原意符合,由此可见训练一个领袖必须深切了解她才能容易收效。

吴先生为使她能独自负担责任,有自动的能力,所以常常鼓励她,给她机会来运用自己的意思,所以她做事很有果断的能力。她除了有以上的美点之外,她对人接物也都很好,所以幼女班的学生对于她都非常敬爱。

总之郭瑞霞是一位成功的少女领袖,很可给予乡村工作训练当地人才的一位好榜样。她的成功,自然一方面由于她自己的优越个性,特殊环境;另一方面也是试区对于她施与了相当的训练及发展,才能得到这样的效果。①

"燕大社区服务团"是燕京大学师生开展社会服务的另一个团体。当时

① 《清河试验区妇女工作》,燕京大学文学院社会学系学士学位论文,1934年,第71页。

所谓的"燕大社区"的范围:

> 计分海甸,成府,蓝旗营和三旗营四个区域。海甸属北平西郊,
> 成府,蓝旗营,及三旗营属北平北郊。四区域经度和气候与北平大致
> 相同。海甸位于燕京大学南门外,距北平西直门十三里,为北平西郊
> 北郊地方交易的中心。[①]

其成立始末如下:

> 燕大社区服务团成立于民国二十六年十月,成立之缘起系由于
> 本校当局见到事变对于附近居民生活影响之严重。因事变而失业而
> 入款不敷,资本不足,失学,疾病,缺乏寒衣等问题,极需救济。于是
> 社区服务团即由——燕大教职员救济会,燕大教职员妇女会,燕大教
> 职员妇女会附设妇女工艺社,燕大社会学系,李术仁夫人纪念全委员
> 会,及海甸中华基督教会等团体联合组成。时由燕大校长委派各团
> 体代表组织执行委员会负责委员会,按各项事务进行的需要组织分
> 组委员会。分会主席由执行委员充任,其他委员由主席选聘。本团
> 职员计设主席一人,文书一人,会计由燕大会计课代负收支责任,职
> 员任期均暂定一年。本团特聘受薪干事一名执行团务,于民二十九
> 年增聘受薪公共卫生护士一名。本团经济来源。主要由燕大职教员
> 捐薪发允,又有燕大全校工等之联合募捐(community chest),此外其
> 他自主运作之团体如燕大基督教团契,歌咏队,团剧社……等亦不时
> 加以援助。[②]

之所以在这里重点介绍"燕大社区服务团",就在于其社会服务实务所采
取的专业手法为个案工作:

---

① 刘克新:《燕大社区服务个案之分析研究》,燕京大学法学院社会学系学士学位论文,
1941年,第1页。

② 刘克新:《燕大社区服务个案之分析研究》,燕京大学法学院社会学系学士学位论文,
1941年,第2页。

　　燕大社区服务团则采取社会个案工作（social case work）之方法。个案工作系近代社会事业方法之一，乃以个人为对象而助其对环境之适应。用客观态度考查个人生理，心理，以及社会背景所促成之问题，而加以客观之分析与解释并助其适应。①

　　而且在当时看来燕大社区服务团开展服务的程序和技术都是颇具专业性的。在燕京大学法学院社会学系毕业生刘克新对这一服务团的个案工作分析时，援引了 Elizabeth H.D. 的"Has Casework a Place in the Administration of Public Relief?"一文中对个案工作过程和技术的描述：

　　　　个案工作之步骤分："社会调查"（social investigation），"社会诊断"（social diagnosis）与"社会治疗"（social treatment）三种。"社会调查"乃个案工作之基础，在历史方面亦可为个案工作之起源。调查之主要方法即为"访问"（interview）系用谈话之方式，而由案主或其关系人之言谈，态度，而了解其不能适应社会之问题与需要。②

　　燕京大学社会学系与"燕大社区服务团"有直接的实习联络，专长于个案工作的专业教师关瑞梧和周励秋都有参与。燕大社区服务团的个案工作主要针对贫困者实施救济，这也是源自西方的传统之一，并且在民国时期成为个案工作实务的主要形态。就其服务规模，1937 年 10 月至 1940 年 9 月 30 日 3 年的个案，计 1937 年度有 647 个，1938 年度有 310 个，1939 年度有 147 个，总计 1104 个。但囿于当时的具体实际，个案工作手法实施过程中，经过调查和诊断，最终应对策略还是以物质救济居多，究其原因如下：

　　　　至本团请求助济之个案，原以请求工作者最多，而本团之施助，则多为金钱，似与本团服务之宗旨不合。察其原因有三：一因在请求

①　刘克新：《燕大社区服务个案之分析研究》，燕京大学法学院社会学系学士学位论文，1941 年，第 4 页。

②　刘克新：《燕大社区服务个案之分析研究》，燕京大学法学院社会学系学士学位论文，1941 年，第 5 页。

工作者之中,有一部无工作能力者。如年纪过老或过幼者,以及身体不健全者,因此本团乃不得予以工作之助济。再者有工作能力者之中,复多为无专门技能之粗工,由本文职业之分配可为证明,是以不易代为介绍工作。第三个原因,则系因在本社区内工作机会过少,未能容过多之工作人口,本团虽欲予以工作之助济,亦不能施行也。因此只有对于无工作能力者,予以生活之补助费,并斟酌对有工作能力者,贷与小本。以作生意,于是施以金钱救济之个案,遂占多数矣。①

作为国内社会工作教育的"领头雁",燕京大学社会学系即便是从许仕廉之后就开始转入社会学和人类学的研究,但社会服务却始终没有被忽视和边缘化。无论是在清河试验区还是燕大社区服务团,高校开展的社会服务已经从传统慈善事业脱离出来,走上了社会服务的科学化和专业化的道路,也就为社会工作实务的推展提供了一种能够体现"教育先行"优势的道路选择。在清河试验区,华洋义赈会的参与在某种意义上体现了高校和社会组织的联合以及对行业的推动。除燕京大学以外,教会大学的社会服务传统在金陵大学、华西大学、沪江大学、复旦大学等高校均有不俗的表现,在科学性和专业性方面也都取得了不错的进展。

三、毕业生的去向

关于当时社会工作专业毕业生去向的文献非常少。结合当时社会需求,社会工作专业毕业生所面临的情境并不乐观。尽管当时大学毕业生人数不多,但时局动荡,社会工作本身的社会认可度不高,社会服务机构相对匮乏,都不利于这一专业的对口就业。1948年,燕京大学社会学系对此提供了一手资料:

> 本系毕业生服务范围极广,在国内外各大学社会部、青年会以及

---

① 刘克新:《燕大社区服务个案之分析研究》,燕京大学法学院社会学系学士学位论文,1941年,第49页。

各种社会团体中皆有本系毕业生,此外在学术界之服务及贡献尤为重要,例如现任成都华西大学社会学系主任李安宅先生对于边疆之研究,严景耀先生对中国监狱制度及罪犯之研究,杨开道、蒋旨昂、费孝通诸先生对农村社区之研究,关瑞梧先生对儿童保育之研究,均为晚近中外社会学者所重视。①

除燕京大学外,其他学校鲜有对社会学与社会工作毕业生去向的交代,但根据已有史料,大致上还是集中在高校、政府部门、社会团体与社会服务机构中,其中一些毕业生很快成为行业的佼佼者。除了上面提到的燕京大学毕业生之外,其他院校的毕业生从事社会工作事业的也有比较出色的人才。比如在 1947 年成立的南京精神病防治院社会工作科的工作人员中,林志玉、郑咏梅、傅玲、李美生、段淑贞、邱景华等,均为金陵女子文理学院社会学系的毕业生②。一些毕业生在新中国成立后也仍然发挥了重要的作用,比如 1933 年毕业于上海沪江大学的吴桢,解放前曾历任北京协和医院社会服务部社会工作员、指导员,中央卫生实验院社会工作室主任和多所高等院校社会学系的副教授、教授;解放后还历任九三学社江苏省委秘书长、副主委、主委,江苏省政协常委、副秘书长及北京大学、中山大学社会学系兼职教授等职务。③ 社会学专业恢复以后,曾任江苏省社会学会会长,对社会工作专业恢复也作出了贡献。

---

① 编者:《社会学界消息:燕京大学社会学系概况》,《社会建设(重庆)》1948 年第 1 期。

② 参见彭秀良、林顺利、王春霞:《中国社会工作史简明教程》,北京大学出版社 2019 年版,第 125 页。

③ 参见中国社会科学院社会研究所编:《中国社会学年鉴 1979—1989》,中国大百科全书出版社 1989 年版,第 321 页。

第三章　推进：实务开展的主要领域

我国早期,社会工作实务的推进始自基督教传教的"社会福音",最初是以公益慈善事业的形式开展的,包括比较专业的医院社会工作和精神健康社会工作。但一旦和中国本土"救亡图存"和"民族复兴"的大趋势相结合,再加上动荡不安的时局,对天灾人祸(战争)和诸多社会问题的回应,也就演化为一种多条线索推进的状态——有作为城市社区工作的雏形的地方服务团和沪东公社,也有轰轰烈烈的"乡村建设"运动;有协和医院社会服务部为首的专业的医院社会工作,也有为工人阶级服务的劳工社会工作。在服务对象的人群划分上,不仅有了儿童青少年、妇女以及为伤兵和军队开展的伤残重建社会工作,而且李安宅等知识分子也开始了对边疆和少数民族地区社会治理的探索。在这一过程中,社会工作从外来的传教士主导的社会慈善事业逐渐转为政府和民主社会精英合作的慈善事业,而到了民国中后期,更是被政府纳入社会福利体制的探索中,一度获得了官方的接纳和认可,开启了第一次职业化进程。

第一节　地方服务团的工作

在前面已经谈到过,传教士在中国的社会服务思想动力和价值引导是其基督教的社会福音思想。社会福音思想是 20 世纪初以来基督教神学家对于工业社会所涌现出的诸多社会问题的回应,是西方宗教世俗化的重要的转折之一。概括来讲社会福音实际上有两个核心命题:第一是将宗教从个人灵魂救赎转到身体的幸福与社会福利,包括改善人们的社会生活环境;第二是将天国与社会制度的拯救紧密结合。而这二者都有赖于积极地进行社会服务和社会改造。这也是社会工作这样一门专业得以最早从宗教和国家社会救助的结合中产生的一个重要原因。刘家峰指出社会福音强调"社会秩序基督教化",强调拯救社会的重要性,强调社会服务和社会改造是拯救的基本方法,影响了美国很多宗教群体如公理会、圣公会、浸礼会、美以美会、男女青年会等。① 社会福音派的思想得到了当时青年基督徒的热烈响应,不仅成为当时美国对外文化殖民重要的精神指引,也在之后成为当时社会工作引入中国的直接动因,促成了基督教青年会进入当时的中国内地并大规模开展了城乡社会救助和慈善公益事业。"地方服务团"是这一运动在民国初期最早采用的社会服务形式之一。

一、步济时的《中国社会服务工作之意义》

受社会福音运动影响,曾任北京基督教青年会干事的步济时笃信社会服务对于传教的重要性,并积极参与了当时北京知识界对如何拯救中国的讨论。他认为社会服务对于中国社会意义深远。1925 年,他在当时的《社会学杂志》发表了《中国社会服务工作之意义》一文,重点强调了社会服务对于拯救中国城乡衰败的意义,认为中国社会问题集中在旧制度瓦解以及缺乏团体精神:

> 城市之旧家庭,及一部之在乡间者,均渐次改变,或根本革新。
> 行会之组织,与新实业接触后,亦难自持。如本城旧行会已经瓦解,

---

① 参见刘家峰:《中国基督教乡村建设运动研究》,华中师范大学中国近代史研究所博士学位论文,2001 年,第 9 页。

新实业之利益,尚未实现;许多职务已由警察肩代,非复革命前之权势矣。我们若候有力政府之再建,即使可能,而社会经济各组织,已根本消灭;同时新组织——或竟无组织——亦不能有与前清相同之威力。

缺乏团体精神

中国北部人民生活,最明显的疵点,是缺乏团体精神。久居乡间的人说。据事实看来,除非一乡全为同族姓的人,就不能有团体精神。其同族姓的合作,也不过是彼此护秋之类,而不是我们所希望对于全体通通都有的一种团结精神。①

旧制度的瓦解的本质是在外来冲击下的"社会解组"。旧民主主义革命推翻了清王朝,但却没有新制度建设的迅速跟进,所以在社会整合方面甚至还不如之前——这个问题其实是经典社会学讨论的"社会失范"状态。而另一个问题的确可以归结为缺乏团体精神。这里的"团体精神"实际上是一种基于公民意义上的合作精神,也即能够取代传统宗族基于集体意识的另外一种"有机团结"的方式——这也是经典社会学的另外一个涂尔干式的问题——建立适应资本主义或者是近现代社会的社会整合方式,即基于契约精神抑或者是公民道德义务感为基础的"团结精神"。因此,步济时其实倡导的是一种现代公民的"塑造"。然而中国人为什么会缺乏"团体精神"呢?他认为:

未解决这个问题以前,我们须知道:穷困与不识字,实在对于中国人历来过重的习惯性,要负大半责任。大半数人民,除每天挨饿外,何能有工夫去思想打破旧日习惯,——既不能思想,即不得不盲从习惯。现在十分之八九的人民不识字,这些人绝不能希望他们能有恢阔的社会责任心!

---

① ［美］步济时:《中国社会服务工作之意义》,《社会学杂志》1925 年第 5—6 期。

此外,这显而易见的缺乏团体精神,其原因尚多;政府的制度,若干年来,就不需要人民的协作,人民遂无练习自治的机会:这也是其中之一。能解决虽有以上的情形,我信这些问题,是能解决的。政治纵然如此的败坏,我信也能结合中国的人民,以作无政潮色彩的行动。这种结合,一方面可以对付这很大的社会饥荒——穷苦与不识字——又一方面,可以建立新中国民治的根基。①

这种认识的第一点和晏阳初等人做平民教育的动机和出发点殊无二致,要培育合格公民,必先开其民智,要开启民智,当然要普及教育。但是第二点,步济时看到了国家治理中的民主参与问题,当时中国传统的国家治理,老百姓根本没有参与的权利和机会,当然就得不到自治的训练和自治的能力。所以,民治的根基在于教育,而这种教育的可行性的基础在于以下原因:

有个原因,使我信它有解决的可能:实际上,每城镇,每乡村,对于教育事业,和赈济事业,已经很热心,很留意的了。农夫莫有不喜欢他儿子受教育的。民众之中,无不有他们的慈善家,注意于拯穷济困。这仁慈的精神,暨求知识的爱力,普遍的很。②

在这样的理论逻辑下,步济时认为当时的三种运动是有利于"团体精神"的塑造的:一是贫民救济,通过公益联合会救灾的经验和教训使步济时认识到,慈善传统,中国古来有之,欠缺的是如何使之科学化:

由上观之,中国已早有恤贫济困之遗风,更有种种之表现,今不过应改变此种表现,为于国家社会更有益更紧要之举动,此即本文要点。

此等工作已实际上产生最重要的同工与团体精神。此种精神之造成,绝非命令式的自治理论,规约和方法所可为功。京中各界已有多少人,联合起来,尽心尽力,对付那常见的不能自力问题;其目标愈

---

① [美]步济时:《中国社会服务工作之意义》,《社会学杂志》1925年第5—6期。
② [美]步济时:《中国社会服务工作之意义》,《社会学杂志》1925年第5—6期。

实在,方法愈明了,则联与同工者,为数愈多。①

二是平民教育,步济时注意到了晏阳初的工作:

> 青年协会晏阳初君,在长沙开始试验平教运动。该城居民,无分
> 官绅商学各界,均感发兴起,联合提倡,使民众咸读千字课。长沙结
> 果既佳,南京,苏州,烟台等处,乃相率风行。各城均已大规模之运
> 动,联起居民领袖,同心同力,诚诚恳恳,为群众倡。②

而且步济时看到了这种平民教育进入乡村(乡村建设运动)之后,按照傅
葆琛博士的说法,反而更容易见实效③:

> 第一,乡民较市民谦虚喜新;第二,乡间反动引力少,入班者能安
> 心向学;第三,宗族思想较强,可直接利用:望族之兴趣一得,家庭闭
> 塞之习即破;凡班中所需,不论煤油凳几,各家均能分任供给;第四,
> 冬季数月,农民不忙。余则更加一说,即数百年来,政令自上命下,在
> 乡民自身,实未有公众服务工作,可使大家兴起也。④

三是步济时在城市推崇的一种他们传教士更擅长的创造团体精神的工
作,那就是"地方服务团"。在这里"地方"一词,根据实际意义,实际上即是社
区。步济时归纳了当时基督教青年会的一些活动,认为"地方服务团"开展社
会服务对于培育公民精神和团体精神具有很重要的意义:

> 本城有较小的运动,其目的更专注于创造团体的自觉精神,也值
> 得提到。一九一九年,东城灯市口一带,经详细考查后,即有联合附
> 近居民,以应付地方急需之举。被邀加入者,有绅商包工政教各领袖
> 分子,及医士两位,护士一位,共四十人。共同讨论:在此繁华之区,
> 极贫者竟不少;很有可以用作运动场之地点,尚无有组织之运动游

---

① [美]步济时:《中国社会服务工作之意义》,《社会学杂志》1925 年第 5—6 期。
② [美]步济时:《中国社会服务工作之意义》,《社会学杂志》1925 年第 5—6 期。
③ [美]步济时:《中国社会服务工作之意义》,《社会学杂志》1925 年第 5—6 期。
④ 傅葆琛:《众目睽睽的乡建运动》,《独立评论》1936 年第 19 期。

戏,卫生情形,因以不良;各小铺店,计有学徒三百余人,亟有为之服务的要求。为应付此等需要起见,第一个地方服务团,因此成立。

……

每团均兴基督教会,有密切的结合。教会能注重此等社会问题,认为他们工作的一部,实为基督运动之好征象。去年春季,道经长江流域,其事务迥非数年前可比,而以社交室(institutional church)尤为进步。上海,杭州,南京,武昌等处之大教会,均有教育,卫生,游戏,暨对于地方普通生活之计划。在苏州组织似更完美,三个教会,有多方面的工作,直接应付地方之需求。各教会诚能根本以改进地方为宗旨,而不仅仅于巩固教会本身之事务;则此项工作,诚可于地方团结运动,有所贡献。①

与当时国外的社会工作实务进展相对照,步济时在中国社会推崇的这种"地方服务团"实际上就是类似于汤恩比馆和赫尔馆的"睦邻中心"的一种设计思路,只不过在中国本土,这种社区工作的雏形成为被用来更多行使社会改良和社会建设的手段和方法。

二、传教士推动的地方服务团

1919 年 11 月 26 日,在《时报》的"地方通讯栏目"发表了一个"豆腐块"大小的消息:

松江通信:组织社会服务团之缘起:(上略)吾国社会之腐败即有官僚蠹国、武人不跋扈、经济不艰困、外侮不急迫陈陈相因杳无改进,如屋舍之简陋,街道之污秽,河道之浑浊,水利之不兴,公众卫生之不讲,养老济贫恤孤赈灾诸种慈善事业之不合时宜,违背公理信邪说,崇木土之迷信恶习,皆足以阻止当事业之发展。吾侪深受教育,

---

① [美]步济时:《中国社会服务工作之意义》,《社会学杂志》1925 年第 5—6 期。

自吾祖以逮，吾子吾孙世世相承居于是，衣于是，目击弊害而不知除旧布新荡垢涤秽，揭因循座靡岁月即无潮流之逼，外人之侮，亦孟子所谓自暴自弃；此社会服务团所以宜亟急提倡而实行；爱国救时之志为社会服务团之宗旨，非特欲革新改良已也。凡有关于人群之事业力能建设或辅助者皆须随时而行，应机而为，语云集腋可以成裘，何况人类能同心同德勠力一致未有不能成功立业者也，有志于世者何兴乎来？①

这条消息虽短，也并无基督教青年会的直接信息，但却可以为该时期社会服务团这一新生事物的根由作出旁注——即当时的社会改良运动，以社会服务之名，的确有救亡图存之目的。《民国日报》1920 年 3 月 15 日刊登了另外一条短讯②：

北京地方服务团开幕：北京青年会之内部。机构本分总务部、理事部、德育部、智育部、体育部。各部本年复添设服务部，更拟在北京各地方逐渐设地方服务部，提倡社会服务。

那么地方服务团开展怎样一种性质的服务活动呢？许仕廉认为，北京社会运动中，可以与贫民教育相比较的，最著名的就是地方服务团：

北京社会服务运动中最著名的就是地方服务团。其方法，每年征集一大宗款项，用科学方法办理慈善，并提倡该地点的公众卫生，平民教育等事业。查北京每年为慈善所用款项，几乎与德国柏林相等。而柏林的慈善事业是世界的模范，不独贫苦减少，借经济生产加高。北京不然，用钱虽多，乞丐流氓有加无已。据警厅调查，民国 14年，北京流氓，比民国时年几多一倍。政治变乱，故不能无影响，而慈善方法之错误是一个根本原因。如果北京要减除贫困痛苦，必要集本城慈善家，集中款项以科学方法办理慈善事业，地方服务团就是一

---

① 编辑部：《组织社会服务团之缘起》，《时报》1919 年 11 月 26 日。
② 本报讯：《北京地方服务团开幕》，《民国日报》1920 年 3 月 15 日。

个小小的实验。

现北京有七个服务团。这七服务团组织一地方服务团联合社。本会的董事部固尽是本城大参商。地方服务最初的提倡人是现燕大教授步济时君及其同学。现在各地方服务团主动机关仍系本城数教会。①

这些地方服务团的典型特征有四个:第一,其发起倡导人为外来传教士,比如北京的主要是在燕京大学任教的基督教青年会的步济时和他的同学,这些人有着基督教的背景和社会福音的使命感;第二,其合作者或者捐款人和参与者为地方乡绅,即本土的那些慈善事业推动和参与者;第三是使用了科学的方法来进行慈善,与传统的低水平的救助方式有着本质的区别;第四是带有社会试验的性质,是对拯救当时中国社会的一种社会改良运动的尝试。许仕廉举了几个成功的例子,如薛子良的京兆新村、北京内务部街警厅试办公共卫生事务所和北京监狱感化事业,都是有基督教青年会的领导和参与的。从各地的情况来看,参与发起地方服务团的宗教教派主要是公理会、美以美会、浸礼会等。通过前面章节提到的甘博的北京社会调查,笔者可以来还原当时"地方服务团"的服务实务。首先是地方服务团的发起和创办,主要以基督教青年会发起,其成员大部分人都是公理会的会员,中国人主要是:

女子学院的一名当地医生、一个木工承包商、一家大书店的店主、陆军部航空局局长的妻子、西安姆斯·开利公司一位退休职员的妻子、一位中国牧师的妻子、当地的警官、协和医学院公共卫生部的一名医生(哈佛大学毕业生)、基督教青年会和基督教女青年会的若干书记,以及一些大学生(男女都有)。②

---

① 许仕廉:《北京社会运动与基督教徒》,《现代评论》1926年第107期。
② [美]西德尼·D.甘博:《北京的社会调查》,陈愉秉等译,中国书店2010年版,第439—440页。

外国人则主要是公理会、基督教女青年会和基督教青年会的干事们。①
服务是如何开展的呢？首先，服务团尝试做了一些社区教育的工作：

> 那次会议之后又举办了一系列在星期天下午和星期天晚上的集
> 会讲演。女子们讨论的主题是家庭卫生教育的必要性，以及如何带
> 孩子；而星期天晚上为男子举行集会讲演内容则十分广泛，公民的权
> 利，公共保健医，卫生道德改良及商业道德。……为了让这一地区的
> 人们进一步了解这一新兴事业，并将其视为自己的事情，服务团又印
> 制了一张12英寸乘以30英寸的巨大的挂历。挂历印好之后，所有
> 成员集合在一起，每两三个人负责在一条街道或者部分街道上
> 散发。②

其次，服务团的主要力量放在了社会救济层面，并且使用了当时在欧美比
较流行的社会服务方式，即尝试将"救—养—教—工"的现代化的社会救济工
作结合在一起③：

> 社会服务团的下一步工作是对贫困人口进行救济。……12月
> 份为男子兴建了一所贫民院，为女子设立了一所手工艺厂。当然在
> 中国根本找不到适合这一位置训练有素的社会工作者。贫民院共收
> 留了40名成年男子和孩子。

> 贫民院里收入的成员被分为三组，年龄较大身体较弱的人负责
> 照看院落并帮助打扫卫生，另外一组做公益活动，在两架刚购买的机
> 器上纺棉纱，第三组则沿街叫卖一些商品。

第三是平民教育的夜校班：

> 公理会的小学部全年开设两个管理出色的夜校班，有大约50名

---

① ［美］西德尼·D.甘博：《北京的社会调查》，陈愉秉等译，中国书店2010年版，第439—
440页。
② ［美］西德尼·D.甘博：《北京的社会调查》，陈愉秉等译，中国书店2010年版，第441页。
③ ［美］西德尼·D.甘博：《北京的社会调查》，陈愉秉等译，中国书店2010年版，第442页。

女生和 70 名男生入学。除两名总教习(兼职)取酬外,所有的教学工作都由大学里的男女教师义务担任。①

第四是公共卫生运动:

天气变得炎热之后,服务团决定开展预防苍蝇和保持家庭整洁卫生的教育。80 名男女学生主要是来自北京大学和协和女子大学,但也有几名年长的邻里组成了一个培训工作组,负责以上两项任务。

在灯市口大街那个有两间房的俱乐部里开设了一个免费接种牛痘疫苗的诊所,连续有五个星期六的下午工作前后给 200 多名儿童接种了疫苗。②

第五是妇女儿童的救助:

经过充分讨论后,服务团决定设立妇女儿童救助协会,目的在于城里一旦发生暴乱和骚扰时,为妇女和儿童准备避难的场所。③

关于地方服务团的成效评价,既然是尝试性的,那么就一定会有不足。但不可忽视的是,除了对弱势群体的救济和社区的组织与教育之外,更重要的是由此引发的"科学办慈善"的运动;而正是这些社会服务运动成为早期社会工作专业实务开展的土壤,为社会工作实务的开展和专业化奠定了基础。甘博认为社会救济慈善事业正在变成整个京城的社会性运动:

如果想在中国成功发起一项社会运动,那么在所有需要做的事情中最迫切的是培养当地的领导者和主持者。认识到这一点后,汇文大学便利用了上述小组成员的部分时间,对他们在社会服务方面进行职业培训,开设了相关课程,并与社会服务的实际工作结合起来。我们希望这只是一个开端,并祝愿它最终会变成一所有关社会经济学的学校,通过它将有可能把现代科学的知识和原则应用于中

---

① [美]西德尼·D.甘博:《北京的社会调查》,陈愉秉等译,中国书店 2010 年版,第 444 页。
② [美]西德尼·D.甘博:《北京的社会调查》,陈愉秉等译,中国书店 2010 年版,第 445 页。
③ [美]西德尼·D.甘博:《北京的社会调查》,陈愉秉等译,中国书店 2010 年版,第 445 页。

国社会事业的发展。①

第二节 农村社会工作:乡村建设运动

肇始于 20 世纪 20 年代的乡村建设运动是一场轰轰烈烈的社会改良运动,学界大多将其归为一场最终失败的社会运动。尽管殊为遗憾,但是对这一运动所蕴含的专业要素却很少顾及。从社会工作视角来看,学界存在一定的争议。但如果将这一运动置于当时国际社会工作发展的大背景,以及与国外社区工作的发展程度相对照,就会发现这一运动无论是从价值理念还是专业方法与技术,都可以算作是社区工作和农村社会工作的雏形,在专业程度上比之当时国际社会工作的水平毫不逊色,甚至有过之而无不及。在《社会工作学新论》一书中,王思斌作"中国社会工作"一节,"中国社会工作的历史演进"一部分,专门谈到了乡村建设运动,他是这样评价的:

> 由于诸多原因,乡村建设运动并没有取得倡导者们预想的结果,但却带有明显的社区发展工作的特征:第一,注重社会调查,认识社区需要;第二,从教育入手,发动民众,鼓励民众参与;第三,制订计划,有步骤、有计划地推进工作;第四,求得政府和地方势力的支持。当然,乡村建设运动也有与现代社区工作要求不符之处:例如倡导和推行者以自己的认识和愿望来代替民众和社区的需求,这也是它没有取得成功的重要原因。但这并不能否认它在中国社会工作发展史上的贡献。即使从世界范围来看,它也不失为现代社区发展工作的一个源泉。事实上,晏阳初的乡村发展工作对推进发展中国家的社区发展工作产生了积极影响。②

---

① [美]西德尼·D.甘博:《北京的社会调查》,陈愉秉等译,中国书店 2010 年版,第449页。
② 王思斌:《中国社会工作》,载周永新:《社会工作学新论》,商务印书馆(香港)1994 年版,第397页。

一、基督教教会组织的参与

基督教参与中国乡村建设运动的直接推动力则与当时世界范围内的"农业传教运动"(Agriculture Mission)直接相关。所谓"农业传教",到20世纪20年代末也多被称为"Rural Mission",指在基督教会资助范围内进行广泛的农业和乡村服务活动。[1]

在刘家峰的研究中转引了美国著名农学家、也是推动农业传教运动的领袖包德斐(Kenyon L.Butterfield)的说法,农业传教士大概有四类:一类是为当地培训人才的科学家;一类是为当地农民解决实际问题的农业专家;一类是受过社会科学训练,并能将之用于当地农村经济发展和社会生活的社会工程师;还有一类是专门训练乡村牧师和教师的专家。[2] 实际上接受过农业学科的专门训练,并全职投入乡村工作中的传教士并不多,很多传教士只是部分时间从事乡村工作。但在20世纪前半期,这种农业传教的思想迅速影响到了中国,并通过教会组织和高校两个渠道为乡村建设注入了力量,比如传教士在金陵大学和岭南大学创办农林科,积极倡导推动中国农业技术的现代化,就有着改变中国现状的目标在里面。真正切实倡导基督教参与乡村建设的标志,是从芮思娄等人提出的"教会乡村化"主张开始的,而这也是本书在之前谈到的传教"本色化"的一种思路。这种思路有着非常明显的社会福音的传教逻辑,因为当时的中国是个农业国家,农业种植是农民最关心的问题,这也就成为了传教士们愿意提供服务来推动"天下归主"的一个切入点。

"教会乡村化"的本质是工作重心从城市转移到乡村,而主要的手段就是要以农业技术来推动传教,利用乡村教会开展农业服务,实现教会的本土化。

---

[1]　参见 Arthur L.Carson, *Agricultural Missions: A Study Based Upon the Experience of* 236 *Missionaries and Other Rural Workers*, Cornell University, 1931, p.1。转引自刘家峰:《中国基督教乡村建设运动研究(1907—1950)》,华中师范大学中国近代史研究所博士学位论文,2001年,第14页。

[2]　参见刘家峰:《中国基督教乡村建设运动研究(1907—1950)》,华中师范大学中国近代史研究所博士学位论文,2001年,第16页。

具体到农业传教在乡村建设运动中的工作手法,除了特别注重农业技术的教育推广和传播外,还有很多系统的社会改良与服务的手法,实际上和晏阳初等人倡导的平民教育主导的社区发展有很多重合。比如当时的传教士卜凯(J. L.Buck)为乡村教会服务中国农村提供了一些非常实用的对策,尤其是除了像引进良种、预防作物虫害和牲畜疾病等农业应用知识外,还积极倡导教会协助农村创办信用合作社、开展平民教育、改善公共卫生、美化家庭,甚至包括社区调查、家政等内容。① 对比基督教的城市传教战略,在农村开展乡村建设,通过"基督教化中国农村"来"基督教化中国",这个思路把握到了中国社会的本质特征,但无疑工作会比城市更具难度。以农业技术为主要手法的社会改造与社会服务,很显然是带有社区发展的性质的。这一运动在历史上基本上与美国的乡村建设运动同时进行,但颇为遗憾的是内地社会工作学界确实很少有著作提及这一运动的专业性及其对农村社会工作的意义。

二、晏阳初的"定县平民教育"

晏阳初出生于巴中的书香门第,1916 年赴美留学,在耶鲁大学半工半读;1918 年赴法国战场,参加青年会在法国主持的为华工服务项目。正是那一场社会服务的经历,让他看到了底层民众在接受教育和提升素质方面的潜能,也看到了平民教育对改变弱势群体的重要意义。②

晏阳初到翟城村开展"定县平民教育"之前,早在 1915 年就出现的河北定县翟城村的"模范村"建设、山西军阀阎锡山主政下的村政建设以及山东乡绅王鸿一兴办乡村教育等活动,实际上已经拉开了当时乡村建设的序幕。③而之所以晏阳初选择定县翟城村,也和上述工作基础有关系。1915 年本村乡

---

① 参见 Kenyon L.Butterfield,Education and Chinese Agriculture,*The China Christian Educational Association*,1922。转引自刘家峰:《中国基督教乡村建设运动研究(1907—1950)》,华中师范大学中国近代史研究所博士学位论文,2001 年,第 22 页。

② 参见晏阳初:《晏阳初全集(第一卷)》,天津教育出版社 2013 年版,第 4 页。

③ 参见吴星云:《乡村建设思潮与民国社会改造》,南开大学出版社 2013 年版,第 65—66 页。

绅米鉴三、米迪刚、米阶平父子三人与时任定县知事孙发绪在河北定县东部的翟城村推动建设乡村自治,以日本模范町村为原型建立了一套比较完整的村落自治组织系统,将村治的权力交由村会,实行村会议决、村公所执行自治方式,由村会大力发展教育、农业、风俗改良、自卫、交通等事业,的确可以说是民国时期基层民主自治的一次创新尝试。

米氏父子的工作在性质上属于传统乡绅参与农村问题解决的近代探索,但晏阳初的工作从技术层面却是来自西方的社会服务,属于"西学东渐"的成果延伸和拓展。从思想基础来看,晏阳初受传统文化影响颇深。在其《九十自述》中曾谈到自己父亲以及自己所读的那些传统经典的影响,尤其是民本主义和世界大同的儒家思想,这和他经常提及的 3C——孔子(Contucius)、基督(Christ)和苦力(Cooties)对他的影响也是一致的。同时这种"民本"思想和他对"苦力"即劳苦大众的关注源自于一种中西结合的"悲悯之心",即又加入了基督教的成分,所以他认为自己是中华文化与西方民主思想相结合的一个产儿,不主张暴力革命,相信普遍的人类良知。[1]

晏阳初等人从中西结合的关于民众对于国家的重要性推理出人是问题的核心和改造的目的,形成了他和中华平民教育促进会推进"平民教育"的理论逻辑:第一是只有改造国人,才能拯救和改造国家;第二是对中国农村问题性质的理解,即中国农村的根本问题在于农民自身存在弊端,即"愚、贫、弱、私"导致农村的衰落、涣散;第三,要变革中国,就必然要改造国人,而国人最集中的地方就是乡村,那么就意味着要改造中国就必须再造中国农民,只有再造中国农民,才能实现中国的民族再造。

如何具体再造中国农民的呢?晏阳初提出了针对中国农民四大弊病而开展四大教育,培育四大力的一套系统的思路。中华平民教育促进会所属乡村建设运动流派所主张的教育,是 20 世纪二三十年代为许多人所提倡的"实验

---

① 参见晏阳初:《九十自述(1987 年)》,载宋恩荣主编:《晏阳初全集(第三卷)》,湖南教育出版社 1992 年版,第 529—589 页。

的改造民族生活的教育"①。在乡村建设中,该流派本着对中国人基本问题的认识,针对中国农民的"愚""贫""弱""私",将这种生活教育具体为"四大教育":以文艺教育攻愚,培育知识力;以生计教育攻穷,培育生产力;以卫生教育攻弱,培育强健力;以公民教育攻私,培育团结力。该流派相信"四大教育"能够解决"人"的四大问题,因而乡村建设的主要任务就是建立和推行"四大教育"。

在实务层面,晏阳初提出了农村运动的使命、方法和步骤的一个基本的大纲。首先是使命,晏阳初认为中国农村运动的使命是民族再造②;在方法层面,他倡导"实验的改造民族生活的教育":

> 中国式的古董教育与民族生活不相干,只能造成三家村儿的乡学究。西洋式的舶来教育与民族生活不相应,只能造成外国货的消费人。只有实验的改造民族生活的教育,才能造成国家中兴发强刚毅力有作为有创造的民族。③

实现的步骤有三步:"第一步就是要研究实验,要有人才、事业、时间、经济、社会等条件以及要遵循基础性、实验性、普遍性的原则。第二步是训练人才:训练人才分为两种,一是技术专门人才,即实地到农村做农村生活改造的学术研究与实验,二是技术推广人才,即实地到农村领导农民做改造生活的事业。第三步是表征推广。"④就总体而言,这个框架并不算完善,但是却大概表明了"平民教育"主导的乡村建设运动的实务逻辑。

三、梁漱溟的"邹平实验"

与晏阳初相比,梁漱溟是一个兼具中国传统文化的"士",也是一个中西

---

① 晏阳初:《农村运动的使命》,《华西乡建》1947 年第 6 期。
② 参见晏阳初:《农村运动的使命》,《华西乡建》1947 年第 6 期。
③ 晏阳初:《农村运动的使命》,《华西乡建》1947 年第 6 期。
④ 参见晏阳初:《农村运动的使命》,《华西乡建》1947 年第 6 期。

贯通,心怀"经纶天下"伟志的知识分子。在他那里,农村问题要从属于其想缔造的"理想国"。梁漱溟乡村建设的理论起点是对当时在经历社会转型中的中国的整体认识,认为中国问题的根本在于其千年相沿袭之社会组织构造既已崩溃,而新者未立,而这种组织构造的核心在于文化,所以在他那里文化的失败,才是关键。① 实际上这同样是一个经典的社会学问题,即传统社会向现代社会转型,必然会有社会秩序与社会结构需要变动的问题。但梁漱溟关心的是新秩序的文化根基应该如何确立,其乡村建设理论是植根其上的。在肯定西方社会发展方向的基础上,梁漱溟认为中国传统文化的核心——理性文化在本位上是优于西方"理智"文化的,但问题不仅在于西方文化不完全适用于中国传统社会的文化根基,还在于来自西方的"理智"文化加速了中国社会的衰败。② 在梁漱溟看来,现代文明建设和发展的根基在于"理性"的文明,注重"情理"的中国文化比单纯注重"理智"的西方文化更适合现代社会。③

在这样一种逻辑下,再来看梁漱溟的乡村建设理论。首先,中国社会问题在于文化的失调崩坏,而原因在于两点,一是自身的"老衰性"和"幼稚性"。他认为:"中国文化本来极富生趣,比任何社会有过之无不及,但无奈历史太久,传到后来,生趣渐薄,此即所谓老衰了。"④所谓"老衰性",在梁氏看来,传统文化无宗教、无法律,原本松软灵活是切合"理性"的,但"许多合用的习惯制度愈被保留传袭愈变得机械僵固",而变得故步自封,丧失活性;所谓"幼稚性"则在于其相对于西方社会"不进步"的一面,缺乏科学和民主的传统,进而演变成对科学和民主的拒斥:

实以其所走之路不十分反科学,转而长保其不科学的形迹,其所走之路不十分反德漠克拉西,转而长保其不德漠克拉西的形迹。⑤

① 参见梁漱溟:《乡村建设理论》,上海人民出版社2006年版,第20页。
② 参见梁漱溟:《乡村建设理论》,上海人民出版社2006年版,第109页。
③ 参见梁漱溟:《乡村建设理论》,上海人民出版社2006年版,第109页。
④ 梁漱溟:《乡村建设理论》,上海人民出版社2006年版,第153页。
⑤ 梁漱溟:《乡村建设理论》,上海人民出版社2006年版,第55页。

其次是西方列强的系统入侵,不仅冲垮了中国社会的小农经济基础,而且对传统社会的伦理本位和职业分离社会形成了文化冲击,造成了现实的文化失调。具体体现为:

> 此风气传入中国,恰好使固有的掉转过来;以自己为重,以伦理关系为轻;权利心重,义务念轻。从让变为争,从情谊的连锁变为各自离立,谦敬变为打倒,对于亲族不再讲什么和厚,敬长尊师的意味完全变了,父子、兄弟、朋友之间,都处不合适;旧日风气,破坏得厉害。①

那如何处理呢? 梁漱溟认为,中国文化的问题不在于不足,而在于有余,所以是没有必要改造重建的,而只需要引入两点:一是团体组织,改造乡村组织;二是科学技术,以理性团体组织推广科学技术,才能解决生活上之一切问题。②

所以在梁漱溟那里,乡村建设就是要改变旧的社会结构与秩序,以中国文化为内核来改造乡村,并由此推进工业化和现代化。在政治上,他要改造乡村的组织形式,创办乡学来重构乡村的组织结构,激发其自治。③ 在经济上他倡导一条由激发农业进而走上工业化道路的强国之道。他认为:

> 我们的要求是翻起身来达到进步的健全的经济生活。那就必须有进步的生产技术(巧),社会化的经济组织(大),而其关键则看能不能工业化。④

从农业到工业,从工业到现代化,这才是乡村建设的根本目标。在社会层面,是实现政治和经济建设的落实环节,即梁漱溟要通过乡村组织的变革与创新来实现政治和经济建设的目标,即以组织来激发乡村的活力,实现从文化到

---

① 梁漱溟:《乡村建设理论》,上海人民出版社 2006 年版,第 56 页。
② 参见梁漱溟:《乡村建设理论》,上海人民出版社 2006 年版,第 355 页。
③ 参见梁漱溟:《乡村建设理论》,上海人民出版社 2006 年版,第 256 页。
④ 梁漱溟:《乡村建设理论》,上海人民出版社 2006 年版,第 312 页。

政治、经济和社会的整体格局变化,达到理想新社会。梁漱溟的乡村"自治"组织建设强调"新礼俗"的作用,而"新礼俗"的核心是中国文化中的"理智文化",再结合西方文化中适用于工业社会的理性组织形式和文化内涵进行中西方文化调和的结果。"新礼俗"的实现则重点靠"乡学"组织。"乡学"代表了梁漱溟对乡村建设运动的另一种理想设置,即以知识分子下乡联合农民的方式,由知识分子以"乡学"为平台,对基层乡村社区进行整体的文化、政治、经济和社会的改造,并在改造成功之后"功成身退"。[1] 在具体的实务层面,梁漱溟的乡村建设实验有着值得关注的"社会工作元素"。作为工作核心,新"县政"具体来说就是重建乡村治理格局,以新的"社会策划"来重塑乡村:

> 具体说,县以下废区划乡,取消乡(镇)公所,代之以乡学、村学。村学、乡学均由四部分人组成:(1)学董。村学学董由县政府从本村有办事能力的人中遴选,并经村民会议同意后聘请,乡学学董除各村村理事或村长为当然人选外,另有县政府从本乡资望素孚热心公益者中聘请部分;学董组成学董会,作为村学、乡学的办事机构,负责办理乡村公共事务,全体学董共推 1 人为常务学董,主持行政。(2)学长。由学董会自"齿德并茂、群情所归者"中推选,主持所在村学或乡学的教育事业。(3)教员。即村学、乡学聘请的先生,一般由北京乡村建设研究院毕业的学生充任,除负责一般性的教学事务外,还负责社会教育工作。(4)学众。即村或一乡中男女老少一切人等,以一村之中为村学学生,一乡之众为乡学学生。乡学、村学的主要任务是实施教育、推进社会改良、组织乡村自卫。[2]

到了 1933 年,实验区进一步扩大,乡学、村学两级组织又被合并为"乡农学校"一级组织,取代了旧的区、乡政权。这种做法带有典型的社区工作三大

---

① 参见梁漱溟:《乡村建设理论》,上海人民出版社 2006 年版,第 153 页。
② 赵兴胜、高纯淑、徐畅等:《中华民国专题史·第八卷:地方政治与乡村变迁》,南京大学出版社 2015 年版,第 332 页。

方法中"社会策划"(social planning)工作模式的特征。需要特别注意的是,在这套计划中,关键要素有三个:第一,形式上的教育主导,以外部的,即源自北京乡村建设研究院的毕业生充当教育的主持者,以外部教育来强化学董、学长、学众组成的乡村自身的教育力量;第二,以乡学来行使"乡治",以学校来代替乡村行政,将基层的行政体制转变为乡规民约性质的自治性的基层政权;第三就是注重本土的精英领袖和自治组织建设,北京乡村建设研究院的教员是外部力量,乡学中本土精英是内生动力,外力推动内力,最终实现自治。这就又有了一些"增能"和"地区发展"的意思了,这实质上和当时美国开展的"社区组织"也有相近之处。梁漱溟在《乡村建设理论》中表达了这一思想:

> 我们的乡村建设,是建设社会组织;而此社会组织,我常爱说他是一个生长的东西、慢慢开展的东西,从苗芽而生长,从端倪而开展。其苗芽端倪在乡村,从乡村慢慢开展成一个大的社会。①

与此同时,邹平实验还有着非常多的社会改良的措施,比如"取缔婚姻陋俗",开办禁赌协会,成立"自新习艺所""戒烟所""成人教育班"等②;也采取了一系列的放电影、公开演讲、举办农民运动会等方式宣传卫生运动,破除封建迷信以及普及农业知识等;在经济建设方面尤为重视,注重农业技术推广和合作事业建设,在农业走向工业化方面下了很大功夫:

> 邹平合作事业,随乡村建设研究院之开办同时发端。2 至 4 年③7 月时成立县合作事业指导委员会,盖欲集中指导力量于事业之推进及问题之研究。半年以来,设计安排,初具规模。先是始于研究院,农场只推广棉种,提倡造林指导养蚕等事。故于棉业运销合作社、林业合作社、养蚕合作社,当时均由农场负责指导其后和委员会成立。行政上则统一于县政府,俱业务及技术指导则分属于农村金融流

① 梁漱溟:《乡村建设理论》,上海人民出版社 2006 年版,第 170 页。
② 参见本省法规:《邹平实验县取缔婚姻陋俗办法》,《山东省政府公报》1936 年第 369 期。
③ 民国纪年。——作者注

通处等。旋以事业开展遂从事于经济制度之缔造。并依工作实际及环境需要决定"内分外合"或"上分下合"及"分区指导"之原则。对于合作事业之推广,则于组织方面注重组织的作用,以组织完成训练以训练。充实组织,使二者合为一体,互相为用。至于业务方面,则注重生产技术之改良,产品销场之开拓,合作资金之运用,更以生产技术,充实组织,以产品推销,刺激组织,以资金运用,圆滑组织,使组织业务资金发生互相循环之功用。更以农场及金融流通处为技术资金之后方,并以乡学为实施之前方,合作事业之推进多依此基础而设定。①

乡村建设运动有多个流派,据杨兴胜等人的研究,南京国民政府时期,有代表性的试验区就包括徐工桥星村试验区、黄墟农村改进试验区、善人桥农村改进试验区、晓庄学校、清河试验区、乌江农业推广试验区、龙山实验区等近30个②;而除了主张"平民教育"的中华职业教育社、中华教育改进社之外,教会大学、中国本土的社会精英和教会组织是主要的推进者。关于这场运动,有研究认为"乡村建设运动更多的是一场具有进步意义的爱国主义运动,尚未达到基于'社会理性'而生成的专业社会工作的程度"③。也有研究认为乡村建设运动本质"是一场本土化色彩浓厚的社会工作探索运动,在社会工作的服务对象、理论与方法、服务组织等方面,乡村建设运动可以给中国社会工作本土化的探索以有益的启发"④。在本书中,从社会工作实务出发,一方面,既要考虑到推动主体的身份——比如本土社会精英中晏阳初、陶行知等人,尤其是基督教青年会和其他教会组织本身就带有"社会福音"的影响,与同时期欧

① 编者:《论文摘要四、邹平实验县合作事业报告》,《中国农民银行月刊》1936年第11期。
② 刘振、徐永祥:《本土化社会工作还是爱国主义运动?——乡村建设运动的再认识》,《新视野》2020年第1期。
③ 刘振、徐永祥:《本土化社会工作还是爱国主义运动?——乡村建设运动的再认识》,《新视野》2020年第1期。
④ 崔效辉:《中国社会工作本土化的路径选择——来自乡村建设运动的启示》,《社会工作》2004年第8期。

美各国的社会工作同仁本身有着可比性;另一方面,即便是梁漱溟,其"乡学"以推动新县政进而实现乡村社会改造的思想,尽管有着乌托邦的性质,但在理念和社区教育、社区组织等方法的运用上,也与欧美,尤其是美国的社区组织方法有着很强的"相似性",而且从其作为应对社会问题的功能性诉求来讲——非要严格地以西方的所谓专业性标准来要求本土的实务,也是殊无必要的。

第三节　医院社会工作与精神健康社会工作

学界普遍公认的医院社会工作的开端肇始于 1905 年美国马萨诸塞州总医院聘用首位社会工作者[①];而宋思明的研究中还提到在这之前,1895 年罗查理(Charles Loch)和蒙地非(Colonel Montifiore)在英国伦敦皇家免费医院(Loyal Free Hospital)创办了医院社会工作服务。[②] 在本书前面的相关章节已经谈过,我国的医院社会工作最早发端于北平协和医院的社会服务部,由蒲爱德女士主持的社会服务部是一个与医院各科室紧密结合并建立在对病人家访基础上的以个案工作为主,辅以医院附属机构服务的一种救助性的社会服务。这种实务模式还影响了精神健康社会工作。

一、医院社会工作

北平协和医院的社会服务部创立于 1921 年,之后长期主持工作的是出生于山东的美国人蒲爱德。关于蒲爱德需要注意的是,她不仅参加过费城的慈善组织会社服务,也由于其出色的表现和对中国的了解而被洛克菲勒基金会看中,成为其所建北平协和医院的社会服务部的负责人;为此 1920 年被派往医院社会工作的发源地——美国麻省总医院工作一年,师从著名的医疗社会

---

① 参见王思斌主编:《社会工作概论》,高等教育出版社 2014 年版,第 271 页。
② 参见宋思明、邹玉阶:《医院社会工作》,河北教育出版社 2014 年版,第 9 页。

工作先驱爱德·坎能(Ida Cannon)女士——所以,蒲爱德及其所领导的医院社会工作实际上是与美国当时开展的实务在技术和形式上几乎都是同步的。

北平协和医院是如何开展医院社会工作的呢?在燕京大学的陈洁的毕业论文《平津两个医院社会服务部的调查》中记载了这样一个案例:

> 一位求治于妇科的女病人,坚持的自称腹内有瘤,要求动手术割治,可是经医生检查后,确定是四个月身孕。当时因为病人否认的态度,又有病人的丈夫及朋友在旁,于是没有肯定说出诊断的结果,乃转到社会服务部。社会工作员接受此个案后,即单独与病人、其丈夫及病人的妹妹谈话数次,结果获知病人与丈夫感情不洽,被留在乡间与婆母同居,一次被军人强奸后乃怀孕,病人只得自称腹内有病,后因乡间不靖,搬到城内与夫同居,丈夫怀疑,又不禁朋友的嘲笑,于是陪同来医院检查。病人以为如丈夫获得真情,她一定要被处死。社会工作员乃安慰之,并允为之保守秘密且为之设法,对病人之夫即称病人确系腹内有瘤,应割治,但因时期未到,须等数月瘤成熟时,而在等待期中,不可误碰以免瘤破,故应夫妻分房,由病人之妹服侍之。其夫相信不疑,到胎儿八个多月时,医生乃用早产手术将胎儿取出,病人住妇科病房,婴儿由护士喂养。病人出院时,社会工作员教以烹饪,缝纫及装饰之技术,以迎合其丈夫的心理。又劝导其夫,以为美满的家庭应由夫妻双方共同努力。数月后,社会工作员偶作随访,发现二人已很融洽,家庭内的布置及病人的服装皆能为其夫所赞许。至于所生的婴儿由护士的介绍过继于一工厂技师的家庭。在过继前,社会工作员曾接洽了数家欲收养孩子的家庭,屡作拜访,选定此家后,教以普通育儿方法。过继后,又随访数次,纠正了其太溺爱的弊病,又教他们定期来医院为婴儿检查,此个案乃结束。①

---

① 陈洁:《平津两个医院社会服务部的调查》,燕京大学法学院社会学系学士学位论文,1949年,第19—20页。

首先,北平协和医院社会服务部的工作开展是依托医院的各科室展开的,院长、门诊处和各科室均可介绍有社会问题的病人到社会服务部;接受来自其他医院、其他社会机关转介的服务对象;其次,医院社会服务部直接与门诊各科对接:

> 该部除因经济限制不能在门诊各科分配工作员之外,如可能每课或每两科,至少须有社会个案工作员一人,专司该科或者两科之医院社会工作。①

至于具体服务过程,"社会服务部的工作包括与病人或其家属之晤谈,家庭拜访,病房巡视,与医生及护士商谈,个案记录及服务病人等",这在其毕业论文中有详细地记录:

> 北平协和医院社会服务部的工作对象主要是普通门诊及普通病房的病人,此中又多限于因经济困难而不能缴纳医药费用者。医院门诊部有普通门诊及特别门诊之分。所有来院求治者,皆须先挂号,经过门诊部分科台的检视及初步晤谈,对于有能力挂特别门诊号者则不考虑其经济问题,只指示其诊病应办的手续及医院之规章等。至于普通门诊的病人在挂号时,分科台的职员就要注意其经济能力,有些病人凭外表即可断定其经济情形,就径直的帮助或拒绝帮助,如不能立刻判断应否帮助之,就转到社会服务部详细调查之。医院病房有等级之分,价格亦不相同。普通病房收费最少,住普通病房的病人,如因经济能力不足时,住院处就要考虑应否对之加以帮助,需要帮助的个案,多转到社会服务部详细调查。医院对于帮助病人并没有明文条例之限制,全凭门诊部分科台及住院处的决定,征询社会服务部的调查结果及意见后,决定减免医药费用的数目,故社会服务部的工作对象是门诊部分科台和住院处转来的贫苦病人。②

---

① 宋思明、邹玉阶:《医院社会工作》,河北教育出版社 2014 年版,第 26—27 页。
② 陈洁:《平津两个医院社会服务部的调查》,燕京大学法学院社会学系学士学位论文,1949 年,第 30—31 页。

在宋思明的《医院社会工作》一书中,按照步骤将医院社会工作实务归纳为五个主要工作:第一是调查工作;第二是诊断工作;第三是社会工作服务之计划;第四是社会治疗;第五是善后工作。① 这一系列的规范化的流程体现了当时医院社会工作实务的专业性和职业化程度。北平协和医院社会服务部代表了当时受其影响的一系列大学医院兴办的社会服务部。1947 年《华西社工》杂志发表了一篇《为什么医院设置社会服务部》的文章,为当时的一篇科普之作,里面简单概括了医院社会服务部的三点功能:

> 第一,可以直接帮助患者,比如办理手续,当然更重要的是协助个人处理一些经济和社会困难,甚至帮助患者介绍工作以及安排团体活动以促进人格发展等,增强其社会适应能力;第二,可以帮助家庭,促进家庭关系和谐,普及卫生保健知识以及协助儿童保育等;第三,可以对社区有所贡献,比如公共卫生宣传和疾病防治,以及协助培训社区个案工作员和团体工作员等。②

由此可见到了民国中后期,社会个案工作为主的医院社会工作模式开始发生转变,逐渐向家庭和社区以及公共卫生保健方面转移。与这一趋势同步的是,医院社会工作进入政府的视野,一些官办的医院开始尝试引入社会工作专业服务,其中最具代表性的是南京中央医院社会服务科和天津中央医院的社会服务部。

1932 年 7 月 1 日,涂庆钊接受聘请到中央医院创办社会服务事业。③ 一年之后,中央医院鉴于这项工作的重要性,于 1933 年 7 月 15 日设立社会服务科,专门聘请毕业于金陵女子文理学院的尤浩德女士管理社会服务科。《中央医院年报》记载:

> 社会服务科的具体工作内容涉及 17 项之多,可以归结为这样几

---

① 参见宋思明、邹玉阶:《医院社会工作》,河北教育出版社 2014 年版,第 38—76 页。
② 郑瀛之:《为什么医院设立社会服务部》,《华西社工》1946 年第 3 期。
③ 南京中央医院编:《中央医院年报(民国二十二年)》,1933 年,第 43 页。

个大项,一是给予减免费或资助的,二是病人住院期间给予帮助的,三是给予病人出院后的照顾与帮助。

关于第一大项,也就是给予减免费或资助的,具体包括:(1)给予免费及减费住诊:对于来院求诊的贫苦病人和育婴堂等慈善机关送来的病人,社会服务科予以免费者为数甚多;(2)给予免费及半价挂号:本科对于贫苦病人,给予免费或半价挂号并施免费药品;(3)惠助川资:凡有贫苦病人出院后想回家者,即由社会服务科工作人员申请惠助川资;(4)补助照 X 光费、拔牙费和输血费;(5)代为申请抬埋费,无人认领或赤贫的病故病人,社会服务科代为从医院事务部申请发放洋 12 元,再交人办理抬埋事宜。(6)发给新旧单棉衣衫。

关于第二大项,也就是病人住院期间给予帮助的,具体包括:(1)家庭探访。家庭探访是社会服务员的主要工作,因为要给予社会救济,必须了解被救济对象的家庭实情。(2)病室慰问。平时如果没有意外的事情发生,社会服务科的服务员每天下午 4 点至 6 点到各三等病室与病人作简短谈话,借以了解病患的需求。(3)周旋于病人亲友与医师之间。有病人亲友前来医院探访病情,社会服务科负责引见。医师要求病人家属来院领回病人或商讨治疗方法,也需要社会服务科负责通知、传达。(4)输血事宜。社会服务科还接受内科的嘱托,承办了医院的输血事宜。因为当时人们视输血为畏途,虽然经服务员多方解释仍不能使献血者释疑,所以此项工作在起初十分困难。于是社会服务科改变策略,给予每位献血者检验费 5 角,每 100CC 输血费大洋 3 元,若头、二等病房的病人愿意多付,亦听其便,才使得贫苦之人踊跃前来应征献血。社会服务科负责人先是填写应征献血人的姓名、年龄、住址及拍照,以便日后认识正身,然后再由急症处检验身体,并抽血 5CC 检查血液。

关于第三大项,也就是给予病人出院后的照顾与帮助,具体包括:(1)改良病人的家庭生活环境,如给予报纸糊贴墙壁、芦席铺地和棉被御寒。(2)家庭卫生指导,如社会服务员劝导肺结核病人自备饮食器皿,不要随地吐痰,多事休息等;又如,社会服务员教导沙眼病人一定要自备面巾和手巾等。(3)转介病人。无家可归的病人或者出院后还需休养的病人,社会服务科即函转南京救济院收容;对于医治无望的贫病军人,经医师诊断后,也由社会服务科办理转送到陆军医院。一年半来共转送了两名军人。(4)贷助资本,有能力而无资本经商者,贷助 10 元或 2 元。(5)介绍工作,病人出院后无业者,社会服务科帮助介绍工作。(6)教授缝纫。社会服务科帮助给出院病人介绍工作,并非易事。因此,该科添设缝纫一门,由尤浩德女士亲自剪裁指导。①

在南京中央医院社会服务科的服务中,个案工作主要体现在"病案"的建立和家庭探访等环节,服务程序体现在了病人从住院到出院之后的医疗服务流程中。从实务手法来看,除了"输血"一项略具特色外,其余与北平协和医院社会服务部的医院社会工作实务殊无二致。当然,实务开展并非易事,仅就家庭探访来看,开展得并不顺畅:

> 1933 年 7 月 15 日之前,涂庆钊忙于门诊指导和办理贫苦病人的入院手续,很少有空余时间兼顾家庭探访工作。社会服务科成立后,虽然添加了工作人员,但对于家庭探访工作还是没有办法做到全部实行。究其原因有以下四点:一是三等病房的病人多数是工人,他们来自离南京城数十里或百里之外的村落,路途遥远;二是一些下层军人,并无家室;三是南京市内也有多处交通不便,服务员难以到达;四是社会服务科还担负着预备和传唤输血者的职责,要花费很多工作时间。②

---

① 南京中央医院编:《中央医院年报(民国二十二年)》,1933 年,第 43 页。
② 南京中央医院编:《中央医院年报(民国二十二年)》,1933 年,第 43 页。

至于天津中央医院的社会服务部是由南京中央医院社会服务部派遣而来。抗战胜利后,国民政府行政院卫生部接收天津日本陆军医院,并于 1946 年 11 月成立天津中央医院。整个医院的经费由卫生部供给,且承受美国援华会及联合国善后救济总署的大批医疗器械、药品的援助。中央医院组织规程中规定有病人福利室之设,此室即后来社会服务部的前身。至于其工作内容,也与北平协和医院以及南京中央医院的社会服务部并没有太大区别:

> 天津中央医院的组织很庞大,科系繁多,而社会服务部只有三个工作人员,故不能按科系而分工,社会工作员只对普通病室及普通门诊的病人有经济问题者负责,主要的是对缺少医药费用的贫苦病人负责,其病人的个案记录多供本部决定减免费用数目之参考,对医生之治疗工作补助不大,社会工作员与各科系的医生联系亦不多。社会工作员对一个案不知应否接受时,须要知道该病人治疗所需的步骤,乃去找医生商讨。医生对某病症感觉兴趣,需要社会服务部补助医疗费用时,才到社会服务部找工作员商讨,二者很少有经常的联系,平时社会工作员作病房探视时,多是探视病人,偶与医生相遇,就商讨一下,是临时性的无固定的会议。各科的医生在该科主任医师领导下,每周有病理讨论会,但无社会工作人员之参加。院方亦无固定的顾问机构或明确的方针指示社会工作的方向,社会服务部只要不违背医院所规的基本原则,可随当时需要而为病者服务。①

二、精神健康社会工作

精神治疗的社会工作(Psychiatric Social Work)。精神治疗社会工作原为医药社会工作之一部,但自心理卫生(Mental Hygiene)发达以后,即渐成为一种专门工作。此类社会工作的推行初时只限于疯人院等机关,但不久即扩展

---

① 陈洁:《平津两个医院社会服务部的调查》,燕京大学法学院社会学系学士学位论文,1949 年,第 43—44 页。

至儿童指导诊疗所、精神病人诊疗所、法院、惩戒机关、心理卫生所及学校之儿童问题等，其他关于个人人格的研究及家庭福利团体等，精神治疗社会工作亦常被采用①。而宋思明在《精神病之社会的因素与防治》一书中则认为，作为社会工作的一种，精神病社会工作，应该配合精神科医师，用科学的方法，调查成因，解决病人背后的社会问题，积极预防并维护社会稳定。②

精神健康社会工作最早也是发端于北平协和医院。该院在 1919 年由美国神经精神科医师伍兹（A.H.Wood）应邀设置脑神经科。1934 年，北平协和医学院与北平市卫生局合作，北平市疯人院改为北平市精神病院，并以为学生实习之所，经费和技术人员均由前者提供，社会服务部也随之建立，宋思明出任首任主任。③ 在针对患者的服务的手法和技巧上，精神病社会工作和医院社会工作相比较，增加了"心理卫生运动"和对优生学的提倡。这里重点介绍一下当时对心理卫生运动方法的应用：

心理卫生运动之方法

开设心理卫生门诊（The Mental Hygiene Clinic）此门诊应与内、外科门诊一律，职责是诊断心理失常之病人、治疗、出院后继续治疗与随访、研究精神病发生之原因及其预防。设儿童指导门诊部（The Child Guidance Clinic）。吾人相信个人之命运，皆赖其生活体验，所谓染于苍则苍、染于黄则黄是也。心理卫生运动，其出发点亦以儿童为对象，其目的在于研究及治疗有问题之儿童。此种儿童，平日皆为父母教师所忧虑；盖以其能搅扰社会安宁，此类儿童当时或过于活动与不活动或神经衰弱或性闷不语，甚或好发脾气、性虐、神经过敏、行为异常、偷盗、在校困难等。倘幼时不加矫正，成年后问题

① 参见言心哲：《现代社会事业》，河北教育出版社 2012 年版，第 394 页。
② 参见宋思明、邹玉阶：《医院社会工作》，河北教育出版社 2014 年版，第 11—20 页。
③ 参见陈一鸣：《北京现代精神医学早期的追索——先辈伍兹、雷曼、魏毓麟、许英魁的光辉历程》，《临床精神医学杂志》2010 年第 2 期。

将更加严重矣。①

为了强调精神病社会工作的特殊性,宋思明认为心理卫生门诊处及儿童指导门诊处,至少必须有精神病学者、心理学者与社会工作人员合作②。社会工作如何介入精神病社会工作呢？依托精神病院或者是医院的专门科室,社会工作者主要在两方面发挥作用。第一是针对精神病患者而进行的调查以协助诊断。步骤主要包括③:第一步是与伴送病人来院者之会谈,做初步调查,以获得各种线索;第二步是与病人本人之会谈,可做进一步调查的线索,也可助心理检查之辅助;第三步是外出调查,在获得初步之调查资料基础上,拜访病人之家庭,对病人有兴趣的个人以及有关的各机关。

第二是协助治疗,主要包括以下步骤④:第一步是与医生合作从事治疗之方法,主要还是与医生沟通,以及代医师向病人及亲友解释治疗程序等;第二步是与病人会谈及治疗,要求安排安静环境,运用一定的会谈技巧,包括引导、表示同情、分散其注意力等;第三步是职业治疗(occupational therapy)。引入当时美国各大医院新兴的一种组织,系利用各种手工艺如织衣、刺绣、做玩具、绘画等,使普通病人可以减去其长期疗病期间之寂寞,精神病人可借此恢复其现实生活。以北平精神病院为例:

> 前北平精神病医院,即有职业治疗部门,兹特叙述于此,以见此种工作之一斑。该院职业治疗部系属于社会服务部,其经费则由院中担任之。该部之指导者,为一年三十许之女士,曾在北平协和医学院从一职业治疗专家(该院有此设备,系请一美国女士担任指导)学习而成者。此人寡言力行,技术高超,将男女病人分为两室工作。男病人之工作有钩小块地毯,桌上织机织男女围巾,用泥做各种玩具人

① 宋思明、邹玉阶:《医院社会工作》,河北教育出版社 2014 年版,第 135 页。
② 参见宋思明、邹玉阶:《医院社会工作》,河北教育出版社 2014 年版,第 135 页。
③ 参见宋思明、邹玉阶:《医院社会工作》,河北教育出版社 2014 年版,第 138—139 页。
④ 参见宋思明、邹玉阶:《医院社会工作》,河北教育出版社 2014 年版,第 141—143 页。

像、洋娃娃，编藤工，绘画，习字等。女病人之工作，则有缝纫、刺绣、绘画、做手帕、洗衣等。上下班由护士接送，每工作室皆有一护工帮同管理，秩序井然，很少有殴斗情事发生。病人与职员相处如一家人，其由于工作中犯病者即送回病房休息。此女士对病人循循善导，有助于治疗颇大。最有趣者，即病人常自己独出心裁，制出各有趣之物品。有一幻想发大财之病人，绘一大山脉，其中产各种金银矿、元宝等，医生按其所绘之图，得知其思想之途径焉。①

在其他实务层面，宋思明还提到了和护士部合作的方法，谈到了与护士合作获得护士监视、记录以及娱乐事项的价值，并且也提及假释、外出等辅助治疗手段的运用。总的来说，早期的医院社会工作和精神健康社会工作都有着那个时代的典型特征，即主要还是以社会个案工作为主。而到了精神健康社会工作，则引入了"心理—社会"治疗模式，但由于范围较窄，加上受动荡时局影响，实际上未能充分发挥其专业优势和功能。诚如陈洁所言：

> 十数年来，国内医院有社会服务部之设者，只有上海红十字会医院，四川成都的仁济医院，南京鼓楼医院，及卫生部的南京中央医院，天津中央医院等，但其工作多为贫穷病人之经济补助，未能深入为病人解决其他社会问题，其他如山西汾州医院，北平道济医院等，其工作范围更为狭小，只注意病人缴纳医药费用之能力调查，更谈不到社会服务。②

第四节　劳工社会工作

20 世纪初我国诸多社会问题中，与工业化进程相伴生的还有劳资冲突以

---

① 宋思明、邹玉阶：《医院社会工作》，河北教育出版社 2014 年版，第 144—145 页。
② 陈洁：《平津两个医院社会服务部的调查》，燕京大学法学院社会学系学士学位论文，1949 年，第 43—44 页。

及在资本主义生产方式的剥削下劳工的失业、贫困以及不良生活习惯等问题，也相应引发了"科学的慈善"的回应。在各界针对劳工的支持举措中，一些带有一定专业性和科学性的理念和方法被引入进来，形成了中国早期企业社会工作和城市社区工作的实务开展的新领域。

一、基督教青年会的劳工服务

在戴云峰的毕业论文中指出："中国青年会初设之时，纯为一种学生运动。旋其事工范围，稍见扩大。凡离校之学生，均兼包并收。然其范围仍仅限于学生。近年来其工区大加推广。劳工事业，则已公认为中国青年会运动应有之工作。"①这里面的逻辑实际上很清晰：第一，资本主义在当代最重要的问题之一就是劳资冲突，而该时期最重要的社会弱势群体就是劳工阶级，所以解决和应对资本主义工业化带来的社会问题，劳工是非常重要的领域；第二，劳工阶级是本土青年群体中非常重要并值得争取的社会阶层，是作为以传教为使命的基督教青年会一定不会不重点关注的群体；第三，中国劳工阶层面临的最重要的问题和服务需求主要集中在教育和生存两个方面，基督教青年会的"四育"在一定程度上可以满足他们的需求并帮他们获得更好的生活条件。他在论文中是这样描述的：

> 中国市会之创办劳工事业者，原欲以青年会之四育程序，推行于工界，以提高劳工之制度，而增厚其生活。是以最初办理劳工事业之各市会，如上海，汉口，天津等处，莫不以试办四育程序为入手。②

具体能够提供什么服务呢？戴云峰做了进一步说明：

> 惟数年之前，各会对于工界之服务，其事业尚甚简单。大抵处于

---

① 戴云峰：《中国男青年会之社会事业》，燕京大学研究院社会学系硕士学位论文，1933年，第58页。

② 戴云峰：《中国男青年会之社会事业》，燕京大学研究院社会学系硕士学位论文，1933年，第59页。

智育者为最多。如常识演讲,映照幻灯电影,及举办卫生教育等项。因我国工界同胞,目不识丁者,居最多数,其知识程度之低下,无容讳言。欲提高其生活,不得不先自开通知识入手。但近来各会按其所得之经验,及各处工界之需要,于程序方面,已大加扩充。凡青年会普通之事业,在工界中次第试办,均已大收效果。关于德育者如查经班,短期德育讲习科及德育研究班。关于智育者如工余夜校及职工补习学校,关于体育者如设置体育场,令工人参加卫生运动。关于经济事业者如办理工人储蓄会及人力车夫合作社。关于职业教育者如举办纺织传习所。关于特种事业者如举行工业调查。凡此种种,皆最近几年来所试办之新事业。且从前劳工同胞未有正式加入青年会为会员者,近则长沙,济南,天津,烟台等处,已从事征求劳工会员与成人,学生,少年合而为四,使之对于青年会发生密切之关系,确立正当之地位。其他各市会亦可按情形所许,依法仿办。劳工事业,亦日益增加矣。①

以上是基督教青年会的工作,女青年会的工作也差不多:

由以上的调查可见得天津女工的情形,她们不但工作时间长,工资少,同时她们工作环境也都不好,在那种情形之下,女工的服务是很需要的。因此天津女青年会在一九二七年由董事部议决组织劳工部,请黎绍芬女士为义务干事,在民国十八年春(一九二九年)开设女工义务学校两处,一在太王庄,一在西沽村,使各位女工于工作之后到校读书一二小时,让女工们得以明了自己的环境,使他们改良自己生活,而对工作发生兴趣。民十八年秋才有高仁英女士正式为劳工干事,与上海协会派来的章秀敏女士协同进行工作,调查出来小六庄一带有女工数千人,于是在德源里租了住房一间,设立义务学校。

---

① 戴云峰:《中国男青年会之社会事业》,燕京大学研究院社会学系硕士学位论文,1933年,第59页。

民十九年秋高女士改任教育部工作,继聘刘纯懿女士斟酌各地情形施设各种工作。在大王庄、小刘庄设半日义务学校(专为附近失学妇女和工人子女)在小刘庄一带调查妇女状况,得知该处女工缺少衍生常识,因此在那里特设一诊疗室,每星期二上午有义务大夫张周新太太和一公共卫生护士赵承秀女士为邻近妇孺施诊一次,并且每年春天施种牛痘。民二十年秋章秀敏女士回国休假,协会又派海世伯女士继续工作。关于法租界各工厂服务,例如种核桃,花生,棉花,羊毛及卷烟等公司的女工,利用她们午饭时间施以相当教育。①

基督教青年会在劳工服务方面的另一个创举就是创办了"浦东新村":

　　浦东新村之事工,乃为最近之工作。上海青年会为欲供给工友正当娱乐,提高工友知识,培植工友德性,解决其生活中之各种困难起见,特于 1920 年在浦东陆家嘴,造竹屋一所,施行其四育工作。惜不久即被烧掉。直至 1921 年春,又在烂泥渡租赁楼一所,重整工作。工人学校与通俗剧团,皆日渐发达。至 1925 年又有朱懋澄与宋福华诸干事之调查结果,甚觉欲解决工人屋室,卫生与经济诸问题,在四育事工外,必须建设新村。自此即募集款项,鸠工选材,1926 年冬始建筑完成。内有住房十二所与服务所一处,进行会务,不独服务于村友,更推及浦东社会。于 1928 年冬又添造住房十二所,尤引起社会之注意与同情。更有数处市政府及大工厂,经已仿形建设。其工作颇著良好成绩矣。②

　　在笔者看来,"浦东新村"的功能主要有两个:一个是能够缓解青年劳工的住房问题,起到类似今天我们政府提供的"廉租房"的作用,改善提升劳工

---

① 王可卿:《天津基督教女青年会——一个社会学的分析》,燕京大学法学院社会学系学士学位论文,1941 年,第58—59 页。

② 戴云峰:《中国男青年会之社会事业》,燕京大学研究院社会学系硕士学位论文,1933年,第60 页。

福祉;一个是发挥着"社区服务中心"的作用,对于青年会,便于开展"四育";而对于入住劳工,则能够更系统地接受社区服务。在实务层面,这种设计更近似于项目运作,能够提供系统的社区工作支持,同时由于对象特殊性,也带有了企业社会工作的性质。

二、依托沪江大学兴办的沪东公社

1915 年,沪江大学社会学系创建人葛学溥在带领学生开展社会调查的过程中发现,杨树浦一带工厂林立,人口密集,工人的居住条件和生活条件都相当差,社会矛盾突出。为了达到对社会状况的深入研究并能够推动当地居民改正社会陋习的目的,葛学溥在沪江大学校内组织了一个"沪江社会服务团",积极开展慈善和社会服务。1917 年,该团在校外设立社区服务中心,即后来的"沪东公社"。沪东公社最早也是主要以社区教育为主,比如在祥泰木行、慎昌机器厂、电力公司、怡和纱厂开设工人补习班,后来开设夜校辅导在职的工人,一度规模达到学生 1047 名,并有晨校、日校和夜校等多种形式。除教育以外,沪东公社其他为民众服务的形式也是丰富多彩的,按照《沪江大学月刊》记载,其具体内容主要包括民众图书馆、民众代笔处、民众食堂和民众茶园、民众同乐会和施诊所等①,服务范围也从教育延伸到受众更为普遍的社区服务——至此,沪东公社便仿照当初的"地方服务团"形式修建了类似"赫尔馆"一样的睦邻中心,社会工作的内涵更加突出。以"民众同乐会"为例,这种服务便从最初的慈善救助转为了一种对社区增能的工作:

> 沪东公社在这方面的指导思想很明确,即"以电影为先导,使工人于劳动之余获一新奇之欣赏,同时将西方所有之各种球类运动介绍于劳工,并设立各种俱乐部"。1921 年,沪东公社得到由霍金斯捐赠的电影放映机,此后放映电影即作为公社提供给民众的一种重要

---

① 参见金武周:《沪东公社之回顾与前瞻》,《沪江大学月刊》1936 年第 2 期。

娱乐形式。如 1934 年 3 月某星期二由中国纺织协会来社放演纺织电影,沪东区各工厂之工程师到者甚众,每月放映教育电影两次,藉以增长社员知识。1936 年 3 月《沪大校闻》记载,"日前举行民众同乐会,开映教育电影,观众四百人"。民众娱乐还包括民众歌咏会、学徒联欢会等多种形式,如 1936 年 4 月某星期六,民众同乐会举行民众歌咏,参加者 300 余人;1937 年 3 月某星期六晚七时举行人力车夫同乐会,颇多教育游艺节目。民众同乐会不光是进行娱乐活动,还进行"公民教育",如 1937 年 4 月某星期六举行民众民乐会,并施以公民教育,大学部教育系民众教育班同学到社参加,并担任节目表演。①

三、申新三厂的工业社会工作雏形

申新三厂是荣氏兄弟(荣宗敬、荣德生)创办的申新纺织总公司的下属企业,1919 年开始筹建。据《无锡杂志》记载其创办信息如下:

> 申新第三厂,民国九年,由荣君宗敬、德生昆仲等组织,系股份无限公司,在西门外梁清溪两岸,有申新桥跨于上。南为纺纱织布等间;北为办公处及轧花修机等间;股本三百万元。现有英美纱锭 51008 枚;布机 504 架。②

申新三厂在创办初期就非常注重劳工事业,曾专门派遣职员赴东西各国考察。主要举措包括从最初创办"职员养成所"招收高中、初中毕业生开始,到逐渐扩大劳工福利和服务范围,同时建造职工宿舍,形成职工住宅区并引入自我管理和服务机制,遂形成了"劳工自治区"③。至于创办"劳工自治区"的动机,申新第三纺织公司的"总管理处"是这样介绍的:

---

① 金武周:《沪东公社之回顾与前瞻》,《沪江大学月刊》1936 年第 2 期。
② 薛明剑、过冠生:《申新第三纺织厂之概况》,《无锡杂志》1923 年第 4 期。
③ 申三总管理处:《申新第二纺织公司劳工自治区概况》,《无锡杂志》1933 年第 21 期。

夫欲劳其形者,必安其心;欲乐其业者,必一其志;欲用其力者,必健其身;欲改其恶者,必修其德。故实业家欲直接谋技术之精良工作之改进,则间接必先筹劳工之福利,注意其身心之安康。庶几工作之时无内顾之忧,业余之暇的精神之为安居乐业,专心一志,自无因循畏难之思,见异思迁之想,且以设施之完备享受之舒适,精神饱满,体魄健康,对于工作自能任重致远,勇往迈进。虽遇挫折,亦必竭全力以赴之,此东西各国工厂之所以重视精神管理者也。①

这一段话的核心思想就是,劳工自治区的创办初衷实际上是基于企业管理角度来注重劳工福利的。查尔斯·H.扎斯特罗也认为:

社会工作者可以帮助雇员处理以下领域的问题。孩子照顾经济问题,家庭问题,退休计划,赞助行为,异化问题,法律问题,健康问题,心理健康问题。久于物质滥用以及娱乐方面的问题。……他们还可以参与社会关系服务。如担任筹集社区服务计划基金事业的代表……②

所以,即便是以当代的"工业社会工作"的概念来界定,申新第三纺织厂的"劳工自治区"的创办理念也是比较相符合的。具体做法上,"劳工自治区"施政方针是这样的:

1.根据三民主义,指导区民有道德之观念,并得立身之知能,以成自治之规模。2.本劳资合作之意义,举办各种合作事业及其他一切公众设施,务使区民身体日益康健,籍增生产,而减消费,以轻负担。3.注重文化教育,使居民人人有读书之机会,并得正当之娱乐。4.附设各种社教机关,施行农村常识,民众工艺,培养居民退职后之

---

① 申三总管理处:《申新第二纺织公司劳工自治区概况》,《无锡杂志》1933年第21期。
② [美]查尔斯·H.扎斯特罗:《社会工作与社会福利导论》,孙唐水等译,中国人民大学出版社2005年版,第425页。

生活技能。①

在此方针之下,自治区建设内容颇为丰富:

事业概略:

1. 设立申新完全小学,教育工人子弟。并有晨夜校传习所之创设,对于成人教育,亦极重视。

2. 设立女工养成所,专事培植良好工友,除技术之训练外,公余之暇,复重视于身心之修养,暨道德之灌输,清洁与卫生尤为注意。

3. 创办职工医院,除医治疾病外,并注重职工之健康及预防疾病之传染。

4. 设立各种合作社,出售各种商品,更设公共商场,为各小贩公共营业之所,籍整区容,而便区民。

5. 设立膳食部,及公共食堂,便利饮食。

6. 俱乐部更分体育、音乐、游艺三项措施。

7. 县党部在本区设立社会服务处训练工人,使有组织能力,并增进工人知识改良风纪,协助本区完成自治。

8. 创办浴室、理发所,养成全区居民清洁之习惯,籍增身体之健康。

9. 开辟园圃,驯养动物,种植花果,以备公余之暇,怡悦心神。

10. 设动物园,饲养鸡鸽,备工人明了农村副业之旨趣,得使异日退工后之经营。

11. 设备电灯、自来水、公共厕所,籍资卫生,而整区容。②

在此基础上,"自治区"内设"女子区宿舍""男子区宿舍",均享有同等员工福利待遇,并制定《生活作息表》《膳堂公约》《寝室公约》,并配有"奖惩办

---

① 申三总管理处:《申新第二纺织公司劳工自治区概况》,《无锡杂志》1933年第21期。

② 申三总管理处:《申新第二纺织公司劳工自治区概况》,《无锡杂志》1933年第21期。

法";另设"家属宿舍""职员宿舍"待遇和组织管理方式略有差异,但大体相同。

在具体管理方面,其"施政纲要"如下:

宗旨:改善区民生活,培养良好工友;

训练目标:总纲:做新生活;

普通训练:应知之事项:做事耐劳,工作努力;

应具之质性:浓厚的兴趣、快乐的态度;

合作的精神、健全的身心;

特殊训练:健康生活(劳动化);

工业生活(社会化);

训练方法:1.多用积极的劝导,少用消极的抑制;

2.多用间接的方法,少用直接的方法;

3.充实区民生活上一切的内容。①

劳工自治区的"自治"主要体现在其组织体系中除了由"纺织产业工会申新支会"负责指导"劳工自治区"并设区长1岗外,在"公共事业区"成立"自治会"并在男子区分区、女子区分区和家族区(家属区)选举产生区长,下设各村村长并具体到男女宿舍的"室长"和家属区的"组长"——不仅具有"自治"的元素,消费合作社的设置,甚至带有着类似当代"网格化治理"的特征。中华职业教育社黄任之一行曾赴申新三厂"劳工自治区"参观,给予了较好的评价:

无锡申新第三纺织厂,有男女工人3000余名。一年以来,试办劳工自治,颇见成效,实行劳资合作。其经理荣德生氏、管理处长薛明剑氏属于本社同仁到场参观。本月初由黄任之、杨衡玉、姚惠泉三君代表前往。荣薛二氏亲自招待,做整日之参观。劳工自治区内组

① 申三总管理处:《申新第二纺织公司劳工自治区概况》,《无锡杂志》1993年第21期。

织严密,宿舍整齐清洁,膳食物美价廉。教育分成人与儿童两部,工人争执有裁判所,自行管理。环境布置优美,娱乐设施亦力求充实,无论理发,洗衣,缝纫膳食等均用消费合作办法办理。工人工余之暇,除受教育外,并分任各种区内工作,练习种植畜养,以为出厂后谋生之助,设想尤见周到。观其纺织内部情形,工人精神,确有不同。后召集工人上中下三级领袖于一处,由荣氏介绍三君演讲。现该厂为求工人自治益求进步,以期推及全国起见,函请本社接办,本社已预备接受云。①

在这次参观之后,中华职业教育社接受了申新三厂的邀约,接手了"劳工自治区"的管理,自此"劳工自治区"的管理引入"第三方",更增加了其专业性。在上述与劳工服务相关的社会工作实务案例中,我们可以发现以下典型特征:第一,无论是基督教青年会的,抑或者是沪江大学的,以及申新三厂的劳工社会工作实务,识字教育和社会改良是工作的重点,即这些实务工作背后有着希望推动中国朝向资本主义转变的意图和导向——教会为了传教;而申新三厂提升劳工福利是为了提高生产效率;中华职业教育社的工作则是为了改进当时中国普通民众的基本素质。不同的是教会服务本质是文化殖民,工厂福利的本质是经由职工福利来增加利润,而中华职业教育社作为社会组织则有着服务社会的使命。第二,这些工作从社会工作实务角度出发,带有社区工作和企业社会工作的一些元素,但还远达不到专业社会工作的程度,究其根本还是以社会服务的性质居多,但是在理念上和技术上已经在酝酿着专业化。第三,需要注意的是,基督教青年会经过非基督教运动的洗礼,已经绝大部分转为由本土社会精英主持管理,所以上述的一些举措体现了社会服务的"社会工作"雏形和要素已经在本土生根,为后续南京国民政府的一些社会建设举措以及一些基于本土社会组织而开展的社会运动和福利试验奠定了基础。

———————

① 申三总管理处:《申新第二纺织公司劳工自治区概况》,《无锡杂志》1933 年第 21 期。

第四章　推进：实务服务的主要对象

毋庸置疑的是，我国早期社会工作实务的主要服务对象是当时的弱势群体，尤其是处于贫困状态的劳苦大众。在针对这些群体的慈善救助中，一些特定人群的服务方法得到了一定程度的发展和演进，重点集中在儿童青少年、妇女和残疾人。从调查和评估问题与需求出发，到相应的服务方案的设计与实施，个案工作、小组工作和社区场域内的支持都有了一定的应用。

第一节　儿童青少年社会工作实务

在中国的传统福利文化与福利制度中，"九惠之教"中的固有组成部分"慈幼"，也即儿童的社会救助，是非常重要的方面，无论是政府和民间都非常重视。一直以来，传统的儿童救助主要形式是政府或者民间乡绅开设"育婴堂"等"恤孤"性质的善堂，辅以家族救济的形式，形成了"救养"为主的"善堂文化"；明清以降，尤其是鸦片战争之后，西方传教士开始在华兴办慈善事业，开设了大量的具有近现代慈善理念和管理与服务技术的孤儿院，不仅倡导救济养育，更重要的是引入了一些"教育"和"就业技能培训"的实务方法，带有了一些社会工作的理念和元素，对本土的儿童社会救助事业产生了示范作用；与此同时，国内的知识精英们不断引入个案工作、集团工作等社会工作的实务方法并尝试将其本土化,到了民国的中后期,尤其是南京国民政府时期,一些具有"试验"性质的儿童福利机构中,专业的实务方法得以采用,从而推动了儿童社会工作领域的实务进展。

一、儿童慈善事业

民国时期是我国现代社会福利制度和儿童福利事业萌芽奠基期。① 就是在这短暂的几十年内,各届政府主导建立了与儿童福利制度相关的社会救助和慈善管理的法律法规,比如《各地方救济院规则》(1928)、《监督慈善团体法》(1929)以及《社会救济法》(1943),直接与儿童相关的还包括西南政务委员会颁布的《严禁溺毙女婴恶习及收养女婴办法》以及抗战时期南京国民政府颁布的《抗战建国时期难童教养实施方案》(1938)等;与制度建设相对应,该时期的儿童慈善事业也经历了一系列的转型。转型之前的状况,卞煦孙的论文中有所提及:

> 中国对于贫苦儿童救济,早已认为国家的职务,礼记王制有养老志,以致孝,恤孤独以逮不足两句话,但实际上,保幼恤孤事业未有实施。到了南宋方有慈幼局的设立,元明两代没有显著的事业做出来,直到清代末年,慈幼事业才引起国人的特别注意,这也许是受了欧美的影响,不过主要的原因,大概是因为中国从前的慈幼事业,多由家庭担负,多数贫苦儿童,皆由亲属互助供养,所以不成为严重社会问题。自与西洋接触以来,家族制度渐渐崩溃,农村衰落,贫苦儿童不能不由社会救助,遂由育婴堂,贫儿院,孤儿院的设立,这种机关,都是各自为政,彼此间和政府将都不相联络……②

---

① 参见左芙蓉、刘继同:《国家与儿童:民国时期儿童福利政策与服务实践历史研究》,《青少年犯罪问题》2006年第3期。

② 卞煦孙:《北平贫苦儿童机关的研究》,燕京大学法学院社会学系学士学位论文,1936年,第7页。

一方面,这意味着民国初年由于国家对社会的统治力下降,尽管有政策制度的建设,但儿童慈善事业主要还是民间主导;但另一方面,西方传教士开办的儿童救济机关中,采取的是源自西方的一些新的管理和服务技术,已经开始带有一些社会工作专业要素。据王治心在《基督教史纲》中的描述,慈幼事业是基督教进入中国之后以推动传教为目的的非常重要的手段,在其社会事工中占据重要位置,几乎凡在大城市里的天主堂,都附设着育婴堂或孤儿院:

> 1855 年创办于上海土山湾的"圣母院",历经十数年发展,规模宏大,院内分设"育婴堂"、"聋哑学校"、"启明女校"、"幼稚园"、"徐汇女中"、"圣诞女校"、"洗衣厂"、"施医处"、"刺绣所"、"裁缝所"、"花边间"等部分。自成立以来,前后收容过孤儿 25000 多名。①

具体开展什么样的服务呢? 实际上由于历史条件限制,加上在华教士与欧美社会救助机构发展的沟通导致每个阶段各不相同。最初的服务,以较为完善的天主教教会开办的儿童救济机构来看,当时已经有较为完备的医疗设备、分年龄段的教养场所和教育体制,以及自成一体的出路:

> 自蓄乳牛 24 头,以新鲜清洁牛奶育养这班婴儿。六岁以上,即受幼稚园教育,一年以后,送入土山湾孤儿院,继续修业;若女孩则学习缝纫、刺绣、花边、编织及其他家庭工作。及至长成,堂方即协助择配,与奉教男子结婚。结婚以后,如仍愿在堂工作的,堂方则给以工资,始终维持密切的关系;男子则令学习工业,有印刷、有铜匠、有修琴、有绘画等等自办工场;即不在院内工作的,亦能各有一谋生技能,以维个人或家庭生活,平时又受有相当的宗教训练,大多数都能恪守人生的道德而取得人家的信仰;天主教对孤儿的教养,不但是规模宏大,且亦办理完善,实为更正教所不及。②

这里面体现的与传统中国儿童慈善事业不同的是:第一,救助机关采取了

---

① 王治心:《中国基督教史纲》,上海古籍出版社 2007 年版,第 309 页。
② 王治心:《中国基督教史纲》,上海古籍出版社 2007 年版,第 309 页。

科层制的管理方式,按照事业部制来管理这些孤儿院,这在组织管理方面是现代的;第二,除对儿童的收养救济外,注重系统的生存能力培养,即救养教工一体化,从救助收容到学习生存技能再到未来的出路,即协助谋生就业,这是一整套基于儿童成长周期设置的服务程序;当然,还有不同的是,抛开专业性要素,这些儿童福利机构的宗教色彩非常明显,不仅要在宗教信仰上对救助对象有要求,而且诸如"及至长成,堂方即协助择配,与奉教男子结婚"①,这样的规定很显然有了"经营"宗教社区的思路。

受这些新式的儿童福利机构的影响,本土社会精英也开始尝试开办慈善事业,比如早期比较有名的有北平怀幼会和香山慈幼院等。"北平怀幼会"最初是当时北京的一些社会名流的夫人们发起创办的,因为服务能力不足,后来干脆转交当时的北平协和医院社会服务部管理运营:

> 当成立之初年,并无收容儿童的寄宿舍,更无所谓寄养家,故凡为该会之会员者,不但须每年捐助 5 元以上之捐款,且每人须选择一婴儿抚养于其家中,而婴儿之费用则由该会供给。但因送来之儿童多系出自贫苦之家,而该会会员之家庭则多属中产知识阶级,两者在物质与知识方面相差太远,一旦将儿童置于此种家庭中,往往使彼等发生一种非所属及不如人之感觉,因此多不能调适,而发生种种行为问题。故该会遂于民国十七年邀请协和医院社会服务部协助办理,改用寄宿舍制,将儿童分别寄养于协和医院之女调养院中,协和医院专为一般须不断至院治疗而又无家可归之非传染女病人而设,儿童寄宿舍中由女佣带领,同时由该会之宿舍委员三人随时性巡查。②

北平协和医院社会服务部毕竟不是专门从事此项业务的机构,所以怀幼

---

① 王治心:《中国基督教史纲》,上海古籍出版社 2007 年版,第 310 页。
② 麦佳曾:《北平怀幼会的研究》,燕京大学法学院社会学系学士学位论文,1939 年,第 22 页。

会后来发现"寄宿舍之女佣对于儿童之管理多未能尽责,致婴儿死亡率大增,委员以寄宿舍方法多未完善,于是遂有寄养家之提倡"①,因而开始同时和燕京大学社会学系合作,直到各项制度完善:

> 遂由民国二十年起,有协和与燕大社会学系协同助理该会推进一切事务,开始正式采用寄养制。但当时寄养家为数甚少,不过三家而已,同时仍有一部分之婴儿寄养于协和医院女调养院及该会之儿童寄宿舍中。民国二十一年,该会工作范围扩充,且又聘得半薪全职员一位,原则办理会中任务,及家庭调查与个案记录。后因家庭破裂,家境贫寒,或其他种种原因无法抚养其婴儿于家中而又不愿放弃其婴儿者日增,于是民国二十二年遂开始接受寄养儿,以应急需。民国二十四年因委员认为儿童寄宿舍之设立,并非一优良之办法,且所费过巨而又不适于儿童之正常发展,故决定取消,而完全采用寄养制,寄养家遂增设至十一家之多。同时为方便及节省经费起见移入协和医院社会服务部办公,盖因该会之主要负责人多为协和医院社会服务部之主要职员,故与协和社会服务部有极大之联络,但事实上该会仍为一独立之组织而非附属于协和医院,此后每年在各方面如保姆之训练,婴儿之卫生健康,以及寄养家之医生状况等等皆有极大之改进,而成为目前中国实行寄养制之最完善之机关。②

怀幼会的工作分为四项③:第一为收容遗弃儿。此类儿童多系因其父母死亡、家境过于贫寒无力赡养、家中子女过多、被父母遗弃以及系私生子等原因被送至会中。第二为介绍继承。对于被遗弃的婴儿,该会先安置于寄养家

① 麦佳曾:《北平怀幼会的研究》,燕京大学法学院社会学系学士学位论文,1939年,第23页。
② 麦佳曾:《北平怀幼会的研究》,燕京大学法学院社会学系学士学位论文,1939年,第23页。
③ 参见麦佳曾:《北平怀幼会的研究》,燕京大学法学院社会学系学士学位论文,1939年,第31页。

庭,然后寻找适合的家庭来收养,使他们能够得到永久安身之所,接受教育或职业训练。第三为寄养儿童。寄养的原因很多,如因父母需要外出工作,无人照料,父母有传染病必须隔离,父母欲外出旅行而无人可托付,父母求学而无时间照料,母亲去世而无亲属代管,或因私生而不能携至父母家等。第四,资助贫困儿童。其寄养工作分为几个环节:第一是手续,需要按要求遴选需寄养的婴儿:

凡至该会请求寄养婴儿者,须合于下列各条件:

①年龄。自出生至二十四个月为合格,遇有特别情形的由本会理事会斟酌情形收纳之。

②体康。须经医师证明身体健康,且无遗传或传染病。遇有轻微肺病者,可斟酌收纳之。

③家庭状况。母因病或母因必须外出谋生,或因母之死亡及其他情形,一时不能抚养之责,而又无亲属可委托者,遇有例外情形,须经理事会斟酌予以收纳。①

符合条件的,第一是由铺保或者中间人作公正,其父母或监护人与协会签订手续协议;第二是管理,包括办完手续的儿童会转入协和医院的小儿科,经过体检,确定儿童保育计划;第三是交付寄养家庭的保姆来落实保育计划;第四是干事随访,加强监督指导。

为配合这种寄养制的服务方式,怀幼会非常注重访问员的监督和随访,以及对保姆②的训练,不仅对其家庭卫生状况有所考察,还要求其严格按照协和医院专业人士编制的抚育计划来执行。这种寄养方式来自欧美,主要的优势在于力图替代失依儿童的家庭支持,还原儿童成长的家庭生态。

香山慈幼院的开办实际上要比北平怀幼会早一些。彭秀良在《守望与开

---

①　麦佳曾:《北平怀幼会的研究》,燕京大学法学院社会学系学士学位论文,1939年,第61页。

②　指当时在机构寄养家庭负责照料婴儿的女性。——作者注

新——近代中国的社会工作》一书中认为,民国著名政治家、慈善家、社会活动家熊希龄创办的香山慈幼院毋宁说是一个儿童教育机构,不如说是一个儿童福利机构。[①] 卞熙孙在其论文中大致介绍了香山慈幼院及其工作手法:

> 香山慈幼院,创办于民国六年,因顺直水灾收养男女灾童千余人,原名慈幼局,系属临时性质。嗣水患平后,其父母陆续领回,尚有无家可归者二百余人,乃于七年商请前清皇室用香山静宜园旧址,建筑永久校舍。九年十月十日正式成立,初设幼稚园,小学部,次第添设中学,师范,职业专工各科。民国二十二年八月,组织方面,重新更改,行分校制:第一校分第一二幼稚园,婴儿园,家庭总部;第二校完全小学;第三校幼稚师范;第四校农工实习厂;第五校工徒学校,另有奖学金辅助毕业生考升中大学之规定。并设董事会于北平,管理各部经济及行政事,又于每校设主任一人,每部设副主任及事务书记会计等各一人,管理各校各部细则,院中组织均本教育之程序。
>
> ……
>
> 为最幼儿童设有婴儿园,此婴儿园内一切儿童衣食住皆由保姆实习操作,及至儿童稍长至五六岁时即送幼稚园受学前教育,幼稚园儿童亦皆寄宿园内。幼稚生毕业后,升入第二小学肄业。第二小学学生亦另设有宿舍,但其中儿童共分三处寄宿,有仍寄宿于幼稚园作模范生的,有寄宿于小家庭的,亦有居二校宿舍的。香山静宜园内除以上数部外,尚有装工实验场和刺绣织染科等,系为小学三、四、五、六年级学生实习而设立的。院中女生高小卒业后,可投考幼稚师范,幼稚师范设于北平帝王庙,是专为训练保育和幼稚教育人才的,男生小学毕业后可入职业实习学校,或有志升学者,亦可向董事会请求津

---

① 参见彭秀良:《守望与开新——近代中国的社会工作》,河北教育出版社 2010 年版,第 26 页。

贴或贷款入其他中学或大学。①

除了这种教育体制之外,香山慈幼院后来也开有"类家庭"模式的儿童保育工作,1947 年起经关瑞梧推介在该院实习的黎启颖曾经提到这种方法:

> 为了给无依的儿童过一种家庭式的生活,所以慈幼院对正生实行家庭教育制(Cottage System),每家设有家长,有儿童若干名,这也就是家庭部的来由。他们的一切生活都以家为单位,这种教养方式比其他的机关式教养是比较合理的。②

这一点也得到了国民政府教育部考察报告的证实,在《教育部戴委员视察香山慈幼院报告》中指出:

> 该院系教养兼施,多数生童均系无家可归,故各校组织除教务、事务两科之外,尚有家务一科,分家政、保育、卫生三系,凡生童之衣、食、疾病,皆在各院系筹谋监护之下,遂使孤寒儿童得略享家庭幸福,情感资以融合而不至寖成偏急孤僻之习也。③

所以总的来说,香山慈幼院的儿童工作还是以儿童救济为目标,以制式教育为主要手段,辅以职业教育;至于"类家庭"的工作手法,还只是有益的探索和尝试,同时由于条件限制,操作上也没有很好地贯彻。但是,作为本土社会慈善家创办的民间组织,香山慈幼院卓有成效地吸纳了来自西方的儿童福利工作的现代化的管理、服务理念和手法,并且有针对性地兼顾了本土困难儿童的具体实际,是当时本土儿童福利机构成功转型的典范。

二、基督教青年会的儿童青少年工作

之所以选择基督教青年会作为主要研究对象,是因为该组织的儿童工作

---

① 卞熙孙:《北平贫苦儿童机关的研究》,燕京大学法学院社会学系学士学位论文,1936年,第 35 页。

② 黎启颖:《香山慈幼院半年》,《家》1948 年第 32 期。

③ 戴应观:《教育部戴委员视察香山慈幼院报告》,《慈幼月刊》1930 年第 6 期。

不同于"孤儿院"的工作,其注重社区环境对于儿童的教育和成长作用,更具有实务层面的综合性特征。尽管具有"社会福音"的使命,但从其组织和服务的实务来看,其服务本身不仅具有系统性和专业性,而且确实具有一些社会工作的理念和技巧的雏形。以天津中华基督教青年会所开展的工作为例,针对儿童的服务主要采取了德、智、体、群四育工作①,在其儿童青少年工作中尤其注重了团体工作之应用。言心哲在《现代社会事业》一书中曾指出:

> 社会团体工作与社会个案工作相较,虽有望尘莫及之感,而近三十年来之发展,颇有独树一帜之趋势。大致地说来,现在应用较广的为私立社会机关利用闲暇时间的活动,例如男女青年会、夏令营、社会中心协进会以及其他类似的团体。而在公共娱乐机关中,也有些较小的团体从事这类的活动,还有许多公立学校亦常运用此种方法执行课外的活动。此外还有一种新的趋势,就是儿童保育机关、感化院、医院等与团体工作的发展,亦有连带影响。②

基督教青年会很早就将团体工作运用到了儿童青少年的会员服务中,其所开展的德智体群活动,也大都采用了"团体工作"的方法。具体采取的方法有培育公民素质的公民养成团体组织、少年夏令营、特殊少年运动事业等,同时也在学校开设青年会并积极推动团体工作的开展。以夏令营为例:

> 曾忆青岛青年会于 1930 年,募集巨款,在青岛燕儿岛租地二十余亩,建筑模范少年夏令营,为其他之导向。其设备颇为完善,内有食堂,游戏堂,办公室,会议室,接待室,体操场,营舍等。1931 年赴营之人,分为二期。每期 14 日,第一期共 24 人,内有大学生 2 人,中学生 17 人,小学生 5 人,年龄最高者 19 岁,最幼者 11 岁,平均年龄,约为 15、16 岁。第二期人数较少,营员大都分队居住,每队 6 人,住

---

① 参见侯杰、王文斌:《中华基督教青年会与近代中国城市社会——以天津中华基督教青年会为例》,《理论学刊》2007 年第 6 期。

② 言心哲:《现代社会事业》,河北教育出版社 2012 年版,第 319—320 页。

一营舍,每队设领袖 1 人。除各有专责外,随时注重少年个人生活,
以真挚之友谊态度,与少年同卧起,并饮食,患则与共,行则相谐,如
长兄之于幼弟。其营中生活,以发展少年个性为宗旨,然团体生活,
又不得不纪律化,故每日均有固定之日程。①

这种团体工作尽管与当代关于"小组工作"的专业界定并不尽一致,但是
考虑到历史原因,再进一步结合言心哲当时的理解,以及与当时中国传统的儿
童青少年教育比较,也可以说其中有着社会工作的专业雏形。在刘梦主编的
《小组工作》一书中,也曾提到《小组工作》的雏形开始于 19 世纪的教会活动,
尤其是英国的汤恩比馆和美国的赫尔馆的青年义务服务活动②,这也能为之
佐证。

三、关瑞梧、李槐春的区位儿童福利个案工作

1941 年太平洋战争爆发,为避战乱,燕京大学社会学系随学校南迁成都。
在此期间,不仅社会服务没有断绝,社会工作学术研究也有了较多进展,比如
李安宅的《边疆社会工作》(1944)、关瑞梧、李槐春的《区位儿童福利个案工
作》(1946)、吴榆珍的《社会个案方法工作概要》(1946)均出自这一时期。在
关瑞梧、李槐春的《区位儿童福利个案工作》中,作者描述了当时的社会工作
实务和研究的情境:

> 本书选定的区域是紧邻成都燕京大学后门的一条窄巷,在巷口
> 每天均是人民杂乱,摆了很多地摊儿,所卖的全是旧衣破布及一切废
> 物零碎。巷内很不整齐地排列有很多小矮房,由外面就可以见到房
> 里的内容,全是黑暗,无窗户,污浊破烂,很多的家,屋内满堆着破布
> 烂纸,仿佛是垃圾堆,简直不能想象,还可以住人,但是每间房全住了

---

① 戴云峰:《中国男青年会之社会事业》,燕京大学法学院社会学系学士学位论文,1933
年,第 21 页。

② 参见刘梦主编:《小组工作》,高等教育出版社 2003 年版,第 9—10 页。

不少家人。巷内洗衣的积水,猪狗鸡鹅和小孩布满各处,成了污杂的一群。同时一阵阵破烂东西和住屋龌龊的恶臭让过路的人常常要掩鼻,但是在那巷内的人却安之若素。他们除了冷天,则多坐在巷内的人行道上,每人全手上忙着做点儿事,大多是整理破布条或拆破线袜子。小孩子成群的,散落在巷内,任其所之。该区充分的代表了缺乏卫生与教育人们的生活,它正需要我们去习用社会工作的理论与技术,去找出这特殊区域给予儿童的影响和如何去改善。①

针对这样的一个社区或者是社会工作的实验场,作者具体的服务手法是这样的:

> 方法是选定了上述的区域,聘用专门社会服务员一人,用个案工作方法,每天到这区域内的家庭访问。对着区内的每一个儿童及其家庭,均有详细的记录,至民国三十三年三月十日至三十四年六月。每次访问所得的事实及服务状况,就实记上,然后再综合所有的个案,以区位学的方法,分析这区域形成的原因,它的文化状况及对儿童的影响,并应用个案工作方面去实现儿童的善种、善养、善生、善教、善保。尤其注重在善生、善养、善教三方面,因为善种工作不是一个社会工作员能办到的,善保工作多对特殊的儿童而言,而本书的对象是一般的儿童,所举的个案实例多表征推进善生、善养、善教三方面。②

这里的儿童工作实务需要关注的是:第一,区位研究的引入为个案工作提供了一种有别于社会生态支持,带有了社会工作传统的典型的"人在情境中"的分析特点,同时也较之传统西方的个案工作更具有"场域"分析的特征,这种工作思路是一种基于社会学和社会工作相结合的创新思路。比如他们认为:

> 每个区位有它不同的房屋构造、生活标准、思想观念、习俗以及

---

① 关瑞梧、李槐春:《区位儿童福利个案工作》,河北教育出版社 2012 年版,第 4 页。
② 关瑞梧、李槐春:《区位儿童福利个案工作》,河北教育出版社 2012 年版,第 3 页。

一切特有文化现象。譬如平民区的住屋低矮、不卫生、人们缺乏教育,与住宅区正式相反,所以贫民区的儿童失学者较多,生活标准亦不同。一个区域内文化环境与人们行为表现是有很大关系,我们如果到一个地方打算着手去推动社会工作,则必须用区域研究法先了解这区域的环境与人的关系,然后才能谈到改善。①

第二,这里的调查和针对问题的处理意见,仿佛又回归了在西方社会工作早期产生阶段在针对贫困治理项目上承担"友好访问员"的时代,而在技术上也延续了源自当时被里士满所总结的"社会诊断"技术,以及专业的个案工作手法。在该书中明确了这样一种类似的方法:先由社会服务人员到区域内的家庭进行访问,对儿童和家庭进行记录,同时参考所在区位对儿童成长的影响,作出诊断②;在诊断之后,个案工作者分别采取不同的方法来针对不同的工作任务开展具体的专业介入:

表4-1 区位儿童个案工作的介入③

干预的方面	现状与问题	介入策略
善生	导致儿童死亡率高的原因主要是由于家庭卫生知识的匮乏和经济的贫瘠。	利用社会的设备,与附近医院合作,减少婴儿的死亡。 培养居民对于妇婴卫生的正确观念及态度。
善养	在家庭访问时发现,儿童生病甚至导致死亡,不仅与其生活环境有关,还和家长的无知有关。	利用社会的设备,与附近的医院合作,通过医院的设备和专业的助产人员,减少婴儿的死亡。 培养居民对于妇婴卫生的正确观念及态度。
	在家庭访问的过程中,可以看出儿童的营养获取是很匮乏的,例如儿童在没有母乳时只能吃芡实糕等代替。	劝导儿童健康检查。

① 关瑞梧、李槐春:《区位儿童福利个案工作》,河北教育出版社2012年版,第3页。
② 关瑞梧、李槐春:《区位儿童福利个案工作》,河北教育出版社2012年版,第3页。
③ 关瑞梧、李槐春:《区位儿童福利个案工作》,河北教育出版社2012年版,第39—89页。

干预的方面	现状与问题	介入策略
善教及善保	社会文化环境的影响。 社会上缺乏义务教育的设备。	由于儿童的实际情况不可能实现全日制教学，于是邀请了燕大的实习生在附近的公园开办临时的教学活动，保证该区域的儿童可以获得最低的教育机会。

四、汤铭新的儿童指导工作

汤铭新女士 1928 年毕业于金陵女子大学的社会学系，是中国社会工作高等教育的早期毕业生，在儿童社会工作教育与实务方面卓有成就。汤铭新 1907 年出生，祖籍江西九江。1923 年考入南京金陵女子大学，是金女大社会学系第一届学生，毕业后到湖州湖郡女中任教。1931 年到美国施密斯女子大学留学一年。1932 年到凡德比尔大学攻读社会心理学和社会病理学，并获硕士学位。归国后曾在武昌华中大学、安庆大学、国立编译馆、金陵大学工作。1943 年秋金女大创办儿童福利专业，汤铭新应聘回母校工作。在这期间，她与华西大学医学院神经科主任医师程玉麟联系，在校设立儿童行为指导所，开始了她在儿童行为指导方面的实务工作。[①]

汤铭新所处的时代，正是儿童行为指导运动在欧美流行的时代。这一运动以行为正常及行为异常的两种儿童为对象，有广、狭二义：广义的儿童行为指导工作，是注意应该如何运用心理卫生的法则，于一般普通儿童的身上使他们都能获得安定的生活，以发展其能力；狭义的儿童行为指导工作，是以行为异常的儿童为对象，运用科学知识及社会资源，研究并处理其在家庭中行为之所以异常，在学校中之所以不能适应，以及在社会上之所以有种种行为不端正的产生。

---

① 参见孙海英：《金陵百屋房：金陵女子大学》，河北教育出版社 2004 年版，第 34 页。

儿童行为指导实务工作主要是由精神健康社会工作人员(Psychiatic Social Worker)和社会工作人员以及小儿科医师、精神病医师、心理学家共同开展的。首先是精神健康社会工作人员用社会个案研究法调查儿童个人的生活史、家庭背景、父母的婚姻和感情、父母子女兄弟姊妹间的关系、父母教育子女的方法、家庭经济的状况、友伴活动及社区环境等;第二是由精神健康社会工作人员斟酌情形对儿童做身体检查、神经精神检查或心理测验,从儿童身体、精神、心理及社会四方面研究;第三是举行个案讨论会,由小儿科医师、精神病医师、心理学家及社会工作者,报告各方面研究的结果,然后讨论诊断与治疗的方法;第四是针对不同诊断结果进行介入:

> 如果儿童行为问题的重心是儿童本身的人格失调,或精神失常,则由精神病医师负责治疗。若是儿童行为问题与智力或情绪的发展问题,则归心理学家处理。若是儿童行为问题是受身体疾病的影响,则由小儿科医师负责治疗。但在事实上大多数儿童的行为问题是为社会环境的影响所致,如不良的家庭、学校、友伴及邻里的影响等,都与儿童行为问题有关,诸如此类的儿童行为问题,必须由精神健康社会工作员负责主要处理,例如家庭关系的调整,适宜学校与学级的安置,友伴的选择,休闲的指导与兴趣的培养,皆属儿童行为指导社会工作的范围。[①]

鉴于儿童问题的复杂性,还要考虑结合运用社会集团工作[②]:

> 社会集团工作,以团体中的人为单位,即是说运用科学知识及社会资源,使团体中所有的人格得以健全,情绪得以稳定,家庭关系得以调整,个人生活得以社会化;所以社会集团工作,是有社会化和教育化两种意义存在,其目的在发展个人对团体的责任心,以及互助合

---

① 孙本文:《书刊评价薛汤铭新著"儿童行为指导工作"》,《社会建设(重庆)》1948年第7期。
② 即小组工作。——作者注

作的精神,而使个人的幸福和团体的幸福,完全趋于一致,例如儿童在街上成群结队,亦是一种团体生活,如把这群儿童集合在另一处所,由一个领导者根据各个儿童的才能与需要,予以适宜的发展机会,再以各种有意义的团体获得,以培养合作的精神及责任心,此种团体生活,则有社会意义及教育意义的存在。①

更为重要的是,汤铭新在实务中倡导使用了一种社会生态系统视角,即倡导在儿童行为指导中要充分考虑儿童本人、家庭或学校,从这些方面入手,形成系统的解决问题的方案。

表4-2　汤铭新儿童行为指导工作的工作手法②

服务内容	主要手法
与儿童本人合作	(甲)要协助儿童解决其身体上的疾病。 (乙)要使儿童对工作员发生友好关系。 (丙)要明瞭并同情儿童所关心的问题。 (丁)要使儿童有自信心。 (戊)要对儿童的生活有适当的照顾。 (己)要培养儿童良好的卫生习惯。 (庚)要给予儿童发展才能与兴趣的机会。
与家庭合作	(甲)要与父母共同商讨处理儿童行为问题的办法。 (乙)要注意父母的表情,以使发现问题的新线索。 (丙)要改变父母的态度时,不可提出他们的错误,免生反感。 (丁)要与父母分别谈话以免当面冲突。 (戊)要与父母双方合作,以取得一致的态度和管教子女的方法。 (己)要根据家庭的经济情形去处理儿童的行为问题。
与学校合作	(甲)学校设备方面:学校地方须宽大,设备须完善,使儿童有大量发展才能与兴趣的机会。 (乙)课程方面:学校功课的配合,与时间的排定,应该恰当,方能使儿童循序渐进。 (丙)教师方面:教师除了性情温柔,态度公平,学识渊博,经验丰富之外,还须有儿童心理卫生的知识,才能造就人格健全的儿童。

---

① 汤铭新:《儿童行为指导工作》,《儿童福利通讯》1947年第9期。
② 汤铭新:《儿童行为指导工作》,《儿童福利通讯》1947年第9期。

五、儿童福利实验区的实务工作

1940 年国民政府社会部改隶行政院之后,社会福利事业转向政府主导,一系列制度和政策出台。在社会工作层面,产生了重要的专业化转向,社会工作作为社会建设的专业方法开始进入社会救助和社会保障领域。在借鉴欧美的前提下,国民政府开始和社会力量合作,儿童福利实验区和妇女福利实验区的设置以及后续的一些改革都带有这样的典型特征。在这些实验中,儿童方面开始最早,历时最长,实践内容和留存史料最为丰富的当属"北碚儿童福利实验区"。

1943 年 6 月 19 日社会部颁布的《社会部北碚儿童福利实验区组织规程》中规划了北碚儿童福利试验区的工作内容:

社会部北碚儿童福利实验区组织规程(节选)①

三十二年六月十九日部令核准

第一条　社会部为倡导并改进儿童福利事业特设北碚儿童福利实验区(以下简称本区)

第二条　本区以北碚管理局辖境为范围,办理一般及特殊儿童之福利事业,将一切实施加以实验及研究并推广其成效

第三条　本区设主任一人掌管全区事务由社会部派充之

第四条　本区设办公处下设研究部及总务业务推广三组分掌左列②各事项

一　研究部　掌理各项儿童福利事业之研究、实验、调查、统计、编辑、翻译事项

二　总务组　掌理文书、人事、庶务、出纳及不属其他部组事项

三　业务组　掌理本区各项儿童福利事业之规则实施事项

---

① 编辑部:《社会福利:社会部北碚儿童福利实验区组织规程(三十二年六月十九日部令核准)》,《社会部公报》1943 年第 10 期。

② "左"即"下","左列"即"下列"。下同。——作者注

四 推广组 掌理家庭访问儿童展览竞赛宣传运动以及其他有
关儿童福利事业之推广事项

第八条 本区儿童福利事业之设施暂定如左

一 托儿所 办理托儿事业

二 儿童福利所 办理儿童医药卫生图书阅览娱乐劳作及其他
有关一般儿童福利事业

三 儿童辅导院 办理问题儿童之指导感化事业

四 儿童教养院 办理残疾技能儿童之教养

北碚儿童福利试验区以及后来的南京儿童福利实验区,还有当时比较普
遍的儿童福利站的实务工作主要是采取社会工作、卫生、教育三位一体配合实
施之原则进行的,主要实务工作开展见表4-3:

表4-3 儿童福利站的实务工作①

实务工作	主要方法和内容
社会工作方面:计接受该区服务之儿童与家长共计3597人	一般儿童福利设施:组织儿童团、组织亲职会、家庭问题咨询、家庭补助、日间托儿 特殊儿童福利设施:家庭领养、家庭寄养、介绍机关托养、介绍习艺、儿童行为指导
卫生工作方面:计接受该区服务之儿童与家长共计15936人	体格检查、营养辅助、疾病治疗、预防接种、医术介绍、卫生教育、妇婴卫生指导
教育工作方面	基本教育实施:自然科学,社会科学,知识,工具,体育等儿童团活动指导

第二节 妇女社会工作

我国早期的妇女工作是以妇女解放运动为背景的。妇女解放运动为当时

---

① 熊芷:《南京儿童福利实验区工作报告》,《社会工作通讯》1948年第5期。

的中国提供的是一种性别平等的思潮,也是民主和科学的思潮的组成部分。妇女解放运动使得女性群体和女性问题得到更多关注,民主和人权的思想也随之加强,因而一些社会工作实务中增加了女性的专业服务;另一方面,这一运动影响下,女性社会参与程度增加,客观上推动了女性在慈善和公共服务事业方面的参与度,也降低了社会工作对女性开展服务的传统力量的阻碍作用。伴随着社会工作本身的发展和成熟,当时妇女工作的专业程度也得到了不断提升。

一、妇女解放运动

陈东原所著《中国妇女生活史》中,将这一阶段历史概括为新潮之"结胎""蠢动"和"诞生"三个时代。[①] 第一个时代实际上是甲午海战之后到辛亥革命之前,国人认识到"西洋文化也有它的好处",进而妇女地位也随之有所改变,因而是"结胎"时代;第二个时代是辛亥革命到五四运动,妇女从军参政增加,但陈东原认为只属于"静久思动""时势使然",属于"蠢动"时代;第三个时代是陈独秀 1916 年在《新青年》发表文章,倡导青年女子应该从被征服地位起来居于征服地位,并主张打破"三纲",这就进入了"新潮之诞生时代"[②]。对于社会工作实务而言,妇女解放运动的影响主要体现为两个方面,一方面是对女性弱势地位的关注,比如对缠足、婢女、娼妓等现象和群体的介入及干预增加;另一方面是间接的,主要是性别平等和社会性别意识进入到了社会工作的伦理和价值导向中。

尽管自传教士进入中国,在明末清初,尤其是晚清以降就开始有了针对妇女解放的"反缠足""天足运动",以及解救婢女和娼妓运动等,但妇女解放运动是和"五四运动"倡导"德先生"和"赛先生"一起被广泛提及的。至于原

---

① 参见陈东原:《中国妇女生活史》,商务印书馆 1937 年版,第 315—316 页。
② 参见陈东原:《中国妇女生活史》,商务印书馆 1937 年版,第 315—316 页。

因,在恽代英看来,主要是三个①:一是西学东渐引发的人权观念的觉醒;二是伦理观念的改变;三是传统封建宗法的崩坏。

该时期中国本土的妇女解放运动并非孤立,而是和国际妇女解放运动紧密结合,主要的目标是积极推动被压迫妇女的解放,倡导性别平等。关于妇女被压迫问题,罗家伦认为主要有两个原因②:一个是"压制主义",即伦理纲常的约束;另一个是"引诱主义",比如以"名节"去引导。关于如何解放妇女的问题,周白棣在《妇女杂志》上发文谈到了妇女的救济:

> 解放妇女的两条路,自然第一是教育,使她有知识,明白世界的潮流,人生的意义,得有一个比较正确的人生观;第二是职业,使她经济独立,不必依附于家庭,而受无尽的压迫。③

当时的妇女解放运动主要集中在三个领域,即教育领域、参政领域和就业领域。这三者是相互联系的:当时的妇女受教育程度低,所以影响了其参政权利和机会,也会影响其就业机会。比如有学者认为争取男女政治地位、法律地位的平等,是妇女解放运动的基本工作。因为他们认为只要妇女获得参政权以后,就可以利用这权利去订立男女平等的法律,实施男女平等的政策④。也有学者认为:

> 增加妇女的地位,尊重妇女的人格,其根本问题不专在教育之先解放,法律之先平等,而在工作机会的均沾,职业的获得。若女子仍不出来和现代的社会接触,依旧是服从男管国政女管家政内外发分的恶习惯,则虽教育极端的解放,法律绝对的平等,也是无用的。⑤

---

① 参见恽代英:《妇女解放运动的由来和其影响》,《民国日报·妇女周报》1923年10月10日。

② 罗家伦:《妇女解放》,载梅生:《中国妇女问题讨论集》,上海新文化书社1923年版,第12—23页。

③ 周白棣:《自由论坛:旧式妇女的痛苦和救济》,《妇女杂志(上海)》1923年第10期。

④ 参见罗琼:《参政运动在妇女解放运动中的地位》,《妇女生活(上海)》1937年第11期。

⑤ 钦甫:《妇女解放运动的先决条件》,《妇女旬刊》1929年第311期。

而其他学者强调妇女要求政治地位平等,经济地位平等,先要求知识的平等,求知识,是妇女解放的根本唯一的方法。① 但总的来看,妇女运动主要还是集中在思想和价值观讨论上,尽管也有游行示威和一些零散的社会改良运动的尝试,但是并没有和当时的一些具体的社会实践相结合。张玺曼对这一运动进行了反思:

> 妇运之所以根本低落的原因是没有真正建立新家庭关系、社会关系、政治关系与经济关系,今后既要彻底求得妇权的提高和解放,最低限度也要完成下列几点:一改善女子家庭地位,提高妇女自尊心。二普及女子教育,培养妇女技能。三提倡女子职业,改正社会观念。四促进女子参政,激化妇女政治热情。五保障女子法权,解除妇女痛苦。六崇尚女子福利,强化妇女经济独立。②

尽管在实践上算不得成功,但妇女解放运动的思潮和价值观讨论是至关重要的。这一讨论在根基上动摇了传统的男尊女卑的社会性别秩序和格局,使得整个社会能够朝向"人本"和平等的角度看待针对妇女的社会支持,而不仅仅是出于慈善和同情。这对于社会工作来说至关重要,我们可以看到无论是在救养机构还是基督教青年会乃至国家主导的妇女试验区的工作中,这种理念一旦与专业化的技术相结合,对妇女发展的成效是显著的。

二、救养机构的妇女工作

如前所述,传统的妇女救助针对群体相对狭窄,而且救济理念多出于慈善和同情;救助方法相对落后,以救养为主,缺乏发展和赋权的介入。经过妇女解放运动之后,到了民国中后期,在救济机关中有了一些现代的组织技术和理念的引入,在借鉴西方慈善组织运用和技术支持基础上,开始以科层制的组织来管理救济院等机构,并尝试将职业教育引入社会救助,通过救助、抚养、教育

---

① 参见进否:《妇女解放运动者》,《新陇副镌》1929 年第 147 期。

② 张玺曼:《妇女解放运动怎样了》,《中国青年》1943 年第 4—5 期。

和就业一体化设计来提供综合的救助服务。以北京的救济院为例：

> 鉴于历来收容妇女察其流落失业主因,均由缺乏专长技能、无力谋生活自给,致养成依赖习惯,一旦受恶劣环境支配,极易走入歧途,该院当局为极力补救起见,对收容妇女院生专重职业实习。①

南京的救济院也是如此：

> 本院设置妇女工读班以灌输失业妇女普通常识家政常识及浅见文字使其得有相当职业之技能为宗旨。②

在职业教育方面,当时的救济院不仅仅开设一些技术课程,也配置了一些基础的"补偿式"教育内容,以提升所救济妇女的整体素质：

> 本所得按照收容妇女之程度品性分别规定教育及习艺方针其办法如下:
>
> (甲)关于教育者,(一)修身(二)国文(三)识字(四)常识(五)习字;(乙)关于习艺者,(一)学习看护妇技能(二)学习织袜技能(三)学习织造花边技能(四)学习织造草帽技能(五)学习缝纫烹饪刺绣技能。本所为培养妇女生活之知识及技能规定左列之课程及工作其支配方法另定之,(甲)课程:(一)三民主义浅说(二)浅近文字学(三)社会常识(四)家庭常识(五)算术(六)音乐(七)体育;(乙)操作:(一)缝纫及浣洗(二)纺纱(三)织带(四)织机(五)刺绣(六)毛绳或毛线工(七)烹饪(八)园艺(九)腌菜。③

对于所救济妇女的出路,早期的救济院主要有请领、婚配两种,救济院也有着相对严谨的分类管理的程序,并能够进行后续的跟进服务：

> 请领妇女习艺工厂妇女救济院女以下列各款为限,一本人尊亲

---

① 市救济院:《注意妇女职教》,《中央日报》1934年4月23日。

② 南京市救济院:《妇女工读班简章(十九年九月十六日本府核准)》,《首都市政公报》1930年第69期。

③ 参见江苏省立救济院:《妇女救济所组织章程》,《救济月刊》1929年第1期。

属或夫领回抚养者,二公私机关或团体任以职务者,三娶为妻室者,四领为养女者,厂院女曾被其尊亲属或本夫价卖或迫令为娼者该尊亲属或本夫不得请领。①

自清末以来,到北洋军阀政府时期,一些源自西方的社会福利设置为政府治理所默许引入,民办福利事业也有了一定的发展,比如新成立了不少慈善团体,如游民习艺所、贫民教养院、博济工厂、外城教养局、教养二局、首善贫民教育院、外城收养贫民所及资善堂、公善养济院、兴善养济院、利济养济院、育善教养工厂、普善教养工厂、崇善女养济院、龙泉寺孤儿院、北京贫儿院等。② 到国民政府建立后,采取了一些措施加强社会福利事业,包括在中央政府和地方政府中设立了专门负责社会福利工作的机构,政府拨出专项资金用于社会福利事业,制定、颁布了一系列法规等。我们前文也提到过,社会部改隶行政院以及社会福利司和各省社会局、社会处等层级社会行政机关的设立,标志着政府主导的现代社会福利体系的初步形成。在笔者看来,这种现代化转型的一个重要特征就是政府与社会组织的合作互动,而这恰恰是现代社会工作发展的一个重要前提。1947 年《行政院善后救济总署广东分署半月刊》刊发《消息汇志》称:本署成立妇女家政训练班,分在乐昌、曲江、连县、南雄、乳源等县设立:

> 本署前拨出缝纫工赈物资一批,交所属第三工作队,在辖区内之乐昌、曲江、南雄、连县、乳源等县,分别委托当地慈善团体,设立贫苦妇女家政训练班,共五班,以工代赈招收贫苦失业妇女缝制新衣、改制旧衣,以为散赈贫苦难民自用,项悉各班经先后招收妇女约 30 名,业已成立开始工作。③

---

① "北平特别市":《北平特别市妇女习艺工厂、妇女救济院收容妇女请领规则、中华民国十九年四月九日市府令》,《北平特别市市政公报》1930 年第 44 期。

② 参见吴廷燮:《北京市志稿(民政志卷)》,燕山出版社 1998 年版,第 64 页。

③ 王治心:《中国基督教史纲》,上海古籍出版社 2007 年版,第 303 页。

政府主导交付当地慈善团体办理,这种政府与社会的合作格局代表了现代社会治理的一种趋势,尽管在当时并没有形成规模化以及固定的体制和工作机制,也远没有发展出政府购买服务的制度设计,但是这种工作模式已经具有现代社会工作参与社会治理的特征了。

三、基督教女青年会的妇女工作

研究我国早期的妇女工作实务,尤其是谈及妇女社会工作,基督教女青年会是一个非常重要的组织。我们不止一次提及基督教社会福音和社会服务与中国社会工作引入的关系,基督教青年会的社会服务在某种意义上就是社会工作专业化和职业化的开端。基督教女青年会最早是在英国成立的一个宗教慈善组织:

> 1855 年英国女教士原名 Miss Emint Robant 者,发起一个祈祷会为年轻的妇女而设,性质为纯宗教的,包括各种妇女,如母亲,保姆,女教员,工厂女工,及护士等。同年另一个团体称为妇女训练班者,在伦敦成立,发起人为英籍一贵妇原名为 Lady Kinnard 者,为战时之一服务军人及征属之团体,到了 1877 年此两个团体乃结合为一团体称为女青年会。①

中国第一个女青年会是 1890 年在杭州南长老会所开设的一个女学校中成立的。1899 年由基督教青年会发起,召集了第一次的女青年全国委员会。1905 年中国女青年会加入了世界女青年会,自此以后相继在学校、城市和乡村中组织团体活动。女青年会所开展的工作和基督教青年会大致相同,也都集中在德、智、体、群四个方面。除此之外,值得关注的是其对少女展开的"团体工作":

> 少女工作是集团工作之一种,工作时的对象即为少女,一群少女

---

① 吴秀桂:《女青年会少女工作之研究》,燕京大学法学院社会学系学士学位论文,1943年,第4页。

组织起来,共谋团体的生活,增进友谊,发展兴趣及人格,训练技能,学习知识,然而这里工作并不是一个最后的目的,乃是另一种教育方法,是一种有特殊方式的教育手段,是一种运动。①

在服务手法上,基督教女青年会的少女工作采取的是"团体工作"即小组工作的早期形式,并不是传统意义上的教育:

> 女青年会少女工作之推行的方式是团体的方式,这团体不是如学校一般,而是一种营造共同兴趣,共同目的,共同需要之非学校式的教育方式,然而是有组织,有目的的一个团体。②

之所以将这些工作作为社会工作专业实务来看待,主要原因是这些早期的"团体工作"或者称之为"集团工作"有着科学的流程和活动设计,也遵循了小组工作以组员为中心的操作性原则:

> 按女青年会从事少女工作之原则上讲,欲组织一个少女团时,第一步工作即为调查工作,也就是集团工作方法上所讲的:先找出他们的需要,与每份子相交,有密切的感情,得知其背景,历史及问题,才能找出其兴趣与需要。

> 然后再以不同需要将少女分成小组,譬如按年龄,知识,兴趣,或职业……等等不同的因素,以后又分成小组织而有分别。譬如音乐活动的组织与运动活动的组织则不会完全相同,所以活动的方式,负责人的选拔,开会的程序地点等则以各小组自己的需要而规定之,然则必须有其内部的组织,才能成为一个有形的团体,才能推动事工顺利地发展,否则只是一堆人而已,不能算作一个组织。③

---

① 吴秀桂:《女青年会少女工作之研究》,燕京大学法学院社会学系学士学位论文,1943年,第3页。
② 吴秀桂:《女青年会少女工作之研究》,燕京大学法学院社会学系学士学位论文,1943年,第6页。
③ 吴秀桂:《女青年会少女工作之研究》,燕京大学法学院社会学系学士学位论文,1943年,第6—7页。

根据《中华基督教女青年会战时工作简述》①中记载,在抗战时期,女青年会积极开展了战时救助和妇女教育工作。乡村教育主要针对农村妇女开展:第一使农村妇女认识抗战的意义,第二提高乡村妇女的文化水准,第三发动自觉自发的农村妇女运动去改善自己的生活,去参加抗战的工作;而城市方面的民众教育目的是在一般的妇女大众中做启蒙教育,使她们认识抗战的意义,并培养自觉自发的组织能力去改善自己的生活,并参加抗战的工作,根据"已知教不知"及"即学即传"的原则发动在女工夜校或民众学校受过教育的妇女去教育其他的工友与一般的妇女,并且发动这些受过教育的妇女们去参加各种抗战工作。② 抗战胜利后,基督教女青年会持续开展学生服务工作、协助教会工作、职业介绍工作、救济难民工作、各阶层妇女联络工作、职业妇女业余进修工作、妇女技能训练工作等。由于女青年会全国协会鉴于战后复原需要大量新的事工来适应这时代,特集中人才、经济,和上海女青年会合作,成立劳工福利实验站。除了和劳工部一般事工相同外,有许多新的事工实验已开始进行,如编制劳工教育教材,组织歌咏师资训练班、戏剧研究组等。③

四、清河试验区的妇女社会工作

清河试验区之所以在早期中国社会工作历史上占据重要位置,主要原因在于它本身是国内第一家创办社会工作专业教育的高等学府——燕京大学所创办的,既带有乡村建设运动特征,又具有社会学和社会工作教学实践基地色彩的这么一项具有社会试验性质的早期的社区营造工作。短短的几年时间内,燕京大学社会学系在该试验区开展了系列社会调查,尝试开展了乡村建设

① 参见邓裕志:《工作报告:中华基督教女青年会战时工作简述(附图)》,《妇女谈话会工作报告》,1939年(卷期不详)。

② 参见邓裕志:《工作报告:中华基督教女青年会战时工作简述(附图)》,《妇女谈话会工作报告》,1939年(卷期不详)。

③ 参见邓裕志:《工作报告:中华基督教女青年会战时工作简述(附图)》,《妇女谈话会工作报告》,1939年(卷期不详)。

工作,其中就包括由燕京大学师生们发起的带有实习和专业实践色彩的妇女工作:

> 民国十九年夏,每周由燕大社会系研究生吴榆珍女士,到清河镇北头小学讲演一次并领导学生开会,成立少年团及儿童会,顺便并作家庭拜访,与本地人讲解女子教育之重要,唤起当地人士对妇女工作之注意。最初的妇女工作是组织儿童以及幼女和少女团体组织,主要是以阅读、识字和娱乐活动开始。十九年十月间正式开设女子手工班,每星期两次教授各种手工,学生计有十六人,三个月毕业,手工班毕业时,并举行母亲会。后来社会系拨二百元为妇女工作之基金,于是购买手工材料之钱可由该款提取,制成各种手工品,由吴榆珍女士设法代为推销。民国二十年三月清河镇试区,因感儿童缺乏之教育及照顾遂设立幼稚园,由手工班学生任教员之职。二十一年夏又设立幼女班,有手工、卫生、千字课等科目。二十一年秋为应付当地妇女之需要起见,又成立家事训练班,学习家事,缝纫,写信记账等,请燕大家政学系兼助进行。二十二年二月又成立地毯班及毛织班。
>
> 除了上述于清河镇举办之妇女工作外,试区于妇女工作进行中,并注意推广工作,如二十年十二月于八家屯,成立幼女班。二十一年夏又招幼稚生,后因成绩不良而停办。二十一年三月,三旗村,黄土北店村均成立幼女团。二十一年十月树村亦成立幼女班,二十二年四月,因时局不靖停办。民国二十三年妇女工作主持人吴女士赴美留学,一切妇女工作由蒋旨昂君兼任,二十四年蒋君赴美,一切妇女工作由助产士崔润生女士兼任,直至现在,仍无专人负责,工作未有大发展。①

结合前面章节试验区的研究,可以得到清河妇女社会工作实务的特点有

---

①　许仕廉:《清河镇社会实验工作》,《村治》1933 年第 2—3 期。

三个:第一是注重社区组织技巧,以各类妇女团体组织来凝聚妇女,并便于开展团体工作;第二是注重职业和生计教育,切合当地妇女的需要,比如各种手工业的举办,纺毛线、织地毯班的成立,可以增进妇女经济方面的收入,补足家庭的需要,把握到了当地妇女的具体需求和面临的问题,所以妇女比较愿意参加学习;第三是注重本土社区精英的培养,清河妇女工作,从开始即注意本地妇女领袖的培养,以后妇女工作能从镇中心,推广到各村去,都借助于各村的女领袖之力。

五、妇女社会教育工作

清河试验区的特殊性在于其高校背景,也即其背后的燕京大学提供了专业支持,其所开展的工作有专业的师生参与;而与此同时不能忽视的是,乡村建设运动以及各种平民教育组织为主的社会组织,如早期的叶圣陶等人发起成立的中华平民教育促进会以及稍晚梁漱溟等人发起成立的中国社会教育社,甚至各地的妇女组织等实际上都有针对妇女的各种补偿式的社会教育和职业教育活动。1932年中国社会教育社20余件提案中,第二件就是"提倡妇女家庭教育训练班":

> 理由:窃以目下中国多数家庭,既少秩序,又不究卫生,更乏教育一切设施,均系循其自然习惯与顺应环境而行。男子终日劳作于外,仅负供养之责,栗碌竟日。未遑内顾尚有可谅,女子限于才识,仅知狭义的管家,至于秩序、卫生、教育……又非伊所素习,因是乃造成不良之家庭。以不良的家庭,而欲得良好之国民,无异缘木而求鱼。……

> 子女入学虽经教师尽力之教诲熏陶,但课毕返家或暑期寒假回里。岂独难望改进家庭,反而因之而腐化恶化。如此情形教育之力量,殆亦极微,只有从根本着想,使中国目下之女子,不问识字与否,婚嫁与否,均予以受家庭教育之机会。俾伊明了自身之地位与责任,

则将来庶有改进家庭转移习俗与教育子女之可能。①

至于做法,则采取"滚雪球"的做法,即由每个县自费"保送"10个女子来参加家庭教育训练班,一年毕业后回县、区创办本地家庭教育训练班,强令15岁以上的妇女参加,以"夜校"的形式开办。当时的洛阳试验区有吕庙实验村,拟定了妇女教育计划,可以代表当时针对农村的妇女社会教育:

　　一、宗旨　用教育方法与力量,以增进农村妇女知识。改善农村妇女生活。

　　二、方针　1.普及识字教育,扫除农村妇女文盲;2.增进家事常识改善农村妇女生活;3.训练生产技能,充裕农村妇女经济;4.唤起社会意识,促进农村妇女自觉。②

抗战时期,国内的社会教育组织积极响应战时需求,充分发挥妇女在战备物资准备方面优势,做了一些妇女组训和合作事业的工作。中国社会教育社发起人之一余庆棠曾在抗战期间创办一家妇女生活学校:

　　因为战时布疋的需要颇殷,我便创办了一所妇女生活学校。这是合作的一种组织,班数有三。生产所得的工钱完全均摊,像纺1斤纱得一分钱或二分钱的酬劳。我们把附近的农村都组织起来,待整个的过程完成后再行分工合作。③

这种妇女工作本身有着极强的"乡村建设"运动或者是"平民教育"的"血统"——从基本的识字教育到各类生存技能的培训,再到对妇女的组织和社会参与的鼓励与倡导,这并不见得是必须由社会工作专业人员来做,理念和理论基础也不见得是社会工作专业的,但是其理念、工作手法和所达到的效果无疑带有社会工作的元素,可以作为当时本土社会工作实务案例加以参考。

---

　　①　中国社会教育社:《中国社会教育社第一届年会决议案:提倡妇女家事教育案》,《教育周刊》1932年第137期。

　　②　编辑部:《洛阳实验区近讯:拟定妇女教育计划》,《校友通讯》1934年第3卷第6期。

　　③　俞庆棠、毛守丰:《现阶段的中国社会教育》,《大夏半月刊》1939年第2期。

第三节　残疾人社会工作

一、"虽残不废"运动

20世纪上半叶,我国战乱频仍,尤其是抗日战争发生之后,因伤致残和荣休的士兵逐年增加,如何让这些军人得以康复和正常生活,成为一个很重要的社会问题。1939年,顾祝同等人为"改进救护效能,解除伤兵痛苦,以资激励士气,争取最后胜利起见,特发起组织伤兵之友社,希望后方各团体及各界民众热烈参加"①。《新运导报》记载②,当时后方的"伤兵之友社","以从事慰问及救济负伤将士为宗旨",同时还对社员、社徽、组织、经费、会期等相关问题作了规定。但当时的伤兵之友工作还未纳入蒋介石发起的"新生活运动"中。直到1940年2月,蒋介石将伤兵工作纳入新生活运动,各地的"伤兵之友社"纷纷建立,荣军工作才真正得到政府和社会各界的普遍关注。在这一运动中,最具社会工作实务色彩的是"伤残重建工作",这一工作的背景是伴随"伤兵之友"第二阶段发生的"虽残不废"运动。

"虽残不废"运动最早发起人是段绳武。1938年初,时任政治部设计委员的段绳武负责伤兵政教工作,在荣军工作中首倡"虽残不废"的理念。在"伤兵之友"总结大会上,宋美龄提出"社会要帮助政府做伤员的工作"③。在此动议下,"荣誉军人职业协导会"1940年5月12日在重庆正式成立。④

"荣军职业协导会"正式成立后就提出了"虽残不废"和"自力更生"的口号,其业务可以分为七项:

（一）调查统计荣军之伤残种类、教育程度、固有技能；（二）调查

---

① 参见顾司令长官等:《发起伤兵之友社缘起》,《星岛周报(香港)》1939年第7期。
② 参见佚名:《伤兵之友》,《新运导报》1936年第23期。
③ 参见编辑部:《荣誉军人职业协导会》,《中央日报(重庆)》1940年5月13日。
④ 参见编辑部:《荣誉军人职业协导会》,《中央日报(重庆)》1940年5月13日。

研究适合荣誉军人之社会职业;(三)宣传荣誉军人服务之意义及成绩;(四)训练荣誉军人服务精神及技能;(五)介绍指导荣誉军人服务;(六)管理考核已服务之荣誉军人;(七)办理荣军福利及生产合作事业。①

"虽残不废"是一项由政府和军方发起,社会力量参与的运动,主要的目标是做好荣军服务,其中非常重要的理念是鼓励和组织荣军的身心康复和自力更生。1943年一年内,"社会部"部长谷正纲和国民政府要员孔祥熙都呼吁关注和推进"虽残不废"运动。自此,诸如《中央日报》《国民公报》《时事新报》等媒体群起响应,大力宣传和鼓动"虽残不废"运动。1947年1月,《残不废》月刊创刊,为"残不废"运动提供了舆论阵地。这其中针对荣军的需求和问题开展的有组织的实务,配合当时制定和实施的一系列的荣军抚恤政策来看,尽管缺乏专业的社会工作要素,但是却形成了一系列关于优抚安置社会工作的近代探索。

二、伤残重建社会工作

1946年第35期《善后救济总署河南分署周报》载《行总委办伤残重建中心院》一文称:

> 行总为使伤残同胞的重获康乐起见,特委托社会部、卫生部合办伤残重建中心院一所,院址正在勘测中,已电请联总在美代聘伤残重建专家十余人来华服务并携数万元之各种最新式伤残重建机器应用。②

而实际上南京伤残重建院筹备处在1947年1月才成立,负责拟定工作计划,修建房屋,接收行总所拨物资,真正建成就到了1948年③。为什么要做这

---

① 郝子华:《荣誉军人的职业协导》,《残不废月刊》1948年第18期。
② 编辑部:《行总委办伤残重建中心院》,《善后救济总署河南分署周报》1946年第35期。
③ 参见邹玉阶:《筹设中的南京伤残重建院》,《社会工作通讯》1947年第9期。

样一项工作,而这样一项工作的性质是怎样的呢? 上海伤残重建服务处的一篇介绍文章中很明确地写道:

> 我国经过八年抗战,伤残的人数大为增加,若不加以辅助,非但伤残者本身深感痛苦,且也是国家社会的莫大损失。过去我们对于一般伤残的人们,虽然有不少残废院等慈善机关加以收容,但是这些机构,仅是一种消极的极少量的收容,说不上使用有效方法恢复其体力或者智力,俾能自力更生,由消费者变为生产者。①

这一介绍至少有两个信息:第一,伤残重建工作是一种社会福利事业,其建设的目的是对战后社会上的伤残人士的一种社会救助;第二,这一事业有别于传统的慈善式的收容,其希望能够通过有效方法使这些残疾人士恢复其体力或者智力,能够自力更生,参与到社会劳动中。

民国后期代表性的伤残重建机构主要是两个,一个是前面提到的南京伤残重建院,一个是上海伤残重建服务处;前者有毕业于燕京大学神学院并且有北平协和医院社会服务部工作经历的邹玉阶,而后者则有毕业于燕京大学社会学与社会服务学系,而且也是毕业后到北平协和医院社会服务部工作,且长于医院社会工作和精神健康社会工作的宋思明——二人还曾合著我国第一部有关医务社会工作的专著《医院社会工作》。国民政府社会部创设南京伤残重建院的目的是为使伤残人士获得身心治疗,并恢复其生产技能与健全之生活,及训练伤残重建工作人员②。在其组织章程中,专设第五组掌理个案调查、就业指导、职业介绍及随访并心理测验精神病社会工作等事宜。正因为此,王春霞认为南京伤残重建院的伤残重建工作实务中已经具有很强的专业色彩:

---

① 上海伤残重建服务处:《社会福利事业的创举:伤残重建服务训练伤残者使重新创建起来减轻社会负担增进人类幸福》,《残不废月刊》1947年第6期。
② "社会部":《"社会部"南京伤残重建院组织规程(三十七年七月七日"社会部"颁布)、社会部南京伤残重建院附设南京伤残用具制造厂组织规程(三十七年七月七日"社会部"颁布)》,《社会建设(重庆)》1948年第4期。

　　邹玉阶作为南京伤残重建院的总负责人,医院的组织架构中设立"社会工作组",自然十分重视社会工作方法的运用。社会工作重视把个人问题作为一个社会生态体系来理解,即视服务对象为一个由生理、心理和社会各层组成的统一体,用整体的观点从个人、家庭、邻舍、社区和社会结构等不同层面立体评估和介入,被称为"全人"视角。邹玉阶强调康复即"应用各种有关的治疗和训练去克服残疾病患者身体上遭受的困难,重新恢复或获得其工作能力,心理健康,俾达于自立自助的境界,不再为家庭社会累赘之"。两者的理念是完全一致的。①

与南京的伤残重建院相比,上海伤残重建服务处的建设是一个在国家治理框架下的民办官助的模式——其为行政院善后救济总署委托中华职业教育社承办的一家残疾人社会服务中心,而这一机构的实务工作是由宋思明主持的。关于伤残重建,宋思明认为:第一,伤残重建本身并不仅仅是身体残疾,精神的康复也是至关重要的;第二,伤残重建不仅仅是生理和心理问题,而且会衍生一系列的社会问题;第三,伤残重建工作的核心是职业重建:

　　伤残重建是什么呢? 简单一句话就是给伤残者的职业重建,我们一听到伤残的这个名字,以为就是指着残肢断臂的人来说的。其实伤残所包括的都很广泛,一个没有手的人算是伤残,一个手脚健全,可是精神失常不能工作不也是伤残么? 或者一个患肺结核的人失掉工作能力,不也是一样? 一句话抄百总,就是凡因精神或身体有形无形的障碍,而不能从事工作的都叫做伤残。一个伤残的人,也许是一个穷人,也许是一个富人,也许是一个老年人,也许是一个儿童,可是不管他是哪等人,他或她如成了伤残者,其伤残本身就是社会问题。随伤残而发生的问题真是不一而足,如精神颓废,家庭负担

---

　　① 王春霞:《"虽残不废":我国第一所公办康复医院——南京伤残重建院初探》,《南京医科大学学报(社会科学版)》2018年第6期。

加重,沦为乞丐,社会生产力减少等等。①

那么如何应对伤残重建呢? 宋思明认为需要专业的社会工作支持。尤其是需要个案工作的介入。通过前面的章节我们已经介绍过宋思明的职业背景和专业经验:宋思明毕业于燕京大学社会学系,先后在北平协和医院社会服务部实习并主持过北平精神病医院的社会服务部,具有非常深厚的社会工作专业经验,尤其擅长医院社会工作,对个案工作有着非常深刻的理解。他认为:

> 个案工作的步骤是调查,诊断,及善后处理。对伤残重建这种个案工作,也是离不开这种步骤,不过详细办法是不同罢了。②

伤残重建个案工作也需要遵从上述的步骤,使用个案工作的技巧。宋思明将其归纳为四个步骤:第一是从会谈开始,建立关系:

> 利用技术性及带有宗旨的会谈方法,以达到所要的目的。伤残重建目标,是使每一个伤残人,都能利用他最后剩余的体力从事生产工作,但这不是一件容易的事情,他有他不同的心理或自卑的,复杂的社会环境,他的职业又因为他智力,体力及性向等的不同,发生选择上的问题。这个会谈是多么重要! 普通的个案工作,把一个申请者登记下来,必要时做个拜访也许就算够了。可是伤残个案工作,就大不同了,也许根本就用不到拜访,但是会谈是不可缺少的。一切未来的工作,全看会谈成功与否来决定。③

会谈中应注意什么技巧呢,宋思明认为:

> 这种艺术是没有一定程式可以遵循的,不过很显然的事情,这是工作员与申请人双方来往的事情。申请人满怀愿望,盼望能得到重建,他是初次来到你的公事房,他不知道你将对他怎样,他心理的不安是不可讳言的。但我们申请人中,看到有的人滔滔不绝的讲话,有

---

① 宋思明:《伤残重建与个案工作》,《社会建设(重庆)》1948 年第 5 期。
② 宋思明:《伤残重建与个案工作》,《社会建设(重庆)》1948 年第 5 期。
③ 宋思明:《伤残重建与个案工作》,《社会建设(重庆)》1948 年第 5 期。

的人面红耳赤畏畏缩缩,就可看出各个人心理的不同来了。在这个时候,工作员也许过于表示同情,也许感到会谈的困难,为要使会谈成功,双方的不安都要设法减轻,双方的愿望都能交流才好,这是需要协调的,这种协调的关系能使申请者说出他所处环境种种困难的事实来,这样能使会谈者帮助申请人得到极大的效果。①

第二步,会谈是为了获取诊断的资料,主要包括以下 7 个方面:

　　1. 申请服务的原因,2. 目下有无工作,过去或现在工作环境,3. 本人对伤残情况的描述,4. 本人陈述因伤残所受的影响,他对他的伤残所抱的态度,5. 他的教育背景,6. 他的家庭与社会环境,7. 他的职业与兴趣,他的经济状况等等。②

宋思明特别提醒社会工作人员,要注意会谈的重点不应聚焦于同情,更重要的是获取关于受助对象的社会功能的判断,这是恢复重建的基础。他认为:

　　工作员要随时留意,伤残者本人的种种反应,必须要用同情的态度来寻求消息,但同情不是最后的目的,最要紧的是早些发现伤残者最后的实力,及所余的功能,及如何利用这些能力。③

第三步,诊断伤残者的社会功能,最终是为了职业重建。在这里需要注意的是:第一,宋思明对个案工作的角色定位是辅助性的,即要帮助医师、心理分析家或者职业治疗师收集和提供关于案主的背景资料,比如社会、家庭、经济状况,伤残情况及智能等,供后者提供伤残重建的计划;第二是可以为案主提供一种系统的专业支持,做伤残者的指路人、同情人、超个人的友人,也即案主的支持者、教育者等角色,这也是医师等角色不具备的。宋思明认为:

　　虽是最后的目标,可是我们只注重一个伤残人的职业问题是不够的,每一个伤残人有他单独的社会背景,他的智力,兴趣,和他的情

---

① 宋思明:《伤残重建与个案工作》,《社会建设(重庆)》1948 年第 5 期。
② 宋思明:《伤残重建与个案工作》,《社会建设(重庆)》1948 年第 5 期。
③ 宋思明:《伤残重建与个案工作》,《社会建设(重庆)》1948 年第 5 期。

绪都有不同。好多的时候重建的办法和服务也因为伤残人的社会,家庭,经济状况,伤残情况及智能等,而有所差别。一个不快乐的家庭生活,或受自卑情绪的缠绕,都能影响你的重建计划。促进伤残的重建,一位医师,与一位心理分析家,或一位职业治疗者所见都有不同,他们也没有时间调查每一个伤残人的社会环境。这副重担是要谁来承担呢?这就是个案工作员的责任了。个案工作是在这个重建工作里的总领队。第一是供给着诊断的材料,第二是统其成来将各种的服务联合起来,成一个整体的服务。个案工作员是伤残者的指路人,同情人,超个人的友人。运用个案工作的方法,存人饥己饥的心理,来辅佐一个身受痛苦的伤残人,使他得以重建,这是世界上一个最快乐的社会服务工作。①

社会工作参与职业重建的具体工作主要集中在职业训练。首先,要明确职业训练的目标。从目标上来讲,职业重建应该是全方位的,其目的是使伤残人在体力方面、心理方面、职业方面及社会方面都能恢复,所以其本质是一种社会功能重建,是残疾社会工作和荣军工作的统一。

其次是在职业康复训练之前,需要对案主进行分类:

第一,凡有一技之长者,如体力许可的话,最好能加以利用,不必另开新业,一个会编藤篮的人,虽然少了一条腿,他还是能编藤篮,不必让他再学缝纫等工作,其他也是一样。第二年龄与身体情况也很有关系,年在四十左右者,虽无技能亦无需再受训练,最好给他找一普通工作,如看门送信做小生意等,其年龄适当者,亦需看他身体的缺陷如何再定。这种例证举不胜举,不过据著者经验,一切工作,以两手俱全者容易安顿学习,缺少或断臂者困难较多。我国制造假肢,技术仍很落后,所做假手只图美貌,无大用处,因此,我国宜大量就此

---

① 宋思明:《伤残重建与个案工作》,《社会建设(重庆)》1948 年第 5 期。

项人才,以应需求。①

第三是要进行社会背景调查,以争取家庭或者其所属单位的系统支持:

在未实施训练以前,必须给以一种智力及性能的测验,更要详细
调查他的社会背景,取得其家庭或主管的合作,对彼等之衣食住行所
及品行方面都要顾到才好。因为伤残人比较正常人问题多得多。他
平常在家里不是受歧视就是受特别爱护,他的情绪不是太自卑就是
太自高,与人相处不易和谐,就是在训练班中也常易与人争吵殴斗。
遇到这样伤残人,最好叫他做与物接触的事情,如果让他学会计文书
等多与他人接触,就不相宜了。交通方面也是大问题,伤残人上下电
车诸感不便,也不能走远路,最好能有交通车接送或留住。以上海租
金这样高级汽油这样贵,都是办不到的,这不能不先有一个通盘计
划。我们有一成人缝纫班设在南市,有来自虹口等地的伤残人,我们
为车费一项即花去很多,终至路远者不得不退学,十分可惜,如力量
许可,最好将一城市分为几个工作站,招收邻近之伤残人前往
受训。②

第四,职业训练要结合政府的荣军制度:

此种工作应先从小处着手,可按个案工作方法,以一个伤残人为
一个单位,按其所需予以重建能使自立谋生。若往大处着眼,此种工
作却与社会安全有直接关系,英美各国皆将伤残重建包括在社会安
全法案里面,举凡伤残登记、治疗、职业训练、伤残雇用,政府对伤残
人的补助,工厂法内对伤残补斜及雇用的条文,都有明文规定,不容
漠视,如美国联邦政府与州政府为重建一伤残人之费用,平均分担与
英国工厂法规定工厂中之工人必须雇佣百分之三的伤残人,皆是很

---

①　宋思明:《伤残重建与个案工作》,《社会建设(重庆)》1948 年第 5 期。
②　宋思明:《从事伤残重建工作所得的经验》,《残不废月刊》1947 年第 8 期。

明显的例子。①

抗日战争前颁布的《残废军人教养院条例》②规定：

第三条　残废军人教养院之组织分甲乙丙三种

甲种残废院收容量以一千人为限

乙种残废院收容量以五百人为限

丙种残废院收容量以三百人为限

第四条　自国民革命军成立之日起因战役受伤成废之军人因公受伤及积劳成疾致成残废之军人经检验合格于修正残废军人转院规则第二条之规定者均得收院教养

第五条　（略）

第六条　凡入院之残废军人除照章给恤外所有被服医药均由院中供给之每月另发赡养费

⋯⋯

第十六条　残废军人学成工艺年限由教养院各按工艺性质自行规定呈请核实毕业后择其工艺优长者得酌量升用或为介绍相当职业其留院者仍按本院条例待遇

第十七条　残废军人在学艺或服务期间如有怠工情事得斟酌情形停止其一月以上之赡养费

第十八条　残废军人自愿回里居住或得有相当工作可以维持生活者得脱离教养院但年抚恤金按年由本籍县政府照章发给

从"伤兵之友"到"虽残不废"运动；从荣军工作到专业的"伤残重建"，即残疾人社会工作；从北洋政府到南京国民政府；从对伤残军人的现金抚恤、教养安置到针对广大残疾人士的从身体康复到精神抚慰和职业康复为主的相对

---

① 申三总管理处：《申新第二纺织公司劳工自治区概况》，《无锡杂志》1933 年第 21 期。
② "社会部"：《残废军人教养院条例（附表）》，《军医公报》1931 年第 23 期。

系统的社会福利支持体系——民国时期的残疾人社会工作已经走向了与欧美同步的专业化道路。尽管囿于时局,这一套实务工作的模式还并不稳定,也并未在全国设置周密的工作体系和机制,但需要特别注意的是,这一系列转变是在当时的政府主持和倡导下发生的,专业社会工作理念、方法和人才注入残疾人社会工作,带有着社会工作进入体制内的一种非常重要的色彩,是社会工作参与国家治理和社会福利体系的非常重要的一种尝试,代表着对传统慈善与社会救助的一种本质的超越。客观来讲,与当代相比,当时的伤残重建社会工作还略显粗糙,但是对于社会工作在本土的发展来讲,不仅是一种实务领域的扩展,而且是一种非常重要的本土适应过程,代表着这一行业嵌入国家福利体系并开始发挥作用。

第五章 专业化:三大方法的进展

　　我国早期社会工作主要的三大方法——个案工作、小组工作和社区工作都经历了从引入到逐渐进入本土社会慈善事业和社会服务的过程,而这也是来自西方的社会工作实务在中国大陆第一次试图扎根并且成长的尝试。步济时、蒲爱德等人将这些实务方法引入本土的社会服务中来,高等学府的知识分子们跟着将社会工作的专业知识引介并加以研究,并且积极推动这些方法在本土社会实践中加以应用——甚至在中后期还得到了政府的关注和支持。社会工作实务三大方法的演进不仅有力推动了我国的社会慈善事业和公共服务的进步,更重要的是,这些发展代表了社会工作实务专业化的线索。

第一节　个案工作实务

　　本书在之前的章节中已经谈到过,个案工作起源于西方针对贫困的社会慈善事业,从最初的《伊丽莎白济贫法》将贫困救济制度化之后,针对贫困的各种社会组织采取家庭访问的调查方式来确定贫困对象是否应该得到救助的这类工作,就成为最早的个案服务的方式。这种工作方式也随着基督教的"社会福音"传播被传教士们带到了中国内地,从最初的"友好访问"和"个别救济"到成为高校的社会工作专业课程,以及医院的主要工作手法,再到成为社会救助机构与社会服务组织开展社会救助的专业手法,个案工作在这一时期取得了较好的发展。

一、早期个案工作的引入

国内的近代慈善研究大多笼统提及在华教会对中国慈善事业转型的影响,但较少提及当时救济贫民时是否采取科学的态度和方法,尤其是是否采取了与当时西方"友好访问员"相一致的早期个案工作的手法,但很显然,这一做法在清末民初已经被他们普遍采用。1911 年《上海女青年会国货展览会》的介绍文章中刊登了上海女青年会劳工部社会个案工作的状况和计划:

> 劳工部的个案工作,是一个试验式的工作。他的成功失败不能预决。这个案两个字是一个很新的名目,从个人着手用科学化的方法办慈善事业。劳工部的劳工不免有许多个人和家庭的问题,一定要有一个办个案工作的专家细细和这些劳工的工友们解决这许多的问题。自从开始工作以来,已有一年多,在本会沪西劳工区为实验处。所有的个案分为以下几种:(一)医药;(二)经济;(三)法律。关于医药的与医院和医生合作;关于经济的与上海各慈善事业机关合作。希望上海全部能感觉到这样工作的需要,而发展到上海全民众里面,那绝有价值呢。[1]

这样的个案工作思路在当时已经非常先进了——毕竟即便是在英美,直到 1917 年,社会个案工作才在里士满的《社会诊断》一书中得以逐步澄清并开始专业化。这种个案工作的思路广泛地影响到了基督教青年会所开展的地方服务团工作——一种由传教士和教会组织的社区慈善和公共服务活动。

---

[1]　编辑部:《上海女青年会劳工部社会个案工作》,《上海女青年会国货展览会》,1911 年,第 32 页。

在甘博的调查中指出：

> 社会服务团做的下一步工作是对贫困人口进行救济，因为警方已经将贫苦的家庭分为贫困和赤贫两类。警长把这一名册交给服务团，因而找到那些需要帮助的人并不难。经过对 40 户贫困家庭的调查发现，所谓的贫困者实际上都是一贫如洗的人，而赤贫者则实际是常常在饥饿状态的人。后者许多人都没有冬天穿的棉衣，许多家庭平均每人还不能拥有一件单薄的衣服，有一个家庭共五口人，只有一身衣服，家里当然没有家具，也没有火炉取暖。①

这种与英美"慈善组织协会"的"友好访问员"相近似的调查工作是个案工作的前身，这种调查使得救助能够具有针对性，是一种科学的慈善的体现；同时，这种调查尊重了救助对象的个体性，而这恰恰是社会工作"个别化"原则的体现。

二、专业的个案工作实务：医院个案工作与个别化的家庭救济

（一）医院个案社会工作

在言心哲的《现代社会事业》一书中曾经谈道："就方法或技术上言，社会个案工作得分为普通的社会个案工作及特殊的社会个案工作两种：前者所包含的意思是，社会个案工作的概念及技术，可以广泛地应用；后者所指的是，社会个案工作，在各种特殊机关如医院、法庭、感化院或学校等机关的应用……"②。在个案工作发展史上，继贫困救济之后，发端于 1895 年英国皇家免费医院的医院社会工作应该是较早而且是非常重要的领域了。③ 对于医院社会工作，宋思明的定义相对比较"松散"：

---

① ［美］西德尼·D.甘博：《北京的社会调查》，陈愉秉等译，中国书店 2010 年版，第 442 页。
② 言心哲：《现代社会事业》，河北教育出版社 2012 年版，第 340 页。
③ 参见言心哲：《现代社会事业》，河北教育出版社 2012 年版，第 423 页。

医院社会工作是社会工作的一种,又名医药个案工作(medical case work),以病者个人为对象,针对医院中的病人所面临的问题的不同成因,而采取不同的支持方法,帮助案主及其家庭解决问题,提升能力的一种专业服务,其中包括协助其变更职业或者帮助其家庭解决经济困难等。①

在这其中,社会工作者扮演什么样的角色呢? 蒲爱德认为应该是社会改造者和(促进)适应者的角色,即一方面积极参与改造社会,使世界更适应服务对象;另一方面积极提升服务对象的能力,使他们更好地适应这个世界。②

至于为什么要将个案工作引入到医院社会服务,蒲爱德认为医院社会工作就是推动病人有效利用和充分享有医疗救助,通过一对一的服务让他们能够恢复健康,回归社会。③

除了要依托医院各科室和部门开展工作外,以北平协和医院社会服务部为首的医院社会工作以及由此衍生的精神健康社会工作,在实务层面大都采用了个案工作的流程和方法。在宋思明和邹玉阶合著的《医院社会工作》中将个案工作实务的主要步骤概括为调查工作、诊断、社会工作之计划、社会治疗和善后处理工作五个阶段。本书取其提纲列于下:

1.调查工作

a.调查之目的;

b.信息搜索之来源;

c.调查证据之运用:实证(real evidence)、测验证据(testimonial evidence)、特征(circumstantial evidence)、推测、理解方面冒险之处;

---

① 宋思明、邹玉阶:《医院社会工作》,河北教育出版社 2014 年版,第 1 页。
② 参见蒲爱德、唐佳其、刘继同:《医务社会工作者:他们的工作与专业训练》,《社会福利(理论版)》2014 年第 10 期。
③ 参见蒲爱德、唐佳其、刘继同:《医务社会工作者:他们的工作与专业训练》,《社会福利(理论版)》2014 年第 10 期。

d.调查方法:与医生之会谈、与病人之会谈①;

e.外出调查:外出调查之重要;调查之对象;调查注意事项;消息来源之分述(家庭访问工作、向病者亲戚之调查工作、向雇主调查、向学校调查之要点、向邻居调查)。

2.诊断工作

a.社会诊断之意义;

b.如何做(成立)社会诊断(诊断允许有错误;不能过于简单概括;不能过于繁琐;应顾及治疗之可能性;不要满足于诊断结果);

c.社会诊断之各方面。

3.社会工作之计划:

a.社会计划之确定;

b.确定计划之方法:对每一个个案应有全盘之计划;计划未定前应采集各方面之意见;有助于计划之拟定者;作计划应视社会及个人情形之许可;勿轻信他人之要求。

3.社会治疗

a.社会治疗须知;

b.社会治疗之趋向:要建立工作员与病人之关系;社会治疗应使病人、社会个案工作员与社会三方打成一片;社会治疗须视各方之实力以为准绳;

c.社会治疗之分类:身体方面之治疗;精神方面之治疗;社会方面之治疗;经济方面之治疗。

4.善后处理

a.善后处理之意义;

b.善后处理之范围:脑系精神科病人;内科慢性病人;瘤骨科病

---

① 这两个访谈都有具体提纲。——作者注

人;产科有非婚生子者之病人;戒除嗜好之病人;无人照管之婴儿。①

从上面的提纲来看,宋思明等人所掌握的医院社会工作流程已经较为完备,基本上和当代的个案工作流程主要环节相差不多,在具体细节上也已经开始具备科学性和专业性。

在精神健康社会工作中,依托精神病院或者是医院的专门科室,社会工作者主要在两方面发挥作用:第一是针对精神病患者而进行的调查以协助诊断。步骤主要包括:

①与伴送病人来院者之会谈,做初步调查,以获得各种线索;②与病人本人之会谈,可做进一步调查的线索,也可助心理检查之辅助;③外出调查,在获得初步之调查资料基础上,拜访病人之家庭,对病人有兴趣的个人以及有关的各机关。②

第二是协助治疗。包括:

①与医生合作从事治疗之方法,主要还是与医生沟通,以及代医师向病人及亲友解释治疗程序等。②与病人会谈及治疗,要求安排安静环境,运用一定的会谈技巧,包括引导、表示同情、分散其注意力等;③职业治疗(occupational therapy)。引入当时美国各大医院新兴的一种组织,系利用各种手工艺如织衣、刺绣、做玩具、绘画等,使普通病人可以减去其长期疗病期间之寂寞,精神病人可借此恢复其现实生活。③

在具体的医院个案社会工作实务开展中,服务往往是多方面的。除了来自医药的需求外,北平协和医院的社会服务部接待了诸多各类需求的案主,并提供了近乎琐碎的各种服务:

---

① 宋思明、邹玉阶:《医院社会工作》,河北教育出版社 2014 年版,第 49—95 页。
② 宋思明、邹玉阶:《医院社会工作》,河北教育出版社 2014 年版,第 131—132 页。
③ 宋思明、邹玉阶:《医院社会工作》,河北教育出版社 2014 年版,第 131—132 页。

表 5-1　北平协和医院个案治疗的次数（医药方面）①

种　　类	次数	百分比
关于医药方面的	1984	30.9
个案治疗	200	3
用信约病人复诊	457	7.1
解释疾病	401	6.2
关于卫生习惯的忠告	360	5.6
关于入院问题	171	2.7
设法使病人完成治疗	168	2.6
设法使院外的某机关或个人委托的机关或个人的科系诊察并没有报告寄回原委托机关或个人	120	2.9
转送其他医院	54	0.8
为病人借或者是买医药用具	40	0.6
设法添置医务研究的便利	33	0.5
布置病人出院后的调养	26	0.4
供给医生及病人的环境及其他社会情形	15	0.2
其他	139	2.2

表 5-2　北平协和医院个案治疗的次数（社会方面）②

种　　类	次数	百分比
关于社会方面的	1439	69.1
访视病人	1958	30.5
送病人入调养院	605	9.4
住院费、药费、其他费用减免	287	4.5
金钱的帮助	286	5.4
各种指导和忠告	251	3.9
转送各机关	184	2.9
访视外面机关或病人的亲属	180	2.8
给予或借予衣服	126	2.0

①　许烺：《介绍北平协和医院社会服务部的工作》，《益世报》（天津版）1937年2月18日。
②　许烺：《介绍北平协和医院社会服务部的工作》，《益世报》（天津版）1937年2月18日。

续表

种　　类	次数	百分比
资助或遣送回家	127	2.0
找到职业	96	1.5
代替家庭环境关系的调节	91	1.4
代计划个人内在的调节	62	1.0
代谋儿童的福利	65	1.0
代病人写信	48	0.7
安排病人出院事项	34	0.5
其他	31	0.5
总计	6423	100

为了进一步细致分析医院个案工作,我们找到了当时的一个具体个案:

表5-3　协和医院社会服务部的个案档案案例①

个案描述
社会服务记录

病案号:163××

社会诊断

1. 患者是一名孤儿。
2. 有可能导致终身残疾。
3. 永久性精神失调。
4. 寄生物感染。

问题:

出院时,生理状况不能自理。

1927年7月9日:

患者今日离开招待所。

1927年7月12日:

社会服务部给了案主3元的盘缠、一双鞋、一身衣服。案主返回老家。

1927年8月4日:

案主返回医院门诊部,诉说他背部难忍的伤痛。他待在叔叔家,有时也住在那个康叔叔的家里。他还尝试干一些农活。疼了两天了。

经济来源:

因为没有买车票,案主剩下了钱。他趁着夜色溜进火车。

---

① 北京协和医院社会服务部内部档案资料,病案号:163XX。

真实情况：

这名患者的经历需要多加调查研究。他的鞋看起来是干净崭新的，他的衣服也是整洁的。

行动介入：

在门诊部见到案主后，让他到招待所等待 X 光检测的报告。

计划：

如果外科医生想要他等待万医生，他必须得留下来。

案主的计划：

案主希望开始他街头兜售的生意，因为他感觉干农活对他来说太吃力了。

1927 年 8 月 23 日：

案主得离开招待所，但是他还没有落脚点。社会服务部准备给他找一个地方，在那里他可以学修鞋，因为他之前就有学过此类工作。

1927 年 8 月 24 日：

(之前有一名叫)郑某某(医院登记号:173××)的患者，曾在我们这里接受医疗服务。他跟他儿子都是鞋匠。社会服务部与郑某某商谈，看是否可以把案主收为他儿子的学徒。社会工作者去到西城半壁街，找郑某某儿子商谈。社会服务部将给案主 25 元作为伙食费。最终决定让案主在那里学一个月。

1927 年 8 月 25 日：

案主离开招待所，去学修鞋。给他 1 元的伙食费。

1927 年 9 月 3 日：

社会工作者给案主 1 元的伙食费。

1927 年 9 月 6 日：

社会工作者给案主 1 元的伙食费。

1927 年 9 月 14 日：

案主拿到 1 元。案主说他掌握了修鞋的手艺。社会工作者给案主准备了一些他需要的东西。

1927 年 9 月 15 日：

案主接受了 2 元的伙食费。我们花了 16 元为他配备了必需品：钉拐子、刀子、剪子、钳子、扁担、锤子、镊子、挑子、楦子、皮子、水盆、钉子、针、线、硬皮纸等等。案主从社会工作者手里拿到这些东西，然后往西城去开始工作。

1927 年 9 月 17 日：

社会工作者来到顺治门外，调查案主的营生情况。由于案主不适合住在驿站里，他租了一个小房间(二庙中街路北××号)，房租每月 1 元。案主付 0.5 元，另外一个人担负 0.5 元，因为他俩住在同一房间。案主工作的第一天赚了 60 铜板，第二天则赚了 200 铜板。

1927 年 10 月 17 日：

案主在社会服务部门说，他的生意日趋走向正轨，但他脚上的毛病却又复发了。外科医生给他看了病，还给了一些药给他带回家用。

1927 年 10 月 24 日：

案主入住到招待所，等待床位。

行动介入：

自从案主离开招待所后，一直找不到住的地方。社会工作者安排他与另一名患者唐某某(医院登记号:93××)住在一起，而他的营生工具(挑子)则被留在旅馆里。他每天都在外交部街西口外工作。他的日常收入足够他生活。

续表

案主离开招待所后一直修鞋。每天平均能赚取 200 铜板的收入,他可以很好地生活。现在,案主的摊位在外交部街西口外。自从案主腿疼后,他便不能自个挑起担子,他把挑子留在招待所里。案主每天花 6 铜板雇了一个人给把担子挑到外交部街,晚上又花 6 铜板雇人把挑子挑回到招待所。

一天,驻在外交部的几名士兵想请案主到外交部里为他们修鞋。但是案主不能自个挑起担子。士兵在街上为他请了一名苦力为他挑担子,晚上则由一名士兵给他挑担子回到招待所。那天,案主赚了 1 元。

地址:盆子胡同 38 号

1928 年 3 月 6 日:
社会工作者在招待所见到案主,与其谈起他生意上的事情来。案主说,他现在的生意很不错。扣除了衣服、伙食和房租的开支,每月还可以攒下 8 元。案主把钱随身带着。社会工作者担心他把钱弄丢了,叫他把钱存到银行或者是邮局。案主说他不会把钱弄丢。他每天都三番五次用手摸兜里的钱。

1928 年 5 月 1 日:
案主入院,住在 G-1 病房。

1928 年 6 月 11 日:
由于案主住的地方离医院太远,所以他在招待所住数天。

1928 年 7 月 11 日:
案主离开招待所,回到了外交部街西口外的盆子胡同 32 号,他像往常那样每天在那工作。

1929 年 2 月 27 日:
案主返回医院门诊部做检查。万柯德(Van Corder)医生告诉案主应该入院治疗,但今天没有床位。

社会工作者的计划:
在床位等候名单上留下案主的名字。医院若有床位就会通知他。

案主将会返回老家:
案主说现在很难在北平谋生,他赚的钱也很少。他准备明天返回老家做生意,这样一来也可以照顾到他的奶奶。他叫我们有空床位的时候通知他,好让他能入院治疗。

患者返回医院:
案主说,他脚疼又厉害了,因为他走了 20 里的路。

入院:
医院有床位了,社会工作者想让案主入院接受手术。案主今天入院。

备注:1928 年 3 月 14 日:
因为案主现在不能工作,所以让他暂时住在招待所里。

备注:1929 年 4 月 9 日:
案主离开了招待所,并得到社会工作者 600 铜板资助,用于坐黄包车。案主去往宣武门外路东小店做买卖。

随访:
1929 年 4 月 9 日,社会工作者去到宣武门外去找案主访谈。案主说,他现在每天能赚到 70 到 80 铜板。他随后仍将会回他老家,因为那里的生意会比北京要好。

北平协和医院社会服务部的个案工作模式在中国本土影响深远,在后续建成的几个医院社会服务部,比如齐鲁医学院(1930 年启用)、南京鼓楼医院(1931 年启用)、上海红十字会医院,包括上海仁济医院、重庆仁济医院以及中央医院等,都曾接受过北平协和医院社会服务部的督导或者曾在那里培训,其所开展的社会工作实务也都比较接近。

(二) 家庭个案工作:北平家庭福利协济会和燕大社区服务团

早期的专业的个案工作实务,除了医院和精神健康领域之外,家庭也是非常重要的服务对象,尽管囿于当时的条件和技术限制,并未形成成熟的家庭社会工作模式,但个案工作的一些专业手法却已经在家庭救助中体现出来了。北平家庭福利协济会是一个受西方教会组织影响,由中方社会精英发起成立,西方社会精英参与指导的本土社会慈善机构,代表了当时中国社会慈善救助科学化和本土化的一种过渡典型。从构成来看,发起人兼具本土社会活动家和知识精英的身份,而参与者则是当时北京的中西社会名流:

> 本会成立于民国十九年冬天,其目的系采用科学方法辅助贫民改善其生活,为实施工作设计办事处东城冰渣胡同一号——贤良寺内,一切事物均由本会干事与执委会领导。负责办理的发起人有娄穆清、章元善、卓君庸、全绍女、祝雨人、蒋陶惠、梅贻琦、贝纳特、浦爱德等 20 余人,其宗旨一是辅助贫民家庭改善其生活状态;二是促进公私救济机关的合作与联络,并唤起社会人士对于社会事业的兴趣;三是实验社会事业的科学方法,并保证其功用与价值;四是供给专修社会事业的学生实习的机会。①

按照 1934 年发布的《北平家庭福利协济会报告书》显示,时在燕京大学任教的张鸿钧曾担任该组织董事会董事。该会专设家庭工作股,开展针对家

---

① 云:《家庭福利协济会》,《益世报(天津版)》1935 年 2 月 6 日。

庭的个案工作,主要"是用个案工作方法调查请求者之必需辅助的总因及其现状,施行适当辅助以增进其家庭福利"①。报告书显示②:该年度总共完成89件个案,在新添的42个个案中,自请求助24例,转介自卫生事务所6例,私人介绍12例。与协和医院社会服务部差不多,主要还是以经济援助以及介绍工作等生计服务为主,但还是注重了案主的"自助"理念。现录其个案案例如下:

> 某妇人来会求助。经本会调查,其家中有子女5口,长子年14,最小者仅1岁。该妇除理家外无暇外往工作,其夫业剃头,每日所入平均约洋5毛。以些许之进款,养活一家7口,感受经济困难最为明显。子女均未入学,亦未得学工艺之机会,长子次子除拾煤球外无所事事。本会将其长子次子送入本会工厂学做玩具每月并津贴6元,以做伙食费,又供其衣物费。在学徒期间,二子均可于午后读书,以符合半工半读之目的。从此担负减轻,生活较前大为改善,本会希望在最近期间二子学艺成功,可以挣钱补助家庭用费。③

由于没有检索到该协会的个案工作记录,所以无法推断个案工作的具体的流程和技术是否像前面提到的医务社会工作那样严谨,但以贫困救济为主的家庭个案工作实务的开展是确定无疑的。与此相近的是燕大社区服务团的工作。按照燕京大学社会学系学生毕业论文记载,燕大社区服务团建立初衷即是社区服务:

> 燕大社区服务团成立于民国二十六年十月,成立之缘起系由于本校当局见到事变对于附近居民生活影响之严重。因事变而失业而入款不敷,资本不足,失学,疾病,缺乏寒衣等问题,极需救济。于是

---

① 段彦峰、彭秀良:《北平家庭福利协济会概况》,《中国社会工作》2013年第25期。
② 参见段彦峰、彭秀良:《北平家庭福利协济会概况》,《中国社会工作》2013年第25期。
③ 北平家庭福利协济会:《北平家庭福利协济会简章》,载北平家庭福利协济会:《北平家庭福利协济会报告书》,1932年,第20页。

社区服务团即由——燕大教职员救济会,燕大教职员妇女会,燕大教职员妇女会附设妇女工艺社,燕大社会学系,李术仁夫人纪念全委员会,及海淀中华基督教会等团体联合组成。时由燕大校长委派各团体代表组织执行委员会负责委员会按各项事务进行的需要组织分组委员会。①

在服务的手法方面,燕大社区服务团强调慈善的科学化,也是社会工作自产生以来的一个重要的理念。该组织认为传统慈善多有弊端,如施粥等传统慈善方式属于消极的治标不治本的方法,而且容易使帮扶对象形成福利依赖,进而提出科学慈善的方法,主要即个案工作:

> 以个人为对象而助其对环境之适应。用客观态度考查个人生理,心理,以及社会背景所促成之问题,而加以客观之分析与解释并助其适应,从而能够规避传统慈善弊病,提高效率。②

这也是和里士满等社会工作开创者在 20 世纪初的理念和做法如出一辙的。据刘克新在《燕大社区服务团之个案分析》中写到的,燕大社区服务团的个案服务在吴榆珍、周励秋等人的指导下,也是按照社会调查、社会诊断和社会治疗的流程与步骤进行的。主要的工作内容集中在社会救济方面:

> 于第一章已说明,本团服务之性质,乃采用个案工作方法考察每个个案之需要,而施以不同之助济。本团助济之方式,可归纳为:物质,金钱,医药,工作四种,此外尚有介绍至救济机关,如育婴堂及养老院寄养者,唯个案不多,则列入其他一项。③

---

① 参见刘克新:《燕大社区服务个案之分析研究》,燕京大学法学院社会学系学士学位论文,1941 年,第 2 页。

② 刘克新:《燕大社区服务个案之分析研究》,燕京大学法学院社会学系学士学位论文,1941 年,第 3 页。

③ 刘克新:《燕大社区服务个案之分析研究》,燕京大学法学院社会学系学士学位论文,1941 年,第 52 页。

表5-4　第四十表:512家所谓救济之分类①

类别	个案数目	百分比(%)
单项		
金钱	166	89.54
工作	122	21.71
物质	80	14.22
医药	15	2.67
其他	8	1.42
二项		
物质,金钱	52	4.25
金钱,工作	26	4.63
物质,工作	22	3.91
医药,金钱	21	3.74
物质,医药	7	1.25
医药,工作	5	0.89
三项		
物质,医药,金钱	16	2.85
物质,金钱,工作	14	2.49
物质,医药,工作	5	0.89
医药,金钱,工作	1	0.18
四项		
物质,医药,金钱,工作	2	0.36

从典型个案来看,燕大社区服务团的个案工作尽管以家庭为主,但其实际操作也和北平协和医院社会服务部以及北平家庭福利协济会大同小异:

案主,男性,年49岁,蓝旗人。自幼读书私塾8年之久,于满清时,曾驻蓝旗营中户甲之职,月薪4两。至民国乃任内务部录事,后

① 刘克新:《燕大社区服务个案之分析研究》,燕京大学法学院社会学系学士学位论文,1941年,第52页。

改充内右四区巡长,时因收入过低乃另谋他职,不料新职未成旧职亦失,不得已始行返里。迄今十余年无固定职业。只做些零散小工,收入无定且甚低微,实不足以维持家庭生活,上有老母年逾七十,下有幼子年仅 8 岁,妻子年 39 岁,为人作针线亦非固定,家中经济皆指其女,年 17 岁,在某工厂挑活,月几十余元不等,是以每日所进工资不足一饱。案主复因失业后之经济压迫,患精神失常半年有余,至今仍欠健全,时感人生之乏味。自民国二十六年至本团登记以来,本团曾尽量为其介绍短期职业,如花匠,抄写等职,唯因终非常职,收入仍不敷出。此外本团曾数次贷款,并予以物质周济,以救其一时之急,历时已 3 年有余,未能完全解决。幸于今年一月间,由本团介绍至城内其校充守门之职,月入 20 余元,除去食用月可补助家中十来元,此外其妻亦入工厂作活月入 10 余元,加之其女所得,全家进款可达 30 余元,是以家庭生活可得维持,此案则可结束矣。

此个案问题之发生,统由于案主之失业,察案主本有抄写,养花等专门技能,只因工作机会之不易谋利,致家庭经济失调,更因此种经济之压迫而影响案主精神之健康。幸经本团历年之助济,而得苟延残喘,今更经介绍固定之职业,一家之经济问题遂告解除。①

三、个案工作实务的本土化推展

20 世纪上半叶,个案社会工作实务在医院、精神病院以及社会慈善事业中均得到了一定程度的发展,究其原因还是在于这种社会工作方法本身对于社会服务的功能和意义。言心哲曾指出:

由于社会科学的发展,社会个案工作的地位亦渐被重视,而在效用上彼此且有各种相互的贡献。第一,社会或个人的病理与个人的

---

① 刘克新:《燕大社区服务个案之分析研究》,燕京大学法学院社会学系学士学位论文,1941 年,第 70 页。

社会失调概念,由于个案工作的发展,更加重视。……个案工作的第二种贡献,是对于社会研究方法的增进。个案工作的第三种贡献为社会情形与效果的总体衡量,可以个案工作做试验。①

大致到了20世纪的30—40年代,个案工作实务在本土开展近20余年,专业高等教育已经培养出了专门的社会工作人才,北平协和医院社会服务部的医院个案工作也已经产生了较好的行业带动作用,个案工作开始出现新的特征:第一是专业知识和技术已经实现从西方传教士到本土社会精英和知识精英的转移,个案工作主要专业力量从基督教青年会和在华传教士转为本土高校教师和社会组织领袖,比如燕京大学的吴榆珍、周励秋和北平精神病院以及南京精神病院社会服务部的宋思明;第二是专业研究逐渐深入,开始实现研究和实务的双向互动,比如关瑞梧和李槐春的区位儿童个案工作;第三是社会工作开始被纳入国家治理框架,个案工作在儿童和福利试验区建设中得到了应用。

太平洋战争爆发之后,燕京大学社会学系不得已随迁成都,但社会工作服务并未断绝。据雷洁琼、水世琤描述,当时,社会福利及救济机关团体有些已迁移郊区,有些已陷于停顿状态。燕大社会服务工作根据战时形势,分为边疆社区调查、城市社会服务及农村社会服务三个方面,这三个方面都有突出的成就。在城市社会服务方面,成都中国盲民促进会为培育特殊教育人才,委托燕大社会学系协助开办残疾救济及盲民福利培训班,学生们也积极参加了成都主要慈善组织和社会服务机构的实习;在农村社会服务方面,也搞得如火如荼。② 燕京大学的社会学与社会工作的传统得以延续,一方面有赖于与西方在华势力的关系传承,另一方面燕京大学毕竟名声在外,而更为重要的是,时局动荡下,毗邻陪都重庆,属于战时后方,处于国民政府的庇护范围内。

在本书的前文已经提及,关瑞梧、李槐春的《区位儿童福利个案工作》就

① 言心哲:《现代社会事业》,河北教育出版社2012年版,第424—426页。
② 参见雷洁琼、水世琤:《燕京大学社会服务工作三十年》,《中国社会工作》1998年第4期。

出自这一时期。非常值得我们关注的是,这本书的经验基础是基于一种实验性的社会工作实务手法,不仅在诊断的过程中使用了区位学的方法,而且将个案工作手法置于场域的分析中:

> 至于推进工作的方法,不是特别建立一个机关来办理,而是只用社会服务员一人以个案工作方法和这区域内的人建立友谊的关系,并尽量设法利用社会现有的设备。故本书所举的例子都是平凡的事实,因为人们并不是有了问题找我们来解决,而是我们在这普通平凡的一般人中,由他们日常生活内适用个案工作方法,改进儿童的生活。①

这里的调查和针对问题的处理意见,在技术上也延续了源自当时被里士满所总结的"社会诊断"技术,也是和北平协和医院社会服务部、北平家庭福利协济会,包括燕大社区服务团的工作手法一脉传承的。但在此基础上,关瑞梧、李槐春的研究强调了"区位",也即尝试将社区生态系统分析的思路引入了个案社会工作,同时也注重了文化的影响,已经带有了一些本土化的色彩。下面是当时的一个典型案例:

> 周李氏(本例系由儿童个案节录而来,原记录一切如上章纲要表,但在此只为表证劝导妇婴卫生之步骤,凡无关之事实,均从简)。
>
> 一、家庭状况:周李氏 38 岁;夫 50 岁,营丝织机房;翁 77 岁,为机房创业人,李氏不识字,但亦帮同缠丝线,曾生 10 胎,其中有 4 儿均早夭,现存 3 女 3 子,长女 16 岁,二女 12 岁,三女 5 岁,长子 14 岁,次子 3 岁,三子 8 个月,子女等均未入学,年稍长即在家帮同工作,次子患大脑水肿,残废,家庭经济在本区内称充裕。
>
> 二、住居:房为自有,附设机房织缎,收入可以维持。
>
> 三、劝导妇婴卫生经过:

---

① 关瑞梧、李槐春:《区位儿童福利个案工作》,河北教育出版社 2012 年版,第 3 页。

九月二十八日,服务员因访问儿童做家庭拜访,见氏有孕,并谈及其生产幼子时极痛苦。服务员乃告以附近有妇婴保健院,应去检查,视胎位是否正常,以免再遇困难,并谓该院为服务性质,服务员有熟人可以陪往检查,氏即应允。

九月二十九日,访视:见氏足跟一大疮,红肿难以行路,屡贴膏药无效。服务员加以慰问并介绍至华西医院诊治,得其同意往诊经数日痊愈,于是乃对服务员益加信任。

十月一日,访视:氏之长女正在巷内绕丝线,频问孕妇何时需至医院检查,氏怕邻居讥笑,忙加阻止,服务员当告以改日即陪同检查,氏笑允。

十月五日,至氏家拟带其至医院做产前检查,适室内无人看门,故未去。

十月八日,访视:见氏正在缠绕丝线,因难以释手,结果又未去。

十月十五日,访视:见氏适在与其夫算丝线钱账,一见服务员即谓今日因为算账,无暇,过几日再去。

十月二十二日,访视:氏又在机房中帮忙理缎子,长女外出购物,其他子女均外出,因家中无人而未能检查。

十月二十四日,访视:特约定明日同去医院。

十月二十五日,访视:氏已束装等候,服务员一来即同往。同至妇婴保健院做产前检查,结果胎儿正常,定一星期后再做复查。服务员并为其解释医院内之卫生挂画又带伊参观产房,伊见住室清洁极感兴趣。

十一月一日,访视:约氏至妇婴保健院做复查,因家中无人,伊须看守门户,结果未去。

十一月二日,氏于夜间腹痛,因在深夜,未找服务员,即自乘洋车赴妇婴保健院住院,婴儿降生。

十一月四日,服务员至妇婴保健院探望,氏见服务员,颇觉欣快,当加以慰问并为贺喜,伊更高兴。告以婴儿生下状况,并请服务员看视婴儿且嘱代向医院商洽,倘其夫至医院时,务将婴儿抱予看视。伊因家中需人,故拟住三日即出院,其女每日为其送鸡蛋汤。

十一月八日,氏出院,服务员至其家中访视:伊正乳喂婴儿,状甚高兴,告服务员住院三日,院费共用1600元,此外又赏工人100元,复以鸡蛋款待服务员,表示感谢之意。

总结与反思:上面举的例子,充分表现推进时的步骤,案主经过多次的退疑以及生活的缠累,仍终是劝者谆谆,听者藐藐,服务员必须耐心,经过两月的继续多次访问,见机行事,逐渐感动案主。一旦成功,则进行其他个案时,可以事半功倍。[①]

第一,此个案属于外展所得,即原本是儿童个案服务,服务过程中发现服务对象家庭成员存在需要帮助的问题,随即将其纳入个案服务中,这是社会工作专业性的一种体现。第二,此个案服务内容属于妇幼保健,在当时民间社会对西医为主的围产期保健并不重视,因而"氏怕邻居讥笑,忙加阻止",并"经过多次的退疑以及生活的缠累","劝者谆谆,听者藐藐",这是和该时期我国民间社会的卫生习惯以及文化制度相关的,属于本土的"工作情境"。第三,社工采取了继续多次探访的形式,以"见机行事,逐渐感动案主",最终完成了此个案支持。

四、个案工作实务经验的研究

我国早期的个案工作发展得益于三个方面:第一是西方基督教教会组织的社会福音的传播,将西方社会工作作为科学化开展社会慈善事业的方法引入了中国,尤其是基督教的"地方服务团"和教会医院的"社会服务部";第二

---

① 关瑞梧、李槐春:《区位儿童福利个案工作》,河北教育出版社2012年版,第43—45页。

是个案工作(social case work,当时也译为"社会个案工作")作为一门专业课程进入了当时以燕京大学社会学系为代表的高等教育专业课程,为个案工作人才培养训练奠定了基础;第三就是高校和实务界的社会工作研究,不仅承担了西方社会工作知识的系统引进,同时也为实务界提供了实践的理论和知识指导,并且为个案工作及其他实务方法的本土化打下了基础。

从知识引介来看,主要还是以里士满的《社会诊断》和《什么是社会个案工作》为主,时间跨度自 20 世纪初到 1941 年,大概和国际的社会工作知识体系的更新保持了同步。这些资料的运用,为本土提供了相对系统的知识体系,也提供了最基本的人才培养的教本,同时也是实务界开展工作的依据。以下是当时和个案工作有关的主要研究成果和教本。

表 5-5　个案工作相关研究成果和教本

发表时间	文献作者	文献名称
1927	于恩德	《社会个案服务之研究与中国》
1944	吴榆珍编译	《社会个案工作方法概要》
1944	言心哲	《现代社会事业》
1946	蒋旨昂	《社会工作导论》
1947	关瑞梧、李槐春	《区位儿童福利个案工作》

吴榆珍、言心哲等人在吸纳了上述文献之后,将个案工作的知识体系大致归纳了几个部分。言心哲的《现代社会事业》一书的第四编为"社会个案工作",大概包括了社会个案工作的意义及其特质、起源及其发展、范围及其种类、目的及其方法、专业人员训练和在社会服务方面的应用等几个方面。而吴榆珍所编译的《社会个案工作方法概要》①一书则更为系统详尽,该书包括八章,分别为社会工作之种类与方法、社会个案工作之理论基础、社会个案工作

---

① 该书为民国政府时期"社会部"研究室主编的《社会行政丛书》中的一种,1944 年由中华书局出版印刷。——作者注

方法及进行程序、社会个案工作之专门业务(上)、社会个案工作之专门业务(下)、社会治疗之专业与社会价值、特殊社会个案工作、社会个案工作之举例。从本土化的角度来看,关瑞梧、李槐春所著《区位儿童福利个案工作》体现了燕京大学在成都的社会试验的成果,具有了一些理论创新和本土化的尝试。

第二节　小组工作实务

界定我国早期小组工作并不容易。早期小组工作(当时更多称为"团体工作"或者"集团工作")的介绍较之个案工作更为稀少。即便是在美国,至少在 1914 年之前,团体工作并未被作为专业服务应用。在简春安、赵善如所著的《社会工作理论》一书中写道:

> 当时与团体工作有关的场合大部分是在一些人际问题的处理
> 上。劳工运动的组织运作,成人教育的推展或睦邻组织的推广及当
> 时基督教青年会的工作上。运用团体工作较成功的是睦邻组织中的
> 赫尔馆,由简·亚当斯(Jane Adams)所创立,她的经验来自伦敦的汤
> 恩比馆。团体工作较个案工作更注重活动①,在团体工作中,他们鼓
> 励团体成员在生活中去开创生机,练习如何成为良好的公民,学习解
> 决周遭的问题,团体的目标与重点是活动,而非理论。②

在言心哲的《现代社会事业》一书中,则重点介绍了团体工作的定义、起源与发展、目的、种类、原则与方法以及工作人员的训练。言心哲在讨论团体工作定义时,重点引用了当时美国学者的界定,包括博施(Busch H.M.)、柯易尔(Cayle G.L.)、李伯满(Lieberman J.Meclenahan B.A.)等人的定义,而本书在

---

① 用目前团体工作的理论来说,当时的团体工作只限于娱乐性或社交性的活动而已,谈不上治疗性。——作者注

② 简春安、赵善如:《社会工作理论》,华东理工大学出版社 2018 年版,第 59 页。

上面介绍的言心哲的定义也是基于这些定义之上的。界定方面,言心哲有意将团体工作与娱乐、团体生活相区别,尝试强调其专业性,与一般性的集体活动区分开来:

> 而团体工作则常须随时顾到个人的兴趣及人格的相互关系,而不是按照教师或机关决定的题材与计划来施行的。娱乐与团体工作虽亦常交替互用,其实二者亦有不同之点。从另一方面说,团体娱乐活动,有曾受训练者为之领导,从事各种游戏,游戏的种类随个人的兴趣与智能等的差异为转移,方法亦不一致,在此种情形之下,亦可称为团体工作。总之,娱乐与团体工作,有时难免混淆与重复,其差异之点,在视其所用之方法及执行之目的与有无训练之领袖为之领导而定。

> 团体工作与各种地方团体生活如俱乐部、委员会、政党、宗教等组织,也是应有区别的。……儿童们在街上结党成群,是一种团体生活。将这些儿童移到另一个区域或机关配合一个领导者,用教育的历程指导他们的生活,就是一种团体工作。上面已经提到,团体工作除富于社会的意义外,并具有教育的意义,团体工作当然与教育的历程及方法有关,但是这与政治团体及其他组织方面的执行人员所用的方法和欲达到的目的,是不尽相同的。①

根据他们的界定,早期团体工作大概可以归结为这样几个部分:第一是在早期教会影响下的慈善机关中,针对救助对象可能采取的那些具有团体性质的娱乐和教育活动;第二是基督教青年会开展的青年团体活动,在德智体群教育活动中所组织的那些集体活动;第三是清河试验区的团体活动,尤其是在妇女工作中所体现出来的带有专业元素的实习实践工作;第四是在一些专业服务支持中所特别采用的集团工作。

---

① 参见言心哲:《现代社会事业》,河北教育出版社2012年版,第301页。

一、早期本土慈善机关中的"团体工作"性质的活动

可作为代表的是 1917 年由我国著名慈善家和政治家熊希龄创办的"香山慈幼院":

> 慈幼院成立的原因在民国六年九月底的时候,顺直省区发生大水灾,淹没了 103 县 19045 村。那被灾的百姓有 6351344 名……我那时奉命督办水灾善后事宜,听见各地方灾民因为乏食的原故,很有把他的儿女遗弃在道路,或标卖的,所以在北京设立的慈幼局两所,委托英君敛之去办,收养灾民的儿女,一所专收男孩,一所专收女孩,共总收了男女儿童差不多有千余人。水灾平了以后,这些儿童渐渐被他们父母领回,可是到后来还有 200 多人没有人领,所以水灾督办处不得不设一个永久的机关,来教育这些儿童。①

由于熊希龄本人的影响,香山慈幼院与民国时期的社会精英与知识精英来往密切,与燕京大学和清华大学都有紧密合作。关瑞梧和雷洁琼作为社会工作的专家和教育工作者,都曾在该院担任管理工作。北平香山慈幼院固然属于慈善机关,但形式上采取的是"学校制",除了职业教育以外,学校在娱乐方面也开展了一些带有成长性的活动:

娱乐的设备

> 儿童年龄到情识将开的时候最为危险,况且贫寒的孩子习惯是不良的,性质是多暴力的,所以设立了几个网球场、篮球场、军乐队、中乐队,让他们天天演习,直到日入始息,疲倦方休;涵养他们的乐趣,免除他们不良思想,绝不至于有损他们的健康的身体。②

与此同时,院方也针对不同年龄的儿童专门计划了一些团体活动,既是学校教育的拓展,也带有着小组工作的雏形特征:

---

① 熊希龄:《香山慈幼院创办史》,《新教育》1923 年第 2 期。
② 熊希龄:《香山慈幼院创办史》,《新教育》1923 年第 2 期。

　　慈幼院沿用新法,在蒙育园中,教导员会让儿童拿着厨具去蔬菜园里实验,体验实际动手的乐趣,同时在教室的周围,陈列着许多矮柜,里面放着各种玩具,方便幼稚生可以随便取放。①

　　当时的儿童福利事业中,实际上是传统善堂、教会创办慈善机构、官办和民间组织的儿童福利机构同时发挥作用的,但在专业性上,还是以教会创办和民间本土社会精英创办的社会组织为主。教会组织的慈幼机构这种来自西方的慈善救助方式,迅速引起了本土社会精英们的关注,在其引导和帮扶下,一些由当时社会名流人士资助并运营的本土社会组织和民间机构迅速发展。在之后的非基运动以及伴随着国民党政府统治加强,西方势力逐渐退出中国本土的背景下,后者和政府官办社会福利机构逐渐占据主流,但是这些专业服务理念和手法不仅没有消失,反而更加得到了重视,并有了一些本土化的探索。

二、基督教青年会开展的一些青年团体活动

　　基督教青年会在青少年工作中主要采取的形式主要可以分为两类。第一类是服务青年人自身的以俱乐部形式开展的一些内部的课程班,和以兴趣、沟通交流和文体娱乐为主题的团体活动。第二类是服务于青年和社会,也就是积极督促和组织青年开展对外服务,包括我们前面提到过的三种形式:第一是社会调查和研究,比如北京实进会所做的人力车夫等城市贫民的调查,为青年了解社会提供资料;第二是在城市开办的社会教育,包括夜校、识字班、女校等;以及社区教育,包括公共卫生教育、公民意识教育,以各类演讲、播放电影和发放传单来进行;第三是积极参与社会改良运动,包括在城市开展移风易俗的宣传教育和特定人群的帮教服务,以及在城市参与乡村建设运动等。这些都在前面章节有所述及。这些活动除了使本土青少年接受到了制式教育外,还有基于会员的“俱乐部”的组织形式和基于兴趣的团体生活,而这正是青年

---

　　①　萧淑媛、何雅淑、陈燕群:《参观香山慈幼院笔记》,《辟才杂志》1924年第3期。

生活现代化的一个重要标志,也同样具有与"赫尔馆"一样的"小组工作"的专业元素。

在1935年烟台中华基督教青年会第十九届征友特刊中的一篇文章谈到①:基督教青年会是一个进行人格教育的青年团体运动,世界上没有任何无力的运动,所有运动都靠着力,没有力来发挥作用,这样便失去其永久性了,所以青年会运动的目的在于培养青年整个的创造力或者可以说是能力。

本书认为,第一种具有小组工作色彩的就是青年会举办的"夏令营"。在戴云峰的研究中指出上海基督教青年会最早曾于1913年征集少年数十人到莫干山营居,可以视作青年会开办夏令营的开端。② 1929年《青年进步》的一篇文章介绍了当时的国际少年夏令营,给予了较高评价:

少年夏令营之组织,为青年会少年事业程序之一,宗旨高纯,目的远大,寓教育于及时行乐之中,非寻常旅行团所可同日而语,自发起以来,已在吾华举行数次,收效极大,成绩如何,久在国人监察之中,无待细述。③

第四届江南少年夏令营消息

日期——地点——程序——报告

第四届江南少年夏令营,其发起宗旨,(一)培养少年和领袖间的友谊及团契生活,(二)增进品德和改良人生的方法,(三)共享有价值的新经验,(四)明了人生的实现和意义,(五)使少年有机会领略自然,旅行,社交,野火,演讲,讨论,游泳等事。……每日日程,兹

---

① 参见范丽寿:《"力":基督教青年会是什么?》,《力的创造》,1935年烟台中华基督教青年会第十九届征友特刊。

② 戴云峰:《中国男青年会之社会事业》,燕京大学法学院社会学系学士学位论文,1933年,第21页。

③ 道:《破天荒第一次的远东国际少年夏令营通告(附照片)》,《青年进步》1929年第121期。

详列如下:

六时　　　　起身

六时一刻　　升旗

六时半　　　晨操

七时　　　　早膳

七时半　　　整理清洁

八时　　　　朝会

八时三刻　　分组讨论,谈话

九时三刻　　运动训练兴趣团

十时三刻　　游泳训练

十一时三刻　午膳

午膳后休息

二时三刻　　球戏,参观、旅行,游览,钓鱼,游泳等

六时　　　　下旗

六时半　　　晚膳

七时　　　　同乐会,交谊会,音乐会,观察,野火,新剧等

九时　　　　安寝

九时一刻　　领袖会议①

与当代的小组工作相比较,这种夏令营尽管在整体策划上缺乏小组动力和模式的精心设计,但是在培养团队领袖和助力青少年成长等方面的功能是具备的,也有了一些小组工作的雏形。

第二种带有小组工作性质的服务是青年会组织的"娱乐事业":

青年会因鉴于社会适当娱乐设备之不周与青年之堕落,故自成立以来,除有查经班及各种德育演讲,以劝导青年,弃除恶习外,尚有

---

① 《第四届江南少年夏令营消息》,《上海中华基督教青年会会务丛刊》1931年第24、25、26期。

各种之社交会,音乐会,映照教育电影,旅行参观,游艺室,图画馆及阅报室等之设备,以使青年男女,能有一处广洁,纯净之适当社交场所。一方面以联络感情,培养道德,增进知识,一方面可以预防青年男女陷于染习不良之种种恶习。故青年会历来新办之德育事业颇多。据 1931 年全国成绩统一报告,查经班共有 249 班,班员 5501 人,开德育会 2521 次,到会人数约有 233347 人,其数甚众。至于青年会所办之娱乐事业,或群育事业,可分为社交会,电影会及参观旅行。其全国历年报告,成绩亦佳。于 1922 年青年会工作最盛之时,共开社交会,如同乐会,音乐会,游艺会等 6630 余次,到会者 115000 余人。至 1927 年会务最衰落之时期,尚开社交会 500 余次,到会者 98200 余人,参加参观旅行者 6000 余人及映照电影 100 余次。近数年来,社会秩序,已渐恢复,青年会之工作,亦随之增加。①

第三种是青年会在各类社会实验中所采取的一些专业服务手法,比如在沪东新村的工作中,就是将小组工作运用到了社区实验中:

> 至于智育工作,有日夜工人子弟 125 人,夜校职工英文② 58 人,工友民众班 56 人,女工班(由女青年会办理)48 人,读书团 36 人。每日至阅报室平均为 62 人。智育演讲 13 次,到会 7124 人。对于体育者则有篮球队与足球队之组织。此外尚有公共游戏场,户内游戏,小学运动会,卫生讲演,身体检查及施种牛痘与注射药针等。至于群育则有村友联欢会 14 次,参加者 698 人,游艺会 10 次,2798 人及其他纪念日庆祝会,交谊会与旅行参观等。此外尚有音乐,戏剧等组织。此种工作,皆为村民所欢迎。现今住于此村者,男子 27 人,女子 27 人,男孩 20 人,女孩 8 人,共 82 人,其籍贯以本省居多,其职业以

---

① 戴云峰:《中国男青年会之社会事业》,燕京大学法学院社会学系学士学位论文,1933 年,第 51—52 页。

② 疑为"英文班"。——作者注

劳工 19 家为多。①

基督教女青年会也和男青年会一样注重团体工作。基督教女青年会的团体工作性质的活动主要包括三种形式:第一种形式是把少女们组成一个团体,培养少女们的共同乐趣、共同目标;第二种形式是通过调查少女个人情况,了解少女的兴趣与需求,并把其按照需求分成不同的小组,小组内部的活动安排、活动时间皆由内部自行管理;第三种形式是由具有相同兴趣的少女组成讨论小组,由小组内部领导者发起,就某一问题进行讨论。②

三、清河试验区建设中的妇女团体工作

关于清河试验区我们在前面的章节中已经有过一些介绍。燕京大学社会学系为试验乡村建设方法与技术起见,于是在 1930 年 2 月,于北平德胜门相距 18 里的清河镇为中心及其附近的 40 个村的区域为工作范围,建立清河镇乡村社会试验区,简称"清河试验区"。全区南北长约 16 里,东西宽为 11 里,面积约为 200 平方里,有人口 23197 人。③ 清河试验区工作总分为 4 项,分别是经济、服务、卫生、研究。其中以经济部分为主要工作,合作社是经济部分中最为重要的工作。合作社工作的目的有 4 个④:一是农民能在生产上得到必要的资金,不再受高利贷的剥削;一是训练农民有自助互助的精神,以奠定其他改革事业的根基;一是注意农民整个生活,流通社员之间的金融;一是训练有志于从事农业合作社服务的学生。

清河试验区的团体工作主要是各种教育组织的活动及其对团体工作的重视,尤其体现在妇女工作中。由于有了吴榆珍和周励秋等人的指导,在专业上

---

① 戴云峰:《中国男青年会之社会事业》,燕京大学法学院社会学系学士学位论文,1933年,第 64—65 页。

② 参见吴秀桂:《女青年会少女工作之研究》,燕京大学法学院社会学系学士学位论文,1943 年,第 6—7 页。

③ 参见崔润生:《河北省清河试验区妇婴卫生工作概况》,《公共卫生月刊》1935 年第 4 期。

④ 参见许仕廉:《清河镇试验区的合作事业》,《合作讯》1933 年百期特刊。

的探索要较之当时一般意义上的乡村建设要强得多。妇女工作中有小组工作元素的主要集中于各式各样的"班"的开设,比如幼女班、乡间妇女茶话会、暑期妇女补习班、母亲会、女子手工班、家政训练班、旧式接生婆训练班、妇婴保健院培训班等。以下是关于"幼女班"的描述:

幼 女 班

在乡村每年到了农忙的时候,有许多的妇女们十分忙碌,几乎一人能当八个人用,如果妇女再有几个小孩,那就根本没有工夫去管理孩子了,在农忙时期,有的家庭天天在田里工作,有的母亲为了生计到处东奔西跑,不能照顾孩子,往往小孩子在一起玩,不是打架就是骂人。有钱的人可以雇佣老妈子看孩子,这样的儿童虽然母亲不在旁边但仍旧有人照顾,但在一些贫苦的家庭,母亲出去给人家做工没空照看孩子,孩子常常会啼哭挨饿受冻,真是十分可怜。①

在清河镇试验区的幼女班故此成立。幼女班于 1932 年 9 月成立,招收本镇和附近村子里 7 岁至 12 岁的女子,并教授其一定知识。课程有千字课、算术、常识、故事、唱歌、游戏、简单手工及写字等。为期 6 个月,免学费,书籍及文具自理,此种幼女班在清河试验区已有 3 处,学生 49 名。② 幼女班内学生念了 6 个月书之后,要在暑期时间回到自己的乡村服务,她们不仅会帮助农忙的家庭照看孩子,还会给村子里的小孩子教识字写字,同时也会教孩子学许多手工,比如挑花、串花等。同时,他们也学习了一些家政知识去服务他人。③

幼女班经费有限,常以别人家的大门道或者空房作为教室,孩子们的玩具也很简单,有小棉垫子、小沙子口袋、布娃娃、小盒子等,这些玩具都是她们自

---

① 佚名:《清河镇幼女组织农忙看孩团》,《妇女青年》1934 年第 86 期。

② 参见编辑部:《一年来复兴农村政策之实施状况》,《农村复兴委员会会报》1934 年第 3 期。

③ 参见佚名:《清河镇幼女组织农忙看孩团》,《妇女青年》1934 年第 86 期。

已做的,除了教室内玩具,她们也会在户外把沙土地当作进行体育游戏的场所。①

概括起来,清河试验区的妇女工作还有以下几种形式:

①乡间妇女谈话会,利用乡间妇女纳凉聊天的形式与妇女会谈;②暑期妇女补习班,利用夏天早上的时间为失学女子补课,还会开展婴儿保育会,母亲谈话会,辩论会;③母亲会,初是为幼稚园家长开设的,后来增加了婴儿与家庭常识演讲;④女子手工班,培训生产技能,增加谋生手段;⑤家政训练班,为妇女研究缝纫开设,也涉及儿童衣服食物、烹饪、家庭布置以及最简单的美术;⑥旧式接生婆训练班,教授本地接生婆一定的接生训练;⑦妇婴保健员培训班,为减少妇女婴儿死亡率为目的出发,开办妇婴保健员培训班,前半期教授千字课、算术及家政等基本功课,后三个月课程为产科、育婴、生理解剖及各种医学常识。②

四、本土团体工作的新进展

1930年,Grace Coyle 在凯斯西储大学出版了 *Social Process in Organized Groups* 一书;1936年,小组工作人员协会成立。这些都标志着小组工作已经开始成为一种相对成熟的专业技术。与此同时,国内的社会工作也已经开始从个案工作走向个案工作与团体工作相结合的趋势,同时对三大方法的认知也已经引入本土。1942年龙冠海在《益世报(重庆版)》上发表《社会行政与集团工作》一文,介绍了社会工作的两大方法:个案工作和集团工作,但同时也提到了"社区组织"。龙冠海是这样定义"集团工作"的:

(集团工作)是以有共同兴趣的集团,团体为工作之对象,这种

---

① 参见佚名:《清河镇幼女组织农忙看孩团》,《妇女青年》1934年第86期。
② 崔润生:《河北省清河试验区妇婴卫生工作概况》,《公共卫生月刊》1935年第4期。

团体或大或小，大的可以有几十个人，小的也许只有三个人，若是以几十人以上的团体为工作的单位和对象，那就应该称为民众工作 mass work。当然，集团工作与民众工作，有的地方是不容易完全划分清楚的，也不能仅以人数的多寡为界限，然而在社会工作中所讲的集团工作，或团体之人数是相当有限制的，这倒是值得我们注意的。集团工作之目的主要有两个：一是以志愿式的团体结合，使个人的人格得到健全的调试与发展。二是以志愿式的团体活动，养成合作的精神，获取公民的训练，以达到改进社会的目标。①

这里必须指出的是，在当时的历史阶段，区分小组工作可能最重要的不是是否将同兴趣和问题的人群聚集在一起开展救助和服务，可能更重要的是是否有着小组活动的专业意识和该活动是否属于专业服务的组成部分。在前面所介绍的内容里，在慈善机关和基督教青年会的青年服务，包括类似于清河试验区的社会服务中，甚至也可以将乡村建设运动中的平民教育和针对乡民的组织活动囊括进来，都带有那个时期小组工作的一些专业元素。而伴随着小组工作从相对简单的群体活动上升为具有治疗意义的专业技术，本土的小组工作也开始成为系统治疗的一部分。我们在前面提到的儿童社会工作的专家汤铭新女士，在其于1948年上海商务印书馆出版的《儿童行为指导工作》一书中，明确提到将各社会个案工作与社会集团工作相结合的工作手法：

> 社会集团工作以团体中的人为单位。即是说运用科学知识及社会资源使团体中所有的人的人格都得以健全，情绪都得以稳定，家庭关系都得以调整，个人生活都得以社会化。所以社会集团工作是有社会化和教育化两种意义存在。其目的在发展个人对团体的责任心以及互助合作的精神，而使个人的幸福和团体的幸福，完全趋于一致。例如儿童在街上成群结队亦是一种团体生活。如把这群儿童集

---

① 龙冠海：《社会行政与集团工作》，载孙本文等：《社会行政概论》，中国文化服务社长春分社1946年版，第81—82页。

合在另一处所,由一个领导者根据各个儿童的才能与需要予以适宜的发展机会。再以各种有意义的团体活动以培养合作的精神及责任心,此种团体生活则有社会意义及教育意义的存在。

本所处理 60 个儿童的行为问题,时常采用社会个案工作与社会集团工作两种技巧。三年来经验所得确认为社会个案工作与社会集团工作的互相采用是儿童行为指导工作的最有效的方法。①

该书第二编儿童行为指导工作分论,在第五章倔强怪癖学业成绩不良的儿童中提到一个名叫"华兴"的案例,经个案诊断后,记录如下:

(一)家庭方面:不听话撒谎,装聋,不用功读书。

(二)学校方面:顽皮撒谎,不守校规,不交课外作业,成绩不良。

(三)指导所方面:身体太瘦小,情绪不稳定,注意力不集中。②

汤铭新所在的指导所认为华兴的行为问题均由环境不良所致,所以解决的方法亦应由环境改善做起。工作人员从其个人、家庭和学校陆续开展工作,其中重点使用了个案工作的手法,同时也特别运用了"集团工作"即小组工作的专业技巧。

工作员在学校组织一儿童团使华兴与华兴友参加演说、作文及算术比赛、球队、开会及远足等集团活动,使华兴又有学习分工合作发展才能与兴趣的机会。③

另外一种新的进展出现在社区环境中的儿童福利站。1944 年秋,为训练儿童福利工作人员,并且为学校社会学系、家政学系及其他有关儿童学科提供实习实践的机会和场所,使学生能从现实生活中学习儿童福利工作的理论与技术,金陵女子文理学院在成都小天竺街设立了"儿童福利实验站"。该站除了使用个案工作之外,也非常注重集团工作即小组工作的实验和本土化的适用:

① 汤铭新:《儿童行为指导工作》,商务印书馆 1948 年版,第 60 页。
② 汤铭新:《儿童行为指导工作》,商务印书馆 1948 年版,第 73 页。
③ 汤铭新:《儿童行为指导工作》,商务印书馆 1948 年版,第 79—81 页。

在成都华西坝一带,贫苦失学的儿童很多,他们的父母无知无识,儿童在他们打骂教育中,生活所见者为鄙野之举动,所闻者为污秽之言语,身体方面无合理的锻炼与休息,精神方面得不到正常的娱乐,因此我们的小天竺街儿童福利实验站除了供给这些儿童以教育的机会外,又使他们参加集团活动以补课室教育之不足,儿童53人为一大团体,这个大团体又以年龄之不同分为4个小团体,小团体又依兴趣之不同分作若干组。采取男女混合制,因为完全是男或者女单独组成,容易使他养成一种偏见,团有团名、团号、团规、有团长、文书、会计各一人,由团员推选,既可以培养领袖才能,又可以训练公民的常识,团长总管团内外诸事,文书每次开会记录,会计管理经济事务,每次开会到会者均需签名,记每团每周开会2次,快乐团团员14人,男6女8,年龄为9至12岁,和平团团员14人,男6女8,年龄为8至11岁,一心团团员12人,男7女5,年龄为6到9岁,爱美团团员13人,男8女5,年龄为4至6岁……①

第三节　社区工作实务

关于社区工作的起源,笔者比较认同戴维·A.哈德凯瑟(David A.Hardcastle)的观点:"社会工作者在确定案主候选人、评估社区资源、发展案主社会支持系统、对政策制定者献计献策、制定符合案主需要的项目时,他们都致力于社区实践。社会工作要求一种生态学的视角,而社会生态学就是关于社区的学科。"②当社区作为一种社会生态而存在的时候,我们往往习惯用"平台""资源""支持系统""网络"或者"场域"等概念来指称它,这就使得这一概念

---

① 贺镜涵:《小天竺街儿童福利实验站集团工作报告》,《儿童福利通讯》1948年第13期。
② [美]戴维·A.哈德凯瑟等:《社区工作:理论与实务》(第2版),夏建中等译,中国人民大学出版社2008年版,第1页。

包括建立在社区实践基础上的特殊方法的独立意义被相对遮蔽。这就好像当人们讨论里士满的《社会诊断》一书时,往往认为这本书是关于社会个案工作的开端,但是往往忽略了她在该书以及后续的《什么是社会个案工作?》中所指出的:"社区理论、社会环境和社区实践技术对于社会个案工作的重要意义。个案工作关注的是社区中的个案,而不是局限于那种孤立的个案。"①尽管社区工作是三大方法中最晚被承认的一种专业方法,但是在社会工作实务的背景和资源意义上,社区工作才是社会工作真正的开端。从实务角度出发,和社会工作的起源一样,早期的社区工作也是从在社区开展的一系列的社会救助与社会服务开始的。

在讨论和梳理有关我国早期社区工作的实务资料时,同样需要注意本土历史情境:在西方,社区工作的起源是一个类似于标准化的资本主义工业社会问题与福利制度交互作用产生的过程;而在本土,要加上社会工作引入的外部性以及资本主义发展的被动性和不成熟性。同时,社会福利转型也并非同步。

一、城市社区工作

在《守望与开新——近代的中国社会工作》一书中,彭秀良将 1917 年葛学溥在杨树浦成立的"沪东公社"作为本土城市社区工作的开端,与北平第一卫生事务所、浦东劳工新村、申新三厂的"劳工自治区"作为城市社区工作的雏形。这样界定确实有其理由。但在本研究看来,基督教青年会以及相类似的传教组织进入中国之后,在城市社区所进行的以社区为主要场域开展的各类社会服务,实际上都具有该时代社区工作的属性,都应该纳入历史经验梳理中。当然,本书并不打算像彭秀良那样分类,本研究更希望从相关活动的史料中整理出与前面我们所讨论的知识和方法相一致的专业性的要素特征,同时发掘其本土化的努力。所以,在这里将线索分为两条,一条是西方教会组织或

---

① ［美］戴维·A.哈德凯瑟等:《社区工作:理论与实务》(第 2 版),夏建中等译,中国人民大学出版社 2008 年版,第 6 页。

者本土社会组织在城市社区所开展的具有社区工作属性的社会服务;一条是以完整的社区作为场域开展的一些"社区实验"。

首先我们把基督教青年会的城市服务作为典型案例来分析,尽管他们的活动与我们讨论的社区工作早期特征一样,往往与团体活动相交叉。受社会福音思想的指引,基督教青年会倡导对社会的服务和改造。在本书前面曾提到基督教青年会来华以及创会的历史。在对北京青年会的研究中,左芙蓉指出北京青年会主要通过德、智、体、群四育活动,服务社会、改造社会①。在"德、智、体、群"四育活动中,青年会在培育发展会员的同时,也会强调对城市社区的公共服务。1912 年 10 月 6 日,在时任北京青年会干事的中国社会工作之父步济时的主持下,来自北京 3 所教会学校和 3 所官办学校的 40 名学生创办了北京青年会的附属机构——北京学生团社会实进会,其宗旨就是联合北京青年学生,从事社会服务活动,以实行社会改造——这也是和步济时以社会服务来应对中国社会问题的思想一脉相承的。该组织 1914 年 6 月得到当时"内务部"的批准。② 基于这样以服务改造中国的信念,实进会开展了多项教育、卫生和福利等直接或间接的社会服务,包括在北平开办了 3 所夜校、开展了多次公共演讲和深入社会问题的社会调查等服务活动。以演讲为例:

> 要想在京城推行改良社会的措施,舆论宣传至关重要。实进会的演说部就是宣传活动的具体组织者。演说的内容丰富广泛,形式多种多样。根据内容的不同,可以将演说部的工作分为 4 科即普通科、慈善科、监狱科和编辑科。

> 普通科的演讲所面对的观众比较广泛,举办地点遍布京城。其中东城和西城各有 3 处,南城和北城分别有 2 处,一共 10 处。每星

---

① 参见左芙蓉:《社会福音·社会服务与社会改造:北京基督教青年会历史研究(1906—1949)》,宗教文化出版社 2005 年版,第 79 页。

② 参见 International Division(China),*Plan of the Peking Social Serice Club for* 1914,American YMCA National Archives,1914.

期日演讲一次,每月播放电影或者留声机一次。每次演讲之后,还会组织简短论述。1914 年 6 至 8 月间在总部胡同的实进会游艺场举办露天演讲会,演讲的题稿是由协和医学校的学员提供的,具有很专业化的卫生内容,例如夏日疾病预防和苍蝇之害等,同时播放幻灯介绍有益知识,使会场出现火爆情景。①

更有意思的是,实进会的服务并不是按部就班或者照本宣科地按照青年会的惯例进行,而是在步济时的指导下增加了科学性、专业性和计划性。本书在前面章节曾谈到步济时为实进会提供的"社会工作方法"指导,该指导计划被左芙蓉认为是一份适应本土具体国情的非常详细的"专业性很强的指导计划"②,为其所开展的各类服务活动提供了科学的技术支持。这个评价本身也契合本书在前面所谈到的该时代社区工作的一些专业的理念和目标诉求,因此可以说实进会的社会服务与社会改造,基本上代表了那个时代在中国本土开展的城市社会服务专业性所能达到的高水平。北京如此,其他各地青年会大致开展社会服务内容也都相近,比如戴云峰在其硕士论文中探讨各地的男青年会,举了个天津男青年会与女青年会一起开展社区公共卫生服务的例子:

> 天津青年会于 1932 年 4 月间,亦曾与女青年会合办卫生运动周。除会所内悬挂各种图画标语,使观众得以增进卫生常识外,每晚请医士对于猩红热流行病、家庭卫生、急性传染病、牙齿卫生、眼睛卫生及学校卫生等之演讲。此外并有卫生表演及戏剧等。在卫生运动周内,并施种牛痘,免费验眼。举凡关于普通卫生知识,无不力予以宣传,其运动结果,统计种痘者 350 人,验眼者 210 人。其工作之功

---

① 左芙蓉:《社会福音·社会服务与社会改造:北京基督教青年会历史研究 1906—1949》,宗教文化出版社 2005 年版,第 79 页。

② 左芙蓉:《社会福音·社会服务与社会改造:北京基督教青年会历史研究 1906—1949》,宗教文化出版社 2005 年版,第 79 页。

效,可谓不浅。青年会对于其他儿童幸福运动,拒毒运动及有关于身体健康之社会事业,皆竭力提倡而扩充实行之。其在社会上之体育提倡地位,实不能为吾人所能忽略者。特于中国人民之健康情形,青年会之贡献,更为不少矣。①

与此同时,在各地创设的基督教青年会,多会同时创设各类会员活动中心,吸引青年会员参加,并为这些青年们提供沟通交流的平台,而类似的会员中心,除了其团体工作的功能外,也具有类似美国"赫尔馆"等"睦邻运动中心"的功能。后来"平民教育促进会""中华职业教育社"以及其他本土的社会组织在城市开展的平民教育活动,不仅在领袖和人员上有所交叉,而且大多仿效青年会的一些平民教育形式,也同样带有社区教育和地区发展模式的一些特征。

第二条线索是各地开展的实验性的城市社区服务,其特征是较之第一类相对分散的服务,往往具有特定的社区场域和稳定的服务组织,如沪东公社、北平第一卫生事务所、浦东劳工新村和申新三厂的"劳工自治区"。本书认为,北平第一卫生事务所是一个医务服务机关,其开展的社区工作属性具有行政性和探索性;而沪东公社、浦东新村和申新三厂的"劳工自治区"实际上都是应对劳工问题而产生的特定的社区服务形态,而申新三厂的"劳工自治"又带有企业治理的特征;所以真正更具有代表性的案例应该是沪东公社和浦东新村,而这二者在组织服务的内容和形式层面,有着非常多的相似性。在本书的第四章已经介绍了沪东公社的建设过程及其主要的服务内容,该公社作为社区服务中心的功能设计主要围绕教育进行,旨在提升工人及其家属的识字水平,同时丰富他们的业余生活,也有增进其交流互动的意图在,但服务并不算综合。所以,结合在第三章劳工社会工作中的一些研究,本书选择一个更具有代表性的浦东劳工新村。

---

① 戴云峰:《中国男青年会之社会事业》,燕京大学法学院社会学系学士学位论文,1933年,第63页。

在戴云峰的毕业论文中，是这样描述"浦东劳工新村"的：

> 浦东屋少人多，贫苦之户，每数家同赁一屋，实不讲求卫生。每至春夏，疾病丛生，因而死亡人数极多。故青年会建设新村之目的为（一）改良居室，（二）提倡卫生，（三）禁绝赌嫖，（四）联络好感，（五）培养公民，（六）普及教育，（七）促进村民自治与（八）希望全国风行。而其工作则以四育之程序为重。关于德育为促进个人道德。新村中时请名人演讲各种有益身心之题目，并组织人生问题讨论班，尤多注意个人谈话，以便相机引导。据其1930年之报告，共有宗教演讲4次，到会者587人及圣经班12次，参加者196人。……现今大部分工友，甚愿移进新村居住。惜房屋甚少，不敷分配。此后对于浦东之建设，尚须尽力扩充也。①

概括来讲，浦东新村仍然延续了基督教青年会工作传统，主要服务内容是围绕着社区服务中心，开展了"四育"为核心的各种服务活动。但是较之基督教青年会以全市为服务范围、面向会员的服务方式，浦东新村带有典型的"睦邻运动"的性质，而且已经有了促进村民自治的举措。与沪东公社相比，对工人住房条件的改善在很大程度上扩大了社区服务工作的范围和内涵，带有社区发展的一些特征。与之相类似的还有"沪西公社"，也是以教育为主导的"四育活动"，只是在任务说明中添加了一个"合作精神"培养，但并没有具体介绍：

> 上海青年会自试办浦东劳工新村后，深知现今之工人，皆渴望教育，惜无人教导之。故青年会又于上海之西偏，东至莫干山路，西至白利兰路，南至康脑脱路，北至苏州河，得获一工区。此区有棉花厂，面粉厂，丝厂，织袜厂，电冶厂，制革厂，食品厂及铁厂等数十处之多。其工友4万余人。青年会即于劳勃生路小沙渡路口，租得地基一亩，

---

① 戴云峰：《中国男青年会之社会事业》，燕京大学法学院社会学系学士学位论文，1933年，第63—64页。

建筑一简单之房屋,沪西公社即于 1930 年十二月成立矣。青年会既为社会机关,工作皆为社会事业。创办此种公社,亦为社会事业之一种,为服务工人之机关。其性质为人类谋幸福,为劳工谋生计。青年会创办沪西公社之主要意义,亦即为欲解除沪西数万工人及其家庭之痛苦,使每工友,可得生活之愉快。故沪西公社重要之任务为(一)实施工人教育,(二)改良工人生活,(三)发展工业效率及(四)促进合作精神。[①]

总的来看,城市社区工作在当时总体上呈现出一种相对分散和专业性不足的状态,既没有像乡村建设运动那样形成一种"运动",也没有得到政府在体制上的支持。究其原因,还是和当时政府在基层的治理缺位以及社会组织发育不足有密切联系。当然,如果具体到本土文化和社会背景层面,则与当时的社会转型、城市社区联系纽带的瓦解与重构有关。当时的城市社会结构,仍然以传统邻里纽带和同质性的集体意识作为基础,这种类似于俱乐部制的社会结构缺乏成熟的嵌入路径和土壤,这也是为什么较为成功的社区实验往往在工人密集的社区得以实现的主要原因。西方的社区工作缘起于贫困的社会治理和对社会流动所带来的社区疏离的一种应对策略,而这一问题在当时的中国既没有充足的社会组织来承接,也没有得到政府的有效的社会福利制度加以支持。

二、乡村建设运动:以清河试验区为案例的分析

本书已经在第三章讨论过乡村建设运动的专业性和本土化的问题,所以在此不再赘述。诚然,国内学者已经开始接受乡村建设运动作为早期社区工作的专业属性,但从其发生发展、理念和工作方法以及与高等教育之间的关系来看,以晏阳初、梁漱溟等人为主导的乡村建设运动确实和步济时引入以及经

---

① 戴云峰:《中国男青年会之社会事业》,燕京大学法学院社会学系学士学位论文,1933年,第65—66页。

由燕京大学等高校知识精英所推展的专业教育和专业教育影响的实践有着一定的区别,所以,本章另辟蹊径,不再讨论晏阳初、梁漱溟、陶行知,甚至卢作孚等人主导的乡村建设运动,而是分析一下燕京大学主导的乡村建设运动,以清河试验区为案例,尝试与第三章的讨论做一个对照。

从社会工作角度来看,清河试验区将社会服务集中于清河镇为中心的 40个村庄,所开展的服务形式和参与的主体人员都有着当时社区工作的一些专业要素。首先,清河镇的概况如下:

> 清河镇距离北平德胜门 18 里,为北平至张家口及蒙古必经之路,同时又位于 40 村的中心地,离各村最远的是 12 里,最近的是 1里,为全村收集农产与销售制造品的集合场所,所以成为 40 村交通及商业的中心。全镇有 580 家,2700 余人。居民职业最多者为经商,计估 29%,农业估 22%。本地主要交通有京绥路(在镇之西北 3里设立车站)但清河车站距离镇上稍远,行车时间又不确以至于客运商运多越清河直达北平,所以本地主要交通方法为人力车,自行车,马车及骡子。①

为什么要开设清河试验区呢? 我们在第二章谈到过许仕廉在欢迎江西省政府国内农业农村事业考察团讲话中介绍"清河试验区"为实习创设的目的,即一是为了给研究社会工作提供一个实验场,二是为学生提供实习实践的机会。而在《清河试验区妇女工作》一文中,主办人杨开道教授的学生谈到试验区目的:

> 试区之目的——清河试区是燕京大学社会学系所主办的,其目的有四:一、使学术机关与社会发生密切关系,培养学生的社会服务精神与技能。二、使中国社会学者认识本国社会情形。三、使试区成为试验改进社会的技术的地方。四、以试区来表证区行政的方法,使

---

① 邓淑贤:《清河试验区妇女工作》,燕京大学文学院社会学系学士学位论文,1934 年,第 1 页。

人力与财力各方面都有相当的准备,局部试验以资大处推行。①

自 1928 年燕京大学社会学教授杨开道带领一个调查组进驻清河镇之后,为期十年的清河试验区就宣告成立了,清河试验区主要是怎么做的呢? 邓淑贤在其毕业论文中指出:

> 清河社会试验区包括清河镇及其四处附近的 40 村,清河试验区的办公处设在清河镇。试验区的工作分经济、社会、卫生、统计,四股。各股的工作有的限于本镇,有的施于各村卫生股设立的医院,经济股的毛线业,社会股的地毯班,皆在本镇卫生股助产士的工作及种痘预防工作,经济股的小本借贷农民合作社,社会股的教育工作在其他各处亦有。②

时任燕京大学社会学系系主任的许仕廉做过更具体的统计:

> 截至上年 6 月止,吾人之工作,已扩充至 18 村。包括小规模信贷工作,(16 村)青苗会诉讼等之调查以及主要日用品统计之研究,(3 村)养猪,(8 村)养鸡,(7 村)开设幼稚园,(3 村)筹备儿童借书等事。
>
> 初,本区工作由燕大社会学系派委执行委员会董理之。至 20 年 9 月改为主任制,该学系派一主任负其全责。工作分三组,每组各有组长与工作人员。于此种组织方法之下,可收人才与政策权力集中之效。
>
> 三组工作之分类如次:(一)农村社会服务,(二)农村经济,(三)农村调查。③

---

① 邓淑贤:《清河试验区妇女工作》,燕京大学文学院社会学系学士学位论文,1934 年,第 7 页。
② 邓淑贤:《清河试验区妇女工作》,燕京大学文学院社会学系学士学位论文,1934 年,第 1 页。
③ 许仕廉:《清河农村社会中心》,《河北月刊》1933 年第 2 期。

　　许仕廉还介绍了 1933 年当时清河试验区的主要工作。农村社会服务主要是儿童工作、妇女工作、公共卫生工作、娱乐与游戏;而农村经济层面,曾设置农事实验场(提供了良种猪和鸡,后因故停办),开办小额信贷和组织信托会社:

　　　　小规模信贷所之工作,已开始进行,目的在借以降低该地借款之利息,(该地借款利息通常月利 3 分 6 至 4 分)并晓谕居民以储蓄之利息。深望是项事业能渐发展为农民银行。

　　　　……借贷所以当地人民 5 人任委员组织之,以本区社会经济组所长为秘书。一切事务,由委员会负责办理。其所制度如次:如借 10 元之款,第 1 月可不付款,嗣后 11 月每月需付 1 元,即以 1 年为期,共偿 11 元。第 1 年内借款人 41 名。20% 先期归还,20% 过期归还,其余 60% 按期归还,并无欠债者。

　　　　……

　　　　借款者大多为农人,39% 小贩,20% 工人与商人 16% 大部借款者皆借做资本,48.8% 或为耕作之用,或以偿还高利息之债。

　　　　中国华洋义赈会,尝欲在华北各处设立信托社,鼓励人民做未雨之绸缪,使人民合伙借资,办理某项事业。本区亦曾进行是项信托会社组织。当一会社组织成立,由本区域予以承认,承认之后,该社员即有借资之权。截至 21 年已有 5 个信托会社经本区认可成立。①

　　所以这里可以看到,清河试验区的农村社区服务和经济这一部分,注重了对农民自助精神的培养并且尝试以经济组织来推进基层社区自治,已经带有"社区发展"的意蕴在里面。如果说许仕廉的介绍还带有间接性的话,那么我们可以具体看一看清河试验区的社会服务工作,以妇女工作为例:

　　　　社会股的工作本规定作一切社会服务工作的。但是因为人力及

---

　　① 许仕廉:《清河农村社会中心》,《河北月刊》1933 年第 2 期。

财力的限制,及避免与其他机关重复起见。所以所做工作多属于妇女及儿童方面。因为妇女不识字的百分数远过于男子,儿童亦少机会享受基本幼稚教育,所以本区妇女及儿童工作预定先从识字教育入手,再教以如何生活,如何成为好公民并训练共同生活的习惯,组织团结的能力,不过乡间工作往往不能按照预定计划刻板的履行,要时时顾到当时的情形,需要基于经济能力,及本地的人才而进行的。①

首先,从事妇女工作的主要工作人员是专业人士,比如当时燕京大学社会学系的吴榆珍担任社会股股长。她后来成为业内个案工作的专家,本书在之前"个案工作"一章曾经提及她所编著的教材。此外还有教员胡荣德女士,担任幼女班文字、公民教育以及教导幼女领袖、督责学生的工作学业等任务。在当地的妇女工作中,积极鼓励并吸纳本地人士,培育社区领袖作为工作开展的成员,比如本地女子领袖郭瑞霞和郭秀清,均毕业于试验区手工班。郭瑞霞主要负责给试验区幼女班教授千字课及手工,以及为各地女子团教导缝纫并取送所做的活计。而郭秀清曾在家塾念过二三年书,当过试验区幼稚园教员。②

其次,主要工作理念是助人自助,而且非常注重本地居民参与,有着类似于"地区发展模式"的能力建设的功能设计。试验区的妇女工作是逐步推进的,也是建立在对当地农村需求调研基础上的,并尝试立足本地的资源和力量来推进,由试验区的社会股具体负责督导:

> 妇女工作起始的步骤是先求明确本地的情形寻查其需要,涉猎本地人才。然后设法推动本地人的自动力,并予以协助指导进行的

① 邓淑贤:《清河试验区妇女工作》,燕京大学文学院社会学系学士学位论文,1934年,第7—8页。

② 参见邓淑贤:《清河试验区妇女工作》,燕京大学文学院社会学系学士学位论文,1934年,第12页。

方法。关于经费也求地方自己,无论办什么工作,都要设法利用本地的财富来维持。在不得已时再由试区津贴,这样才能养成地方自己的能力。①

在具体工作形式和工作方法方面,既有社会团体工作的形式,也有社区组织的方法,带有综合服务的特征。试验区的妇女工作主要分为妇女社会工作与妇女卫生工作两种。妇女社会工作又分为生计教育和公民文字教育,基于村民文化素质较低,所以试验区的妇女工作是由职业工作入手的。比如开设女子手工班,一方面教手工,一方面教千字课和公民常识及其他的课程。② 社区组织方面,试验区尝试创设了母亲会:

> 试区会股设有母亲会,宗旨在改良妇女生活,及探求儿童福利,自民 21 年 7 月起改由助产士主领,当时只有清河镇母亲会 1 处,每星期开 1 次,后因感母亲会有扩充必要,是年 10 月在前八家,后八家,三旗村相继成立母亲会 3 处,规定每处每星期开会 1 次。统计半年共开会 41 次。到会人数有 355 人。至 22 年 1 月因举行产婆训练班,助产士 1 人不能兼顾,所以母亲会暂且停办,等产婆训练班结束后,母亲会重又按时开会。并在黄土北店,马房,上地,东小口 4 村增设母亲会 4 处,规定每星期开会 1 次,演讲普通卫生常识,孕期卫生,产后卫生及婴儿护理法。统计民 22 年一,二,三各月内共开会 9 次,到会人数 169 人,至是年四月,以战事发生,乡村妇女多离家避难,母亲会遂告停顿。③

由上述细节不难发现,以燕大社会学系为主导开展的乡村建设运动,确实

---

① 邓淑贤:《清河试验区妇女工作》,燕京大学文学院社会学系学士学位论文,1934 年,第 7 页。

② 参见邓淑贤:《清河试验区妇女工作》,燕京大学文学院社会学系学士学位论文,1934 年,第 7 页。

③ 邓淑贤:《清河试验区妇女工作》,燕京大学文学院社会学系学士学位论文,1934 年,第 48 页。

较之稍早和同时代国内开展的乡村建设运动更趋于学院派。清河试验区原计划开展 7 年,后因 1937 年的日寇入侵而终止。1936 年王贺宸《社会学界》第 9 卷发表了《燕大在清河的乡建试验工作》一文总结了试验区的工作,谈到了试验区组织建设的 6 个原则:

①以调查为基础,实事求是;②以通盘计划应对整个问题;③以经济建设为重心;④一切工作均与各专门机构合作;⑤尽量聘用本地人才,加以训练,以参加我们的工作;⑥我们不顽固的守旧,也不盲目的维新;⑦一切设施力求经济简单,以适合中国乡村经济情形,而为将来推广的准备。①

三、合作运动与合作事业

与前面的基督教青年会的城市社区服务和农村的乡村建设不同,合作运动与合作事业经济学或者经济计划的味道更浓,但是从前者里面的一些蛛丝马迹实际上可以看到当时的合作运动影响之深远。亚塔尔·葆尼(M. A. Birnie)在《近世欧洲经济史》一书中谈到,合作运动中的合作理想状态是一种"共和的政体",其中的生产事业由生产者与消费者自愿组织的协社来管理,造成现今社会制度不公平的利润被抑制了,剥削也就再也不可能了。② 合作主义和合作运动,可以追溯到空想社会主义,最初其理论来源和实践目的是针对资本主义所造成的阶级压迫和剥削,到了当代则成为社区发展的一种重要形式,究其本质是一种由经济领域延伸到社会建设的民主合作运动。具体到近代中国,20 世纪 20—40 年代,先由民间推动和践行,后由国民政府主导的合作事业本质上是解决民生问题的社会建设。③ 据当时中国合作学社印行的

---

① 王贺宸:《燕大在清河的乡建试验工作》,《社会学界》1936 年第 9 期。

② 参见[英]亚塔尔·葆尼:《近世欧洲经济史》,上海社会科学院出版社 2016 年版,第 226 页。

③ 参见汪效驷:《政府和民间在社会建设中的角色担当——以民国合作事业为中心的探讨》,《兰州大学学报》(社会科学版)2014 年第 4 期。

合作运动发起人之一薛仙舟的《中国合作化的方案》一书中的论证,合作运动同孙中山与国民党所遵循的"三民主义"有着紧密的联系。①

近代中国的合作运动经历了从城市到农村,从民间到政府的发展历程。据张士杰的研究,五四运动之后,合作主义的美妙理论吸引了中国的知识分子,合作主义被当作改造中国社会的良药,消费合作社、信用合作社、生产合作社和合作研究社纷纷兴起,到1923年全国各主要城市先后出现30多个合作社,里面建设较早并卓有名气的有"北京大学消费公社""上海国民合作储蓄银行""湖南大同合作社""平民学社"等,形成了一股合作热潮。② 但这些在城市搞的合作社,很快就被北洋军阀镇压下去;而与此同时,华洋义赈会在农村推动的合作防灾运动却开展得非常成功,得到了当时社会的普遍关注:

> 义赈会在我国农村信用合作社运动史上实居领导者的地位,且为提倡的先锋,他有深长的历史,有十余年指导的经验,拥有济济的人才,有固定的合作底款,有强固的组织,国际上有相当的声誉,有执国内指导农村信用合作社牛耳的资格。凡此种种我们不谈中国的农村信用合作社运动则已,若谈则非此君莫属。③

华洋义赈会所推动的农村合作运动实际上重点集中在"信用合作社"。1928年,华洋义赈会组织各方专家论证,探讨改善中国农村经济,与会专家均认为组织农村信用合作社实为当务之急,专设农利分委办会,筹划相关事宜。农利分委办会成立后,第一件事就是为推动农村信用合作社做相关调研,伍佰禧在其毕业论文的研究中记录了这一过程:

> 义赈会成立以后,即按照救灾和防灾的任务作去,救既成的灾固

---

① 参见薛仙舟:《中国合作化的方案》,中国合作学社1936年版,第1页。

② 参见张士杰:《中国近代农村合作运动的兴起和发展》,《民国档案》1992年第4期。

③ 伍佰禧:《中国华洋义赈救灾总会农村合作事业之研究》,燕京大学法学院社会学系学士学位论文,1936年。

然很积极,然而防未成的灾也是很努力的开始了。当时聘请了许多专家,筹划种种预防灾患,改善农民经济的方法,结果,均认为组织农村信用合作社实为当务之急,乃选了几位委员,组织农利分委办会,筹划办理一切合作事宜。农利分委办会成立于民国十一年四月二十七日,会员十九人。是日开第一次会议,决定从调查一定区域内的农村经济状况及研究农村信用制度入手。并经执行委员会议决拨款五千元为调查经费,于是请定各大学教授及学生分头担任调查,同时又请定北大、燕京、师大各校代表,及卜恺(BUCK)、唐有恒两先生编制问题调查表,以直隶、山东、江苏、浙江、河南、湖南及山西为调查区域,同时亦函请各区或附近的大学帮忙。是年六月执行委员会议决另拨款五千元为于各相当村落,设立农民借本处的试办费,后又拨充底款五万五千元,经费一万三千元,专家研究费七百六十元,前后共计六万八千七百六十元,专由农利分委办会司其事,到了假期内即实行调查。共计出发调查的大学生六十一人,代表燕大、北大、工人、清华、天津新学、齐大、金大、东吴、之江等九个大学,他们的调查是根据农利分委办会的调查问题表。此次调查的有二百四十村,包括直隶、山东、安徽、江苏、浙江五省,费用两千八百余元。其调查报告结果编辑成书,由总会出版,名为《中国农村经济之研究》。①

1923 年 8 月,华洋义赈会邀请专家,制订合作事业发展的具体步骤和方针,《处理农村合作事业方针》正式发布。方针第三条明确了其工作计划:(一)从信用合作社入手,逐渐提倡他种合作及其联合会;(二)由直隶省逐渐推及全国;(三)先办预备社后转正式社。② 同时方针第十条规定:"本会相机

---

① 伍佰禧:《中国华洋义赈救灾总会农村合作事业之研究》,燕京大学法学院社会学系学士学位论文,1936 年。
② 参见中国华洋义赈救灾总会:《农村信用合作社章则(第八辑):本会处理农村合作事业方针》,《中国华洋义赈救灾总会丛刊·乙种》,1932 年(卷期不详)。

办理合作教育,如讲习会及巡回书库等,并将关于各种合作,农村经济,及农事改良,农村副业等事项之材料尽量汇集,编印定期刊物或专刊籍供参考"①。

　　所以合作社并不仅是以金融手段来振兴乡村经济,改善民生,还有以此为平台,进行平民教育的预期。1925 年,农利股成立,作为农村合作事业的执行机关。农利股工作程序大致有六步②:第一步,农民有成立合作社的动机,即可申请成立合作社,但需要确认是否符合协会关于成立信用合作社的要求。第二步,由华洋义赈会寄出组织合作社的步骤等说明文件,由申请者学习。第三步是发起人按照文件要求召集筹委会并设置理事会。第四步登记后的合作社提交申请。第五步,接受调查,调查范围包括:精神方面、业务方面、手续方面。第六步,获得华洋义赈会的承认。除刊登合作讯外,申请者会收到一封函件如下:

　　　　经启者,贵社自完成登记后经本会派员调查,并于__年__月__日
　　提交本会合作委办会第__次会议审核,准予承认。为此检同承认证
　　书。函寄收执,即希贵社振作精神,努力进行,以期社务蒸蒸日上,俾
　　达尽善尽美之境,是为至要。随函附去社员一览表__张,职员印鉴纸
　　__张。检收后,分别照式填写,以一份寄会,一份存社,可也。此致。③

　　义赈会对合作社的放款主要是信用合作社和联合社。信用社运营特征:第一,社员对于社中事业负无限责任,使彼此发生连带关系,以巩固社员信用;第二,社员入社须认购社股,缴纳股金,使社员与社发生密切关系;第三,收受存款以期增高放款能力;第四,义赈会供给合作社资金,使其得以贷放于社员。联合社有信用合作联合社与兼营运销供给事务之联合社两种,任务为:第一,

---

　　①　中国华洋义赈救灾总会:《农村信用合作社章则(第八辑):本会处理农村合作事业方针》,《中国华洋义赈救灾总会丛刊·乙种》,1932 年(卷期不详)。
　　②　伍佰禧:《中国华洋义赈救灾总会农村合作事业之研究》,燕京大学法学院社会学系学士学位论文,1936 年。
　　③　伍佰禧:《中国华洋义赈救灾总会农村合作事业之研究》,燕京大学法学院社会学系学士学位论文,1936 年。

调剂各社金融;第二,经营各社所不能经营之业务;第三,宣传合作思想;第四,监督各社。按照农村信用合作社联合社借款须知与运供合作社联合社借款须知,联合社贷款手续与合作社相似,其数额以其社股及保证金额之五倍为限。由于适应农村经济和农民生活需要,加上运营得当,华洋义赈会的农村合作运动得到了迅猛发展:

> 当其提倡信用合作之始,民国十二年时仅有承认社八社,社员256人,资本总额286元。但经过10余年之努力提倡,截至最近24年底承认与未承认社已有2613社,而社员亦有78394人,资本总额已进至366681.80元,其进步之速,实可惊人。①

然而,这种社会服务方式当属社会福利和慈善事业的一种,与社会工作尤其是社区工作有何种关系呢? 本书认为,社会工作往往重视对人的服务,在生计支持和经济发展方面有所欠缺,倡导信用合作、生产合作和消费合作的农村合作事业,可以有效补充此方面不足。而事实上,这种有效的形式也确实很快被乡村建设运动和学院派们所关注:

> 义赈会的合作救灾运动很快引起社会的普遍关注。有的人亲访赈会,了解情况,索阅刊物,有的要求派人来会短期见习业务,有的要求随同赈会外勤人员下乡参观。《合作讯》上出现了商业广告,个别高等院校将有关农业的印刷物附在《合作讯》散发到农村。一些从事乡村社会改良的团体也派人来学习、取经,如梁漱溟的乡建派、晏阳初的平民教育促进会,他们从义赈会那里吸取经验,将创办合作社作为救贫防灾的手段,在各自的试验区推广。燕京大学社会学系亦把合作列入课程,不断邀请义赈会的骨干去讲学。全国的新闻媒介,如天津的《大公报》、《益世报》经常撰文介绍义赈会办社经验,宣传组织合作社的好处,倡导合作事业。全国从事乡村社会经济改良的

———————————

① 伍佰禧:《中国华洋义赈救灾总会农村合作事业之研究》,燕京大学法学院社会学系学士学位论文,1936年。

各派、各团体分别于 1933 年在山东邹平、1934 年在河北定县、1935 年在江苏无锡召开了"乡村工作讨论会",乡村合作事业作为会议的重要内容,受到了各与会者的注意。①

这种关注,包括本书在前面章节介绍过的晏阳初等人对卢作孚的实业主导的乡村建设思路的关注,都从侧面说明了一个问题,那就是乡村建设运动的发起者们对中国农村的判断在某种程度上不仅缺乏政治思维,而且缺乏"经济思维",对指向人的现代化的平民教育工作脱离了中国的具体政治格局和中国农村农民真正关心的民生问题,很容易成为空中楼阁和乌托邦。而事实上,在前面提到的燕京大学的"清河试验区",就有效地吸纳了华洋义赈会的信用合作社的工作。关于合作事业和社会工作的关系,在孙本文主编的《社会行政概论》一书中,专门辟出一章,由寿勉成撰《社会行政与合作事业》一文,论证了二者关系:

合作事业与社会组训②

我在前面说,社会行政的两大目标是社会组训及社会福利,而于这两个目标,及社会行政策略上均有密切联系的,那就是合作事业,合作事业的本身就是一种民众的组训,因为把民众组织成为合作社,已办理生产,运销,消费等各种合作业务,并指导民众如何以自己联合的力量,达到更生的目的,就是对民众最好的一种组训,在组训的策略上说,这是最能适合民众心理与需要的一种组训,而且,可以从这种组训工作,根绝社会问题的再生。

合作事业同时也是社会福利的工作,因为它虽然不是消极的救济性的社会福利事业,但扶植社会上的弱者,只能自力更生,办理消

---

① 伍佰禧:《中国华洋义赈救灾总会农村合作事业之研究》,燕京大学法学院社会学系学士学位论文,1936 年。

② 寿勉成:《社会行政与合作事业》,载孙本文等:《社会行政概论》,中国文化服务社长春分社 1946 年版,第 81—82 页。

费合作,使消费者不再受商人的剥削,办理信用合作,使借贷者,借债者不再受高利贷的压迫,办理征地合作,使佃农不再受地主的盘剥,办理工业合作,使劳工不再受资本家的虐待,诸如此类,在合作事业方面,还只是几种消极的作用,而在民众的福利方面已可收到积极的效果,所以在社会福利的行政策略也是很值得我们注意的。

在寿勉成看来,社会行政的目标不外乎社会组训和社会福利,具体来讲就是让民众成为有秩序的民众、有生气有活力的民众、有生计和福利的民众、民胞物与的民众;那么合作事业既能够让大家组织起来,又能够让大家自力更生地过上好日子,这不就是社会行政的策略和目标吗?很显然寿勉成的社会行政概念并不完全等同于社会工作,但我们若站在政府角度,充分考虑当时社会建设的要求,社会行政的内涵和外延的扩大本身就是本土化的一部分,而如果将这种合作事业纳入社会工作中来,具体到社区和社会团体活动中,以及其积极推动农村社区发展的视角来看,合作事业的确具有一定的社会工作属性。

另一个区域性的社会工作,也即"大社区工作",本书认为还有中国共产党领导下的中央苏区、陕甘宁边区以及后来的解放区的民政工作。之所以将这种工作界定为区域性社会工作,主要是因为当时的这些区域与国民党统治区相对隔离,并且在意识形态、政权建设等方面与当时国民政府统治下的所谓"主流社会"迥然不同,在整体的区域性社会中形成了相对独特的社会建设与治理的方式;而其中与民生相关的社会救济、妇女儿童工作、合作事业、拥军优属、社会风气改良以及生产运动中形成的政府与社会团体合作,思想教育与群众动员的传统非常具有本土性——这种传统历经抗日战争、解放战争延续到新中国成立后,并且成为政府主导下民政工作的重要工作方法。同时,这种区域性社会与当时社会工作发展的主阵地城市社会也存在很大差异,"农村包围城市"的道路决定了"边区"和"解放区"的乡土性,而这也是本书强调其可以作为区域性社会工作,归入本土社区工作的一个理由。关于这部分内容,将在后续章节做具体分析。

第六章　本土:民政工作传统的形成

　　讨论中国社会工作早期历史包括更宏观的本土化问题,始终绕不过去的是带有中国特色的"民政工作"的角色和地位及其性质的问题。在本土社会工作实务历史的梳理中可见,源自西方的社会工作在我国经历了从民间慈善组织到政府社会福利专业技术的演进已经相对成熟,但伴随着新中国成立后的高等院校调整,社会工作专业被裁撤,这一条线索实际上中止了;而另一方面,1928 年大革命失败以后,中国共产党走上"农村包围城市"的革命道路,围绕边区基层政权建设形成的民政工作传统于新中国成立后从农村进入城市,切实发挥了"社会工作"的功能。而且更重要的是,社会工作专业恢复重建以来的社会工作实务是在民政系统的体制机制中展开的,这种"嵌入性"的要求对社会工作形成了一种"形塑"作用,直接决定了社会工作的本土情境。因此必须正视一个基本问题,即在中国特色社会工作的历史与体系中,民政工作并不是简单的政府的"行政性社会工作",而是社会工作实务的重要结构性特征。

第一节　中国共产党的农村道路与
边区的基层政权建设

　　中国共产党和社会学以及社会工作学科是有着"先天"的社会联系的。

这种联系最早始自高校学生和知识分子的"救亡图存"的使命感——基于拯救社会而需要认识社会和分析社会的需要。在共产党主导的边区——苏区、陕甘宁边区、晋察冀根据地等的军政建设和基层政权建设中,并没有像国民党统治区一样将舶来的社会工作纳入国家社会福利体系建设中,而是创设了一整套基于农村政权建设的民政工作传统,并深刻影响了中国社会工作的实务发展史。

一、早期的中国共产党与社会工作

从既有的资料来看,追根溯源的话,早期中国共产党与社会工作的引入和发展同样有着关联。尽管没有更多详细的资料,但至少在步济时成立的北京社会实进会于 1919 年创办中国国内最早的社会学杂志《新社会》时,后来加入中国共产党的瞿秋白,以及志同道合的民主人士郑振铎、瞿菊农、许地山等人就曾经在该刊物上发表过与社会改造、妇女运动、中国社会问题剖析等性质的文章;在农村问题上,早期的共产主义者、中国共产党的创始人之一李大钊曾倡导青年"走向农村去";1927 年毛泽东发表的《湖南农民运动考察报告》不仅参与了当时的乡村问题和乡村建设的讨论,并且初步奠定了后来党的农村道路的科学基础,对苏区和陕甘宁边区以及后续的解放区的民政工作也不无影响;与乡村建设运动相比,毛泽东主持的社会调查真正洞察到了代表民间的农村在当时的迫切所需,在一定程度上这有助于中国共产党在道路选择上从根本上克服知识分子们改良中国农村,倾力乡村建设的各种道路的弊端,真正实现了知识分子当初"到民间去"的历史使命。但是,在后续的边区建设中,在农村特定的经济社会条件下,舶来的"社会工作"并没有引入和应用到基层政权建设中。而与此同时,一种以内务管理为主要形式并结合基层政权建设的新的工作传统应运而生,并成为新中国成立后中国社会工作恢复重建的最重要的本土情境。

二、中国共产党边区建设工作中的民政工作

中国共产党的农村包围城市道路在政权形态上体现为"边区"建设,肇端于中国共产党对稳固的后方和战时后勤建设的需要,其本质是一种改造型的政权建设模式。因为它非自然产生,而是伴随着中央红军战略转移,将中国革命大本营设置在西北地区的结果;而随后又经历了"西北苏区""苏维埃中央政府驻西北办事处",以及"抗日战争时期边区政权",因此陕甘宁边区明显区别并独立于蒋介石统治集团,而实际上是中共力图建设的新社会"试验区"①。在不断发展和尝试中,边区的建设理念不仅不同于国民党统治区,而且由于围剿、封锁和战争的需要,形成了一种权力相对集中和集中力量处理突发问题的管理和建设方式。② 这一点也深刻影响了在边区开展的各种民政为主的社会工作。

在这种政权和社会形态背景下,边区的民政工作更像是处理"后勤"工作的一种职能的集合。边区民政工作的前身是中央苏区的"内务人民委员会",隶属于中央执行委员会,按照职能下设市政、行政、卫生、交通、社会保障、邮电部门,后又设民警管理局、看护学校和优待红军家属局;1935 年中央红军到达陕北后,成立西北办事处、下设内务部,民政工作内含其中。③ 1935 年 11 月24 日公布的《苏维埃政府中各级内务部组织纲要》规定中央内务部隶属于中央政府西北办事处,同级政府执委会下辖省、县、市各级内务部及区的内务科和乡的"内务优红委员"。④ 纲要要求各省县市均设内务部长 1 人,区设内务

---

① 参见李智勇:《陕甘宁边区政权形态与社会发展(1937—1945)》,华中师范大学历史研究所博士学位论文,2001 年,第 43—47 页。

② 参见李智勇:《陕甘宁边区政权形态与社会发展(1937—1945)》,华中师范大学历史研究所博士学位论文,2001 年,第 12—47 页。

③ 参见胡民新、李忠全、阎树声:《陕甘宁边区民政工作史》,西北大学出版社 1995 年版,第2 页。

④ 参见胡民新、李忠全、阎树声:《陕甘宁边区民政工作史》,西北大学出版社 1995 年版,第3 页。

科长 1 人,乡设优红委员、内务委员各 1 人,各由该同级政府选委产生,但须送上级批准。中央及省县市的内务部暂设邮政管理局、交通建设科、优红科和内务科,但实际上,这些科室在当时功能并未健全,机构均很简单。

抗战爆发后,1937 年 10 月民政厅成立,历经改编,到 1945 年基本定型。当时的设置包括秘书室,一科主管政策;二科主管干部;三科主管教育;附属机关包括卫生署、干休所、干部招待所、荣校、托儿所、保育院①——也即有了主要的职能处室和附属事业单位的雏形。1949 年伴随着解放战争胜利在望,革命形势要求做好接手城市治理新课题的任务,民政工作职权扩大,基本上与新中国成立后的职能任务接近。当时规定民政掌管地方政权的组织建设、行政区划、市政建设、选举、户籍人口之调查登记,干部之管理、培养、保健、考核、奖惩、任免、战勤动员、参军、优抚拥军及社会救济、土地改革、减租减息及土地清丈登记、确定产权、调解土地、房屋、债务纠纷、租赁关系、卫生行政与指导民众医药卫生,管理婚姻、宗教、礼俗、儿童保育、实施禁政(禁烟、禁毒、禁赌)、人民团体登记等。②

边区的民政工作与当时的国民政府的"民政工作"具有一定的相似性,比如都负责具体包括地方团体行政、选举、教育学艺、公益慈善、户籍、整饬礼俗、司法警察、社会救济、婚丧、兵役等工作③;而且在抗日战争时期都具有一定意义上的"战时后勤"的功能。但边区的民政工作"军政"的色彩更为突出,其实质是一种基于战争(尤其是战略物资、优抚、民兵、稳定等需求)和基层政权建设需要的综合的社会治理,带有社会服务性质的工作,比如合作事业、儿童妇女工作、优抚安置等,仅仅是其中的一部分;另外,社会工作并不仅仅只存在于

---

① 参见胡民新、李忠全、阎树声:《陕甘宁边区民政工作史》,西北大学出版社 1995 年版,第 10 页。

② 参见胡民新、李忠全、阎树声:《陕甘宁边区民政工作史》,西北大学出版社 1995 年版,第 2 页。

③ 参见王云骏:《南京百年城市史(1912—2012 社会管理卷)》,南京出版社 2014 年版,第 110 页。

政府主导的民政工作,还包括由民间自发的一些创造性的具有社会工作元素的社会救助和社会服务,以及一些借鉴或者直接来自国民党统治区的社会运动等。

第二节 边区社会工作实务

一、救灾赈济

边区既然被称为边区,大部分是省际交界,自然地理条件相对恶劣,加上自然灾害、战争以及匪患等影响,贫民和流民较多,救灾赈济任务突出。最初陕甘宁边区政府的应对策略是组织建立"民众抗敌互济会",之后于 1937 年 10 月成立民政厅,下设社会保障科,专门领导赈灾救济工作。抗战胜利后,中国解放区临时救济委员会组织及工作条例颁布,各分区设置救济支会,各县市政府一科办理救济会事宜,必要时可设置救济组。当时的边区救济分会的任务有 5 项:

①调查报导边区一切军民伤亡和损失以及人民群众需求的各种情形,向上级汇报;②协助政府筹划因天灾和战争造成的各类善后事宜;③统筹安排各种救济的款项物品;④与总会经常发生密切联系,接受总会的援助和指导;⑤负责指导各分区救济支会工作的开展。①

为组织领导边区救灾救济,边区于 1947 年 10 月又成立了生产救济委员会。边区救灾赈济的组织除民政厅负责领导这一工作外,抗战中有民众抗敌互济会、边区赈济委员会。抗日战争胜利后,有中国解放区陕甘宁边区救济分会、边区生产救济委员会等组织。在这里面需要强调的具有一定社会工作要素的是尽管赈灾救济是政府主导,但其开展策略是以政府借资救济、群众互助

---

① 参见胡民新、李忠全、阎树声:《陕甘宁边区民政工作史》,西北大学出版社 1995 年版,第211 页。

形式筹垫粮款及以工代赈等形式进行。①

二、合作事业和生产互助

笔者在讨论社会工作专业方法社区工作一节中曾经提及近代以来中国本土的合作运动以及所开展的合作事业,并将其定性为一种具有社区发展性质的社区工作手法。此类手法不仅在当时的国民党统治区盛行一时,也被边区借鉴,成为生产互助、发展经济的重要手段之一。边区开展合作事业的背景是"大生产运动",即以 1940 年 2 月 10 日,中央军委向全军发出《关于开展生产运动的指示》为开端的针对国民党"围剿"封锁以及边区落后的经济状态所开展的生产自救运动。合作社有多种形式,但其最根本的性质是一种根据边区生产力状况和革命形势决定的生产方式的变革。毛泽东曾在《论合作社》一文中专门指出合作社对生产运动和新民主主义革命的重要意义。② 这样,边区合作社的性质就确定了——其实质是一种集体生产方式,适应打破封建剥削关系之后解放边区生产力的一种"集体"的劳动形式。不仅仅是农民要做合作社,军队也要从事合作事业生产自救。而且不仅农业要做合作社,工业、运输等都要做合作社。以延安南区合作社为例,最早是由共产党员刘建章在延安县的柳林区发起成立,从公办到民营,业务不断扩展,在这一运动中成为典型,据中共西北中央局调查研究室编写的《介绍南区合作社》记载:

> 南区合作社成立于国内战争末期,到 1943 年底,已经拥有全区 2800 多社员,600 余万元的股金,7000 多万元的资产,8 个消费合作社发展到 28 个,设经营单位 18 个办理全县运输、全县合作社的供销以及各种生产信用业务,仅在 1943 年 1 月,给南区人民节省与谋得的利润就有 5000 多万元,综合发展了农工商业,成为了南区人民经

---

① 参见胡民新、李忠全、阎树声:《陕甘宁边区民政工作史》,西北大学出版社 1995 年版,第212 页。

② 参见晋察冀边区行政委员会农林处:《合作社参考材料》,明德印刷局 1946 年版,第 1 页。

济的中心。①

概括南区合作社的主要成功经验:一是党的领导,确保了发展方向"有章可循";二是真正激发了农民合作的热情,从最初的摊派入股到摊派和自发相结合,再到完全实现民营,这一过程体现了由政府向基层赋权和从外力到自发自助的过程。从当时总结的工作经验来看,主张调查研究基础上加宣传解释,给群众看办得好的实际例子,只要让群众懂得合作社是为他们谋利益和解决困难的,合作社也就好办了。② 三是适应了当时边区土地改革之后生产力发展的要求。而对于本书更重要的是,这种实验性质的合作社一经推广,就成为边区社区发展的非常重要的手段,甚至可以为当代乡村振兴提供借鉴和参考。

另外一种需要提及的合作形式是"变工互助"发展起来的"变工合作社",更具有社区互助组织的形式。所谓"变工互助",实际上并非边区成立以来的首创,而是利用了传统农户的换工互助形式。具体来讲就是在农业生产生活中,人力、畜力、农具、土地都可以按照当地通用的兑换规则,进行"变工"或者"换工",在各种农业生产劳动中搭伙互助,解决个体家庭劳动力不足或者大型农具匮乏等问题。③

一旦把这些劳动互助加以组织,就很快从农业拓展到手工业、运输业、供销和信用等领域,就形成了合作社:

> 实行毛主席组织起来的方针,开展变工互助组织,一年来在边区取得很大成绩。群众从事实中体会到组织起来力量的伟大要求,在变工互助的基础上,把大批结余的劳动力和物资也组织起来,用于扩大农业,手工业,运输,畜牧以及其他副业的生产,同时也解决消费运

---

① 中共西北中央局调查研究室编:《介绍南区合作社》,新民主出版社1949年版,第1—2页。

② 参见刘建章:《办合作社的几个经验》,《解放日报》1944年2月4日。

③ 参见佚名:《陕甘宁生产运动介绍边区的劳动互助》,晋察冀新华书店出版时间不详,第1—20页。

输及文化教育,医药卫生等问题,这种以变工种为基础组织起来的变更,合作社是一个新的创造,是变工互助的发展形式。①

边区合作事业在本土社会工作的意义在于根植于中国乡土生产合作的传统,加以现代意义上的组织和功能拓展,就变成了一种近似于乡土经济与社会自治组织性质的网络,在客观上有助于替代传统乡土社会的封建剥削和宗族关系,增加了宗族之外的横向的合作关系,而且还进一步承担了社会服务的功能,具有了平台组织的性质。以南区合作社为例,其社会服务功能包括包交公粮、包运公盐代金、代交全区人民各种负担(储蓄券、公债)、优军优抗、放农贷、缴牲口税、代购土产品、帮助发展生产等。②

三、妇女儿童工作

概括来讲,边区的妇女儿童工作大致有四类③:第一类是关于妇女联合会的设置,这个在前面已经提及,不赘述;第二类妇孺保育和保护工作。比如1941年1月陕甘宁边区政府作出了《关于保育儿童的决定》,在民政厅设置保育科,安排保育人员与各级妇女联合会,专门负责产妇和儿童的健康维护及权益保障,具体包括儿童、产妇、孕妇调查、统计、登记、卫生、保护、奖励等工作。为了保护产妇与儿童的健康,《关于保育儿童的决定》还明确规定:一般产妇应在产前产后各休养一个月,休养期间也可以提出申请,动员当地群众给予适当帮扶。而且各卫生机关也应该免费给孕产妇及儿童治疗疾病,孤儿要送卫生所,民政厅还要编发各种孕产妇保健和儿童保健的小册子,进行教育宣传;举行婴儿健康竞赛会、严禁打胎等。甚至还有男子不得与孕妇和乳母提出离婚的规定,提出如确实具备《边区婚姻条例》所规定的条件,在产后一年才可

---

① 晋绥边区行政公署:《变工互助的发展形式——变工合作社》,1949年。
② 参见中共西北中央局调查研究室编:《介绍南区合作社》,新民主出版社1949年版,第43—46页。
③ 参见胡民新、李忠全、阎树声:《陕甘宁边区民政工作史》,西北大学出版社1995年版,第254—261页。

以提出离婚等。此外，对于脱离生产和带有婴儿的女工作人员，还规定了一系列应享有的待遇。当然，严格意义上讲，这都是属于社会保障范畴的，属于社会工作的制度环境和资源。还有一些针对妇女政治、经济、文化教育权利的规定，则属于权益保障范畴，也属于制度资源。

第三类活动则带有一定的社会工作的特征，主要因为其开展主体为社会团体。比如妇联以及其他社会组织，而服务内容则具有一定的社会性和专业性。像在陕甘宁边区广泛开展的妇女、儿童识字班、识字小组以及日校、夜校等形式的社会教育以及保育革命后代的母职教育和广泛开展的妇幼卫生宣传教育，还有当时托儿所和保育院内开展的健康和感官训练，甚至包括在农村社区普遍组织开展的儿童团等，都有一定的本土性和专业性。

第四类是妇女在生产运动中的广泛参与以及组织化的成长。妇女在生产运动中的参与本身属于打破传统妇女性别格局的一种运动式的现象，并且在政府和社会团体组织下，妇女在运动中的组织化以及与男性的合作在特定的历史情境中产生了一种群体赋权的效果，这里面有着社会工作的一些本土化的特征。推动妇女参加生产劳动、合作事业以及文化教育等活动的主要原因有三个：第一是边区的生产相对匮乏，尤其是在战争时期，劳动力短缺，并且需要大量的物资支援前线，所以妇女儿童都需要参加生产劳动；第二，男女平等观念兴起，加上中国共产党的宣传教育，妇女公共参与的机会增多，动力增强，一些兴办的手工业培训和团体劳动也使得妇女具备参与能力；第三，在一些具体的工作中，比如纺织、文体娱乐活动、妇女保育工作等，女性具有一定的性别角色优势，而妇女组织起来，更有利于后方政权的稳定。

当时的妇女工作是怎样的呢？可以以邢台折虎村的妇女纺织为例来说明。① 抗日战争爆发以后，折虎村里成立了民主政府。在民主政府的积极帮助下村里成立了合作社帮助妇女发展。合作社主任打听出村里有一个叫郭爱

---

① 参见《一年来妇女纺织运动及其经验教训》，陕西省档案局馆藏档案，档案编号 J4-59。

妮的擅长纺织,就决定由她来组织合作社教妇女纺织。妇女们管纺织,合作社负责买卖,结果非常成功地改善了妇女的地位和家庭经济状况。妇女参与生产和合作社的意义,罗琼概括了以下几点①:第一,提高了妇女政治思想觉悟,开始改变了社会上轻视妇女的思想;第二,提高了妇女的社会、经济、政治地位;第三,改进了家庭关系,增进了家庭和睦,发展了家庭民主。至于使用的手法:第一,进行深入思想动员;第二,发动干部和积极分子带头;第三,发动男农民帮助教育;第四,以男女分工合作作为充分发挥妇女劳动效能的重要条件;第五,适当地组织起来。这些手法凸显中国共产党在群众动员方面的一些典型特征,并且成为新中国成立之后延续下来的民政工作以及基层社区治理的技术手段之一。

四、拥军优属和荣军工作

在边区的民政工作中,拥军优属和荣军工作是固有的职能之一,不仅在民政部门有相应的科室建设,而且还有诸如《抗日军人优待条例》等政策发布,包括 1941 年《边区施政纲领》中也有关于八路军和友军在边区的家属物质保障和精神慰藉的相关规定。1943 年,边区党委政府颁布《拥军运动之决定》,将拥军优属上升到运动层面。具体优待措施包括深入基层宣传教育拥军优属政策、加强拥军组织工作,强调对军队进行慰问、慰劳、招待食宿、做鞋缝衣、公平买卖等并且还要妥善抚恤安置伤残退役军人;1935 年成立残废医院两处;1938 年颁布《关于残废牺牲老兵等抚恤的规定》;1940 年颁布《抚恤暂行办法》;1944 年颁布《边区抚恤优待条例》;1949 年颁布《革命烈士荣誉军工人员及年老之革命军工人员抚恤优待条例》,规定了各类情况抚恤的办法和标准。

除此之外在相应的社会支持和荣军安置方面,也有一些需要注意的,比如

---

① 参见罗琼:《近年来解放区农村妇女的生产事业》,载孙晓忠、高明编:《延安乡村建设资料·第一卷》,上海大学出版社 2012 年版,第 53 页。

在优待抗日军人家属方面有几种具体措施①:第一是组织代耕队,给抗日军人家属代耕种地。代耕队的组织是以乡为单位设置总队,行政村设分队,自然村设小组,农村青壮年男子都需要参加;总的原则是以代耕解决衣食,保证抗日军人家属生活不低于一般人民之标准;对友军家属,同等对待。第二是提高其社会地位,改善抗日军人家属生活。包括免纳捐税、购物享受特殊廉价优待,并且由地方经常帮助其解决家庭困难等;同时要求对抗日军人家属进行政治思想教育,号召其参加各种社会活动,提高其文化水平和政治觉悟;保障其婚姻稳定等。第三是妥善安置边区外逃难来的抗日军人家属。第四是创办抗日军人家属学校和工厂,包括托儿所、保育院和抗日军人家属子弟学校等。边区还成立了抗日军人家属工业社,军队也创办文艺队收容安置抗日军人家属。②解放战争中还规定了优待军烈属的七条原则来确保优抚安置工作的开展。到了 1949 年的 12 月 28 日,边区政府指示,在新区应按照优待条例做起,本着组织生产、建立家务之方针,发动群众具体帮助,切实解决抗日军人家属生产生活上的一些问题。③

五、社会风气的改良与整顿工作

从已有资料来看,近代绝大部分关于中国农村或者农民问题的讨论都是宏观的,是将农村问题和农民问题放在经济、政治和社会文化等大的框架下面讨论的,比如杨开道、言心哲、孙本文等人,多是从整体的衰败来分析,即便是费孝通的农村社区研究,也很少着手从中国农民的意识行为以及社会风气等特征入手思考社会改造问题。一直积极致力于中国农村社会改良的乡村建设

---

① 参见胡民新、李忠全、阎树声:《陕甘宁边区民政工作史》,西北大学出版社 1995 年版,第 136 页。

② 参见胡民新、李忠全、阎树声:《陕甘宁边区民政工作史》,西北大学出版社 1995 年版,第 128—134 页。

③ 参见胡民新、李忠全、阎树声:《陕甘宁边区民政工作史》,西北大学出版社 1995 年版,第 138 页。

学派,虽然尝试从农民本身的素质和能力出发来分析中国农村问题,但无论是晏阳初提出的"愚""贫""弱""私"的判断,还是梁漱溟关于乡村文化提出了问题的解答,实际上都不如边区政府为了维护政权稳定和建设新政权所面临的农村问题更具体。边区地理位置偏僻,与城市和发展较早的农村不同,封建势力长期留存,虽然经过土地革命和新的基层政权建设,但传统流弊深远,封建迷信、反动会道门、娼妓、赌博和吸毒长期存在,懒惰与无赖、妇女的缠足以及落后的婚丧礼俗等问题,都会阻碍新政权的稳固和新社会的建设,尤其是会影响后方稳定和对前方战场的支持。基于这样的背景,自边区政权建立伊始,就开始对农村社区社会风气和农民不良以及落后的认知和行为做改良工作。关于边区政府在上述各方面所制定的政策制度本书不再详述,在这里仅以"反巫神"为例来说明社会风气改良与整顿中所采用的手法。当时的边区为了把反对巫神的斗争引向深入,采取了多种方法:

①在全边区掀起破除迷信活动,党政军民一齐召开反巫神大会,用巫神作恶的实例开展广泛宣传教育;②在庙会、集市等场合让有悔改之意的巫神坦白交代,现身说法,启发群众提高觉悟,认识到破除迷信与反对巫神的重要性;③加强取缔巫神活动的力度,对伤害人命与造谣惑众的巫神进行严厉处罚;④组织中医西医、小学教员以及有知识的人联合起来,进行劝导和服务工作;在这场活动中,专门树立了三边分区的老中医崔岳瑞作为典型榜样,在全边区开展了学习崔岳瑞运动。①

在社会风气的改良和整顿中,边区政府仍然采取了与前面一些工作相类似的手法,包括说服教育、发动群众以运动形式来对服务对象进行有组织的监督和改造,以及劳动改造、树立典型发挥模范带头作用等方式;在反对妇女缠足运动中,发动群众组织成立突击委员会、放足突击队,从边区政府到各地乡

----

① 胡民新、李忠全、阎树声:《陕甘宁边区民政工作史》,西北大学出版社 1995 年版,第304 页。

村,群众动员形成了有组织的横向联系,打破了村与村的界限,这就在整体环境上改造了不良社会风气所在的社会结构,去除了其滋生的土壤。

第三节　边区民政社会工作实务的
专业性和本土性

学界一般认为,我国的社会工作有两种,一种是专业性的,一种是行政性的,其主体就是民政工作。[①] 这种界定基于一种对来自西方的社会工作在学科意义上的知识和技术的一种坚持——没有规矩不成方圆,一个学科的严谨性就必然要求对专业的坚守。但另一方面,正如在前面绪论中笔者所强调的,要尊重历史本身的渐进性和国家与民族的本土性。社会工作专业固然源于西方,但已经引入本土,必然有一个适应的过程,这是其一;其二,可不可以建立另外一种历史观,即从当前来看,民政工作已经成为社会工作发展的最重要的本土行政体制和工作机制,而源自西方的社会工作也必须要和我国的更具体的社会治理现代化要求相适应——那么我们向上追溯,在本土的社会工作实务历史上,民政工作的源头实际上来自大革命失败后中国共产党的农村军政和基层政权建设传统——这一传统曾经发挥了社会工作的功能,并且现在也在与社会工作形成"互构"——那么为什么不能将这一实务形式在本土意义上将之纳入到社会工作的特色建设中呢?

笔者认为,在本书的立场上,关于社会工作的界定既要有专业性,同时也要有历史的渐进性,承认社会工作在早期中国本土发展的过程性,同时更重要的是努力发掘社会工作早期引入和发展过程中的本土性。这一逻辑在考察边区民政主导的社会工作方面尤为重要——如果谈到本土性,那么必须要正视自苏区到陕甘宁边区再到解放区一直延伸到今天的民政工作的传统,这种本

---

① 王思斌:《社会工作概论》,高等教育出版社2014年版,第12页。

土性是任何一个研究者所不能忽略的。这一过程中,尽管没有更多的来自西方教会以及本土知识精英,包括高等教育中专业社会工作的介入和影响,但是却有着一定程度上的政府主导的社会组织参与,以及群众运动推动的、组织化地应对社会问题和群体需求,以及适应相对封闭和战争环境的策略。笔者认为,与国民党统治区的城市社会工作以及乡村建设运动相区别,边区的民政社会工作有着以下本土特征:

第一,辅助性和阶段性特征。边区的各项民政社会工作的推动是以政权建设和战争服务为中心的。不管是社会救助、合作事业、儿童妇女工作还是优抚安置以及社会风气的改良与整顿,固然是新社会建设所必需的,但都不可避免地要阶段性服务于反"围剿"、抗日战争和解放战争,当时敌后方边区的各项工作在很大意义上是为了巩固基层政权,进而巩固边区新政权,同时充当战时的后勤工作,尤其是生产运动,几乎贯穿我们提到的各领域的工作。与乡村建设运动相比,新政权的存在以及对基层的政治治理是各项工作能够开展的前提。

第二,临时性和运动性的特征。正是由于第一点的原因,我们可以看到边区的各项政策制度的变动、延续以及逐渐成熟的过程,与之相对应的就是各项民政社会工作的临时性和运动性,尤其体现在生产运动、合作运动、妇女运动以及针对具体工作发起的群众运动。运动本身就带有临时性的特征,但运动本身也具有探索和实验的性质,在历次运动中总结经验,一些成熟的适应边区和新政权的措施、方法和制度就会沉淀下来,成为影响新中国成立后民政工作的传统。

第三,注重思想政治教育和群众动员传统。在帮助和改造人的工作,以及应对社会问题、巩固基层政权方面,政府领导下的民政社会工作在边区很好地贯彻了党的群众路线,同时也很好地贯彻实施了对边区民众的思想政治教育工作。思想政治教育工作并不是仅仅停留在意识形态上,而是能够通过边区政府和党领导下的各类社会组织与群团组织为平台形成网络的;群众动员也必须依托各级党组织以及各级社会组织才能有效开展。笔者在前面也提到过,党的各级组织、政府的各级行政组织、社会团体的各级组织一旦渗透到各自然村,就在本质上改造和重塑了中国农村的社会结构,而政治政权的存在,将切实提供社会治理的合法性、权威性和抓手,成为各类社会治理资源、手段与策略得以有效运作和维持的基础,这恰恰是乡村建设运动所忽视和欠缺以及无能为力的重要前提。

第四,需要补充的是,受那个时代大环境影响,边区民政工作在一定程度上吸纳和借鉴了国民党统治区的经验。这里面包括宏观的社会运动的手法、合作事业、妇女儿童工作、社会救济救助、优抚安置等。很多研究表明,中国共产党与国民党统治区的社会事业有着密切的联系,而这二者之间也并不是绝对封闭的,在人才、知识和一些社会治理手法上实际上也互有借鉴。但是,笔者认为,国民党统治区的社会工作本身发展缓慢和边缘化是一个前提,而基于"城市"和"工业化"的出身背景,农村社会工作即便是在当时的欧美也发展缓慢,所以很难在边区那样的环境下实施;也正是基于这样一个原因,带有行政性和准专业色彩的民政工作反而具有了很强的"本土性"和创造性,这些是当时民政工作的许多方法能持续至今的一个主要原因。

第七章 结论与余论:核心议题和学科价值

　　社会工作是一个历史概念,要认识到这一点其实并不容易。"马甸会议"之后,社会工作专业恢复重建,对源自英美,尤其是经由港台为中介传输的教本知识和实务经验的渴求,直接将中国当代社会工作发展对接到了同时代的西方社会工作。这么做的好处在于效率较高,使我们能够更快地实现对最前沿知识经验的吸纳。而弊端也是明显的,那就是无论是在教育还是在学术研究抑或是实务方面,都缺乏"历史感"和"民族感"——但问题是,历史是否重要呢? 王思斌教授近期为河北教育出版社《社会工作学术文库》(第一辑)所做的丛书序言《走进应该留意的历史》中指出:"我国社会工作教育恢复重建时直接从美国、我国香港地区引入现代社会工作理论和知识,而这些理论和知识跨越了中国社会工作被取消以后的一段历史空间……于是,中国原来的社会工作知识好像已经'完全过时',所以少有问津。"①但凡走过,必有痕迹,历史的重要性在于痕迹,对于一门学科,历史不仅仅是过去,还是与当下的不在场的交流与碰撞,无论是对于当代的启发借鉴还是对于一门学科的历史与体系的完整,都并不是可以忘却的。本书并不求全,只是希望能够归纳总结早期

① 王思斌:《走进应该留意的历史》(代序),载言心哲:《现代社会事业》,河北教育出版社2012年版,第3页。

的社会工作实务，希望透过这些操作性的实践的历史和经验，能够回溯到社会工作第一次引入中国本土时的时空际遇，填补这一段被跨越的历史空间，同时也希望能够通过对历史的整理，实现与第二次引入的对话，为社会工作的本土化和体系化建设提供有益的探索。

第一节　我国早期社会工作实务研究的核心议题

一、社会工作实务历史研究的原则

在《试论社会史研究的若干理论问题》[①]一文中，周晓虹曾重点讨论了社会学方法与社会史研究的结合问题。笔者在本书中并不力图讨论和创新关于我国早期社会工作研究方法的创新问题。但关于一个专业或者是一个职业，抑或者是一个学科的历史研究，肯定不是仅仅靠历史叙事或者资料考据能够完成的——社会工作的历史研究不应该是历史研究，而应该是一种关于学科历史体系的"再造"。社会工作实务不仅仅是依据当代社会工作话语体系去框架和梳理史料的过程，也应该是将社会工作作为"主体"来考察其引入到逐步成长的一个"生命史"的过程，有结构的力量也有建构的主动性。在本书绪论里面，曾经提供关于社会工作实务研究的基本框架，概括起来就是要将历史还给历史，同时要用专业来书写历史。

本书秉承的研究原则有四个：第一，要给予社会工作以历史的"宽容"，即以合乎历史的专业性来界定历史中的社会工作实务。比如基督教青年会的会员服务，既在城市社区开设，又是为青少年组织各种活动，那么就应该看到其早期"社会工作"的元素。第二，要将本土研究嵌入国际历史，即在步济时等

---

① 参见周晓虹：《试论社会史研究的若干理论问题》，《历史研究》1997年第3期。

人在华开展社会福音的同时,要看到社会福音在社会工作的欧美发源地对于社会工作专业萌芽的意义。那么就可以认定基督教青年会的会员服务与简·亚当斯开设在美国的赫尔馆一样可以成为"小组工作"专业技术应用的前身。第三是尊重文本,但也要进行开放性的解读,孤立的文本不具有"证据"意义,只有将文本之间按照社会工作实务固有的专业性去联系,并能够置于专业背景下解读,才具有历史研究的"真实性"。第四,要将一个社会现象放在连续的"场域"中去考查。对于社会工作实务来讲,其本身对社会治理的依附性使我们必须关注其工作的具体情境和行业生态。对于我国早期社会工作,国家与社会的关系、行业和教育之间的关系以及更广阔的外来殖民入侵、中国民主主义和新民主主义革命、抗日战争、解放战争等都是重要的历史情境,也是社会工作实务开展的生态。

二、我国早期社会工作实务的结构:领域/服务对象与专业方法

社会工作实务不同于理论,其历史梳理的逻辑结构主要还是要以所应用的领域和所适用的专业方法为线索。即便是在西方,也是从宗教的有组织参与到"科学的慈善",再从科学的慈善走向一门专业技术的过程,在这一过程中,也是从贫困救助开始到对弱势群体的普遍干预以及进入国家社会福利框架。民国时期,早期的"弱国家"背景为西方传教士的"社会福音"和本土社会精英们积极参与"救亡图存"以及带有试验性质的社会建设提供了相对宽松的环境;而后期国民党统治的加强则又为社会福利转型的制度化提供了支持。

(一) 研究领域/服务对象

首先是在华传教组织,尤其是基督教青年会的"地方服务团"。这一组织带有典型的西方社会工作萌芽时期的"科学的慈善"的特征:第一是在城市社区兴办,主要针对城市贫民;第二是与传统的慈善救助相比,其组织已经开始

现代化,比如采取了董事会的形式;第三也是最重要的一点,开始使用与传统的实物发放不同的方法,比如社区宣传教育、召开社区会议以及开设贫民机构等——不仅理念已经不同,而且一些社会工作元素,比如个案式的家访和团体活动等,都已经开始使用。

第二是"乡村建设运动"主导的农村社会工作。除了教会组织(尤其是基督教青年会)在中国农村开展的乡村建设和农业推广之外,最值得分析的是晏阳初的"定县平民教育"和梁漱溟的"邹平实验"。后两者的实务有西方的影响,尤其是晏阳初本身的基督教青年会干事的背景,但是不仅在时间上早于欧美农村社会工作的相对成熟的专业探索,而且从一开始就具有注重传统文化的本土特色。从实务技术的角度出发,无论是平民教育本身的"社区教育"色彩,还是乡村组织创建的"社区组织"特征,抑或是从注重能力角度的"赋权"手法,在当时的国际社会工作界都应该算作创举,而且也是我们整理中国特色社会工作历史与体系时所需要重点关注的。

第三是医院社会工作。从作为教会医院的协和医院社会服务部开始,到精神健康社会工作,这一部分是早期中国本土开展的社会工作实务专业性最为凸显的领域。从蒲爱德到宋思明,始于教会组织的引入,终于本土人才培养到落地生根。医院社会工作的主要形式是个案工作,从诊断到处理,从各科室的辅助服务到家访以及建设"疗养院",从实物救助到心理疏导以及关系调节,当时的医院社会工作,包括院内的精神康复都已经颇为成熟。

第四是劳工社会工作。产生于对欧美工业社会的社会问题之回应,是对劳工社会福利和社会保障的一种有益的补充。在民国时期城市社会工作中,劳工是基督教青年会重点关注的服务对象,沪东公社、申新三厂等都是一些带有企业社会工作雏形的服务,同时也和城市社区工作密不可分。

第五是儿童青少年社会工作。除了青少年工作主要集中在基督教青年会的会员服务和学校以及社区的青少年团体活动外,儿童社会工作有着相对完整的演进历史。从最初的教会慈善机构内的"救、养、教、工"四位一体的有别于传统慈善救养目标的"科学化"和专业化,到有高校支持的区位儿童福利个案工作,以及受美国影响的儿童指导工作,再到政府联合社会精英来创设儿童福利实验区——儿童社会工作实务从社会走入国家社会福利体系,实现了一种现代转型。

第六是妇女社会工作。这一时期的妇女工作体现了五四运动以来的妇女解放运动和西方舶来的社会服务的一种理念和技术的结合。从救养机构开始注重女童和妇女救济本身的专业性,注重机构救养和教育以及职业生计相结合的救助,到基督教女青年会积极参与引导的妇女解放运动和社会风气改良,比如天足运动、解放婢女娼妓等;再到清河试验区中高校教师引导的农村妇女工作中个案和团体工作以及社区组织的运用;直到国民党政府尝试创设妇女福利试验区,妇女工作也完成了从社会"科学的慈善"到被纳入国家福利体系的演进过程。

第七是伤残重建社会工作。这一领域的社会工作是医院社会工作的外展,同时也是荣军社会工作在当时的重要体现。从残不废运动开始,伤残重建社会工作就带有那个时代的典型特征,是社会工作介入到战乱频仍的民国时代的一种特殊的工作情境和对特定的服务对象的一种专业性质的帮扶。伤残重建社会工作的重点是就业和康复,这也是宋思明将个案工作带入的主要原因,医院社会工作和精神健康社会工作都有用武之地,而政府支持的伤残重建院则提供了另外一种社会工作进入国家治理的渠道。

第八是民政工作传统。这一领域是与民国时期在时间/历史上部分重合,但在空间上相对独立却具有强烈本土特征,并得以延续到今天的社会工作形态。尽管不无争议,但这一领域中围绕战争和革命需要所开展的辅助基层政权建设和战时后勤需要所开展的一系列社会福利与保障和基层社会治理举措,在功能上与社会工作具有可替代性,而且切实形成了政府主导下的社会治理格局,也产生了本土的以思想政治教育和基层动员为特征的群众工作方法,对于中国本土当代的社会工作实务实践具有基础性的影响。

（二）专业方法

在专业方法层面，本书沿用了一种最初级的分类方法，即按照个案工作、团体工作和社区工作的划分来梳理我国早期社会工作实务在上述诸领域所应用的专业方法及其本土进展。我国早期社会工作历史之所以长期未受重视，很大意义上源于一种当代本位的对社会工作早期引入中国后的实务方法的专业性的"轻视"和不确定性的质疑——早期的社会工作实务具有专业方法吗？回到我们在之前提到的历史研究的原则，回答是肯定的。

第一是个案工作，早期的研究中多被称为"social case work"，这一习惯来自于美国的"先驱们"，比如里士满的专著 *What is Social Case Work?* 我国早期的个案工作在实务经验上来自西方传教士和宗教组织在华的个别化的社会救助，比如最早体现在步济时等人参与的"地方服务团"中的对贫困人员的家访——这和欧美早期的慈善组织会社的"友好访问员"如出一辙；另外一条线是蒲爱德的医院社会工作，扩展到民国中后期的多家医院社会服务部，一直延伸到宋思明的精神健康社会工作和伤残重建社会工作；第三条线来自于蒲爱德影响下的一些民间社会组织，比如北平家庭福利协济会的个案工作，也多以实物救济、小额信贷和介绍工作等帮助为主；第四条线来自于燕京大学为首的高校的社会工作实践，比如燕大社区服务团、关瑞梧与李槐春等人的区位儿童福利个案工作以及金陵女子大学的小天竺街儿童福利站，还有更为注重心理行为健康的汤铭新等人开展的儿童指导工作等。与欧美的进展一致，这些个案工作方法在实务中的应用也经历了从最初的贫困救助到逐渐注重个体的心理行为健康和家庭关系调适，而且在知识引进和研究中也有了一定的积累。

第二是团体工作，也即"group work"，其在欧美发端于邻里中心的团体活动。而在我国早期社区工作和青年会的青少年团体工作中也采取了类似的方法。燕京大学为代表的高校专业教育中，团体工作的课程已经成为社会工作的主干课程，而在燕京大学的清河试验区的妇女工作中也曾经应用过。在后期的专业服务中,比如儿童行为指导工作中,已经开始结合团体工作;在小天竺街的儿童福利工作站,团体工作也已经作为专业手法得以应用。

第三是社区工作,在当时的社会工作专业教育课程体系中还以"social organization"即"社区组织"命名。社区工作作为一门课程是在1962年被认证的,在CSWE(美国社会工作教育委员会)课程认证中属于最晚被认证的专业方法,但在早期社会工作的萌芽期,城市社区一直是基督教青年会社会服务的对象。我国早期社区工作,在城市中主要体现为地方服务团,而在乡村重点则是兼具本土特色的"乡村建设"运动。与晏阳初等人的"乌托邦"性质的乡村建设不同,燕京大学的"清河试验区"则带有更具专业性的探索,有从调查到综合的各类服务方法的应用,包括社区组织、合作社乃至针对农村的生计支持以及社会改良等。

三、我国早期社会工作实务的专业性

专业性是社会工作实务历史研究的一个"绕不过去"的问题,涉及研究的价值以及规范。我国早期的社会工作实务,其专业性研究的起点恰恰在于历史性——即我们不会从当代的知识和技术规范出发,而是要将历史交给历史。在本书的绪论中,所回顾的西方社会工作历史发展的轨迹,在步济时等人将社会工作引入中国本土之后就有了一种延续和共在的交互性。步济时和蒲爱德在中国开展的早期的中国社会工作实务,即是欧美的社会工作专业性在中国本土的延续,这种专业性来自于国际比较。与此同时,系统的实质引进和人才培养以及后续的学术共同体和学科建设体系的出现则是专业性的保障。以"因真理,得自由,以服务"为校训的燕京大学,在"德先生"与"赛先生"的影响下的五四运动之后的中国,"西学东渐"的"拿来主义"的背后是一个"老大帝国"向西方学习的过程,这是宏观的历史框架——在这样的历史框架下,对科学的慈善和对社会服务的现代化的渴求其本质就是对专业性的诉求。有专业的引入、专业的人才培养和整个时代的专业诉求,社会工作实务的专业性是有着坚实的基础的。在这样的前提下,审视社会工作实务展开的诸领域和三大方法的应用,就有了跨越时空与当代中国社会工作对话的基础和能力,也就有了历史研究其自身的意义。概括来讲,我国早期社会工作的专业性在于其引入是专业的,专业教育和人才培养是专业的,而接纳社会工作专业技术的社会组织和慈善机构是追求专业的,研究与实务的互动是专业的——恰恰是这些专业特征,也成为其被纳入国家社会福利体系的重要原因。

四、我国早期社会工作实务的本土特征和本土化问题

"舶来"的社会工作实务,必然要适应本土情境,或者说是巨变中的社会经济与社会结构有一个与社会工作这一社会事业相互适应的过程,这样的描述尽管过于宏观,但是却符合实际——在诸多的要与晚清以降的转型中的中国相互适应的西方的政治经济文化和制度、技术等要素中,社会工作仅仅是看起来微不足道的一个而已。在步济时等人进入中国传教或者开展社会事工的初期,已经确定感到本土社会的矛盾——"变与不变",学习西方和固守传统等矛盾,对于他们来说具体体现为本土社会文化和社会制度对于社会福音、科学的慈善以及新的社会服务技术的接受,一如蒲爱德在《医务社会工作者:他们的工作与训练》中所发的感慨——接受一个新生事物谈何容易,而直至今日社会工作在当代专业恢复初期的际遇不也是一样? 步济时和蒲爱德等人的引入和退场,本身体现了一个"舶来"逐渐本土的过程,需要我们关注的是社会工作实务是否本土化和如何本土化。

中国早期社会工作实务的本土化的动力来自于两方面:在微观层面,社会工作者在适用专业技术时的调试,比如蒲爱德对本土助人系统的认知和采纳;宏观层面,社会工作的本土化动力来自于"救亡图存"和"社会建设"的需要。在 20 世纪上半叶的历史叙事中,改良叙事、现代化叙事和革命叙事都是非常重要的本土叙事框架,在改良叙事中,乡村建设运动是最重要的本土社会工作实务,尤其是晏阳初、梁漱溟对中国乡村的考察以及带有乌托邦色彩的建设尝

试,是植根于中国乡土社会和来自西方的基层社会组织建设与社区教育的结合基础上的;在现代化叙事中,国民党统治下的政府,尤其是在社会部改隶行政院之后,将社会工作纳入社会福利体系中则是国家治理转型的重要举措之一,是一种现代化的本土诉求;在革命叙事中,大革命失败后中国共产党在农村的军政建设和基层政权建设以及社会动员才是最具本土性的实务形式,尤其是其中的民政工作传统,在新中国成立后入驻城市,成为当代社会工作最重要的工作生态。

第二节 中国早期社会工作实务研究的学科价值

一、社会工作实务的学科地位

作为学科的社会工作专业,本身就具有重实践的特征。通过对欧美社会工作历史的梳理不难发现,实务早于理论知识体系,而专业教育本身就是基于对实务人才短缺和专业训练匮乏的一种回应。因此可以说社会工作实务是社会工作学科的起点,但一经产生,学科建设就进入了高等教育和科学研究的发生和发展逻辑。纵观西方社会工作演进历程,自从 1915 年 Abraham Flexner 首先提出了衡量专业的六个标准并提出对社会工作作为一门专业的质疑之后,长期以来的学科建设研究都在围绕社会工作是不是一门学科、社会工作何以成为一门学科以及要不要建设社会工作学科等根本问题展开。而在这其中,社会工作实务不断标准化和规范化,对学科建设形成了有效的支持。但非常吊诡的是,由于社会工作实务本身在社会工作专业性和职业性方面的重要性,实践中心的发展导致对理论和知识体系的轻视,也反过来制约了社会工作学科建设的进展。

回到当代我国的社会工作学科建设,由于前面提到的对早期中国社会工作发展史的不重视,学科建设目前还是限制在了"马甸会议"之后的社会工作教育、理论和实践的发展经验总结工作。关于社会工作学科建设的讨论有两个小高潮:一个是 2001 年前后,更确切地说是社会工作专业恢复重建背景下,中国社会工作教育协会成立之后引发的学术界对社会工作这一专业的认知兴趣提升的一个反应,学界的讨论主要集中在教育和人才培养方面;另一个是2016 年开始至今,背景是在社会工作经历了一定程度的发展基础上的学科自觉,主要聚焦于学科建设的定位、标准和理论根基以及国际互动等主题的讨论。何雪松通过对国外社会工作"科学性"探讨的回应,提出了本土学科科学性建设的诉求;王思斌呼吁要加快学科建设;而彭华民谈到了中国社会工作学科建设目前存在的问题和建设的标准,并将中国社会工作史按照学科的维度进行了整理。在这些研究中,教育先行的历史特征在一定程度上影响了学科建设的讨论,产生了两个不足:第一是对长期以来民政工作与社会工作的互动"视而不见",即不承认民政工作在社会工作学科建设中的角色地位,也没有特别关注我国社会主义体制下民政部主导的社会工作实践本身的"嵌入性",以及这种特别的国家主导的社会工作行业发展的理论概括的重要意义;第二是缺乏历史敏感,除王思斌和彭华民等学者外,绝大多数学科建设的理论研究较少关注我国早期社会工作的历史,没有从历史维度去尝试假设两次社会工作引入之间的学科建设的接续性。

二、历史研究的学科体系建设意义

一门学科不可能忽视历史。中国早期社会工作历史的重要性不在于史料本身,而在于看到这门来自西方的专业技术在不同的历史和国家制度下的生长以及其所展现的本土化的可能经验。对于社会工作实务来讲,至少有三大要素是我们建设学科体系需要特别考虑的。

第一,要建设立足本土的社会工作体系,早期社会工作实务历史本身就是社会工作不断本土化发展的过程。从基督教青年会引入社会工作到国民党统治下的社会部将社会工作纳入国家福利体制内,从诸实务领域到三大方法的应用,这些都是切实发生在中国本土的,其必然是我国具有鲜明本土化特征的社会工作体系的固有组成部分。

第二,要看到与欧美国家社会工作历史演进的差异性。这种差异性不仅仅包括步济时和蒲爱德等在人才实务层面的本土化调试,还包括基于救亡图存和社会改良的乡村建设运动在社区工作方面的创造性的发挥,这些是在与欧美不一样的经济社会背景和生态下的差异化发展,需要进入本土特色的学术考量。

第三,要看到与资本主义有显著差异的带有中国特色社会主义特征的社会工作实务为学科建设带来的本质性的结构特征。革命历史叙事逻辑中,大革命失败后的中国共产党在中央苏区、陕甘宁边区以及其他根据地所开展的"农村包围城市"道路中所开创的基层政权建设中的民政工作实务传统,经过抗日战争和解放战争的洗礼,由农村进入城市,转型为中国社会福利体系重要的工作体制和机制,也成为当代中国社会工作的最重要的体制框架和行业生态,这是学科建设必须正视的,也是建设中国特色社会工作体系不可或缺的组成部分。

社会工作固然来自西方,但社会工作已经植根中国。社会工作学科建设起自实务,其本质就是对社会问题、社会矛盾以及弱势群体社会适应的一种专业和制度安排,那么学科建设在逻辑上的关键就不是其西方性,而是应该在其基本的学科范式下积极整理从最早引入中国到当代的社会工作实务大发展的历史和现实经验,学科建设的价值、理论和知识技术也应当与现实的中国特色相结合,尤其是响应来自新时代中国特色社会主义社会治理现代化的诉求,积极探索主要社会矛盾转移后的学科发展问题,从学科的理论叙事中解放出来,进入全新的现代化叙事中。

参 考 文 献

[1] International Division(China), *Plan of the Peking Social Serice Club for 1914*, American YMCA National Archives,1914.

[2] Flexner,Abraham,*Is Social Work a Profession?* Research On Social Work Practice, 2001,11(2).

[3] Kenyon L.Butterfield,*Education and Chinese Agriculture*,The China Christian Educational Association,1922.

[4] R.Evans,"Some Implications for an Integrated Model of Social Work for Theory and Practice",*British Journal*,1976,6(2).

[5][美]Mary E.Richmond:《求索的一生:里士满社会工作专业化历程》,郑国锋主译,华东理工大学出版社 2018 年版。

[6][美]O.威廉姆·法利等:《社会工作概论(第9版)》,隋玉杰等译,中国人民大学出版社 2008 年版。

[7][美]阿尔文·施密特:《基督教对文明的影响》,汪晓丹等译,北京大学出版社 2004 年版。

[8][美]安娜·普鲁伊特、[美]艾达·普鲁伊特:《美国母女中国情:一个传教士家族的山东记忆》,程冰译,中国文史出版社 2011 年版。

[9][美]巴拉德福特·谢弗、查尔斯·霍雷喜:《社会工作实务:技巧与指南(第十版)》,卢玮译,中国人民大学出版社 2019 年版。

[10][美]步济时:《北京的行会》,赵晓阳译,清华大学出版社 2011 年版。

[11][美]查尔斯·H.扎斯特罗:《社会工作与社会福利导论》,孙唐水等译,中国人民大学出版社 2005 年版。

[12][美]戴维·A.哈德凯瑟等:《社区工作:理论与实务》(第2版),夏建中等译,中国人民大学出版社2008年版。

[13][美]戴维·罗伊斯等:《社会工作实习指导》(第6版),何欣译,中国人民大学出版社2005年版。

[14][美]费正清编:《剑桥中华民国史:1912—1949》(下卷),中国社会科学出版社1998年版。

[15][美]西德尼·D.甘博:《北京的社会调查》,陈愉秉等译,中国书店2010年版。

[16][美]邢军:《革命之火的洗礼》,赵晓阳译,上海古籍出版社2006年版。

[17][瑞士]雅各布·布克哈特:《关于世界历史问题的思考》,载刘北成、陈新编:《史学理论读本》,北京大学出版社2006年版。

[18][英]亚塔尔·葆尼:《近世欧洲经济史》,上海社会科学院出版社2016年版。

[19][英]约翰·麦克曼勒斯:《牛津基督教史》,张景龙等译,贵州人民出版社1995年版。

[20]陈东原:《中国妇女生活史》,商务印书馆1937年版。

[21]关瑞梧、李槐春:《区位儿童福利个案工作》,河北教育出版社2012年版。

[22]胡民新、李忠全、阎树声:《陕甘宁边区民政工作史》,西北大学出版社1995年版。

[23]简春安、赵善如:《社会工作理论》,华东理工大学出版社2018年版。

[24]蒋旨昂:《社会工作导论》,河北教育出版社2012年版。

[25]晋察冀边区行政委员会农林处:《合作社参考材料》,明德印刷局1946年版。

[26]梁漱溟:《乡村建设理论》,上海人民出版社2006年版。

[27]林万亿:《当代社会工作理论与方法》,五南图书出版公司2002年版。

[28]刘梦主编:《小组工作》,高等教育出版社2003年版。

[29]彭秀良、林顺利、王春霞:《中国社会工作史简明教程》,北京大学出版社2019年版。

[30]彭秀良:《守望与开新——近代中国的社会工作》,河北教育出版社2010年版。

[31]上海市孙中山宋庆龄文物管理委员会:《孙中山宋庆龄文献与研究》,上海书店出版社2014年版。

[32]宋恩荣主编:《晏阳初全集(第二卷)》,湖南教育出版社1992年版。

[33]宋恩荣主编:《晏阳初全集(第三卷)》,湖南教育出版社2013年版。

[34]宋恩荣主编:《晏阳初全集(第一卷)》,湖南教育出版社 1989 年版。

[35]宋思明、邹玉阶:《医院社会工作导论》,河北教育出版社 2014 年版。

[36]孙本文等:《社会行政概论》,中国文化服务社长春分社 1946 年版。

[37]孙海英:《金陵百屋房:金陵女子大学》,河北教育出版社 2004 年版。

[38]王思斌:《社会工作概论》,高等教育出版社 2014 年版。

[39]王云骏:《南京百年城市史 1912—2012(社会管理卷)》,南京出版社 2014 年版。

[40]王治心:《中国基督教史纲》,上海古籍出版社 2007 年版。

[41]吴廷燮:《北京市志稿(民政志卷)》,燕山出版社 1998 年版。

[42]吴星云:《乡村建设思潮与民国社会改造》,南开大学出版社 2013 年版。

[43]薛仙舟:《中国合作化的方案》,中国合作学社 1936 年版。

[44]言心哲:《现代社会事业》,河北教育出版社 2012 年版。

[45]阎明:《中国社会学史:一门学科与一个时代》,清华大学出版社 2010 年版。

[46]燕京大学校友校史编写委员会:《燕京大学史稿:1919—1952》,中国人民大学出版社 1999 年版。

[47]中共西北中央局调查研究室编:《介绍南区合作社》,新民主出版社 1949 年版。

[48]佚名:《陕甘宁生产运动介绍边区的劳动互助》,晋察冀新华书店出版时间不详。

[49]张大庆:《中国近代疾病社会史 1912—1937》,山东教育出版社 2006 年版。

[50]张玮瑛、王百强等:《燕京大学史稿》,人民出版社 1999 年版。

[51]赵兴胜、高纯淑、徐畅等:《中华民国专题史·第八卷:地方政治与乡村变迁》,南京大学出版社 2015 年版。

[52]政协北京市委员会文史资料研究委员会编:《话说老协和》,中国文史出版社 1987 年版。

[53]中国社会科学院社会研究所编:《中国社会学年鉴 1979—1989》,中国大百科全书出版社 1989 年版。

[54]周永新:《社会工作学新论》,商务印书馆(香港)1994 年版。

[55]左芙蓉:《社会福音·社会服务与社会改造:北京基督教青年会历史研究 1906—1949》,宗教文化出版社 2005 年版。

[56][美]Bromley,C.L:《基督教与社会服务之关系》,《沪江大学月刊》1916 年第 4 期。

[57][美]步济时:《基督教的信仰与社会进步》,《生命(北京)》1920年第2期。

[58][美]步济时:《记载北京社会实进会的沿革和组织》,《新社会》1919年第1期。

[59][美]步济时:《中国社会服务工作之意义》,《社会学杂志》1925年第5—6期。

[60][美]蒲爱德:《医务社会工作者:他们的工作与专业训练》,唐佳其、刘继同译,《社会福利(理论版)》2014年第10期。

[61]"北平特别市":《北平特别市妇女习艺工厂、妇女救济院收容妇女请领规则、中华民国十九年四月九日市府令》,《北平特别市市政公报》1930年第44期。

[62]"社会部":《残废军人教养院条例(附表)》,《军医公报》1931年第23期。

[63]"社会部":《社会部南京伤残重建院组织规程(三十七年七月七日社会部颁布)、"社会部"南京伤残重建院附设南京伤残用具制造厂组织规程(三十七年七月七日"社会部"颁布)》,《社会建设(重庆)》1948年第4期。

[64]《一年来妇女纺织运动及其经验教训》,陕西省档案局馆藏档案,档案编号J4-59。

[65][美]Taylor J.B.、曾铁忱:《中国农村经济之研究》,《社会月刊(天津)》1929年第1期。

[66]北平家庭福利协济会:《北平家庭福利协济会报告书》,1932年。

[67]本报讯:《北京地方服务团开幕》,《民国日报》1920年3月15日。

[68]本省法规:《邹平实验县取缔婚姻陋俗办法》,《山东省政府公报》1936年第369期。

[69]编辑部:《行总委办伤残重建中心院》,《善后救济总署河南分署周报》1946年第35期。

[70]编辑部:《荣誉军人职业协导会》,《中央日报(重庆)》1940年5月13日。

[71]编辑部:《上海女青年会劳工部社会个案工作》,《上海女青年会国货展览会》,1911年。

[72]编辑部:《社会服务部:Pruitt,A.B》,《协医校刊》1931年第3期。

[73]编辑部:《社会福利:社会部北碚儿童福利实验区组织规程(三十二年六月十九日部令核准)》,《社会部公报》1943年第10期。

[74]编辑部:《社会学界消息:全国各大学社会学教师一览(三十七年七月调查)》,《社会建设(重庆)》1948年第5期。

[75]编辑部:《社会学系概况》,《社会学界》1929年第3期。

[76]编辑部:《一年来复兴农村政策之实施状况》,《农村复兴委员会会报》1934年第3期。

[77]编辑部:《组织社会服务团之缘起》,《时报》1919年11月26日。

[78]编者:《附录二:燕京大学社会学面面观》,《社会学界》1933年第7期。

[79]编者:《各大学社会学系系讯:国立中央大学社会学系概况》,《中国社会学讯》1947年第7期。

[80]编者:《论文摘要四:邹平实验县合作事业报告》,《中国农民银行月刊》1936年第11期。

[81]编者:《社会服务部:Pruitt A.B.B.S.》,《协医校刊》1931年第3期。

[82]编者:《社会学界消息:燕京大学社会学系概况》,《社会建设(重庆)》1948年第1期。

[83]卜煦孙:《北平贫苦儿童机关的研究》,燕京大学法学院社会学系学士学位论文,1936年。

[84]陈洁:《平津两个医院社会服务部的调查》,燕京大学法学院学士学位论文,1949年。

[85]陈一鸣:《北京现代精神医学早期的追索——先辈伍兹、雷曼、魏毓麟、许英魁的光辉历程》,《临床精神医学杂志》2010年第2期。

[86]崔润生:《河北省清河试验区妇婴卫生工作概况》,《公共卫生月刊》1935年第4期。

[87]崔效辉:《中国社会工作本土化的路径选择——来自乡村建设运动的启示》,《社会工作》2004年第8期。

[88]戴应观:《教育部戴委员视察香山慈幼院报告》,《慈幼月刊》1930年第6期。

[89]戴云峰:《中国男青年会之社会事业》,燕京大学法学院社会学系学士学位论文,1933年。

[90]邓淑贤:《清河试验区妇女工作》,燕京大学文学院社会学系学士学位论文,1934年。

[91]邓淑贤:《清河试验区妇女工作》,燕京大学文学院社会学系学士学位论文,1934年。

[92]邓裕志:《工作报告:中华基督教女青年会战时工作简述(附图)》,《妇女谈话会工作报告》,1939年(卷期不详)。

[93]段彦峰、彭秀良:《北平家庭福利协济会概况》,《中国社会工作》2013年第25期。

[94]范丽寿:《"力":基督教青年会是什么?》,《力的创造》1935 年烟台中华基督教青年会第十九届征友特刊。

[95]傅愫冬:《燕京大学社会学系三十年》,《社会》1982 年第 4 期。

[96]顾司令长官等:《发起伤兵之友社缘起》,《星岛周报(香港)》1939 年第 7 期。

[97]郝子华:《荣誉军人的职业协导》,《残不废月刊》1948 年第 18 期。

[98]贺镜涵:《小天竺街儿童福利实验站集团工作报告》,《儿童福利通讯》1948 年第 13 期。

[99]侯杰、王文斌:《中华基督教青年会与近代中国城市社会——以天津中华基督教青年会为例》,《理论学刊》2007 年第 6 期。

[100]怀爱兰:《概况:本校之社会科学科》,《沪江年刊》1926 年第 11 期。

[101]家骏:《复旦大学社会学系近况》,《复旦大学社会学系半月刊》1931 年第 1 期。

[102]江苏省立救济院:《妇女救济所组织章程》,《救济月刊》1929 年第 1 期。

[103]金武周:《沪东公社之回顾与前瞻》,《沪江大学月刊》1936 年第 2 期。

[104]进否:《妇女解放运动者》,《新陇副镌》1929 年第 147 期。

[105]晋绥边区行政公署:《变工互助的发展形式——变工合作社》,1949 年。

[106]雷洁琼、水世铮:《燕京大学社会服务工作三十年》,《中国社会工作》1998 年第 4 期。

[107]黎启颖:《香山慈幼院半年》,《家》1948 年第 32 期。

[108]李智勇:《陕甘宁边区政权形态与社会发展(1937—1945)》,华中师范大学历史研究所博士学位论文,2001 年。

[109]林顺利:《解读社会工作历史的三个视角》,《中国社会工作》2013 年第 3 期。

[110]刘家峰:《中国基督教乡村建设运动研究(1907—1950)》,华中师范大学中国近代史研究所博士学位论文,2001 年。

[111]刘建章:《办合作社的几个经验》,《解放日报》1944 年 2 月 4 日。

[112]刘克新:《燕大社区服务个案之分析研究》,燕京大学法学院社会学系学士学位论文,1941 年。

[113]刘万芳:《燕京大学神科》,《生命(北京)》1921 年第 2 期。

[114]刘振、徐永祥:《本土化社会工作还是爱国主义运动?——乡村建设运动的再认识》,《新视野》2020 年第 1 期。

[115]罗琼:《参政运动在妇女解放运动中的地位》,《妇女生活(上海)》1937 年第 11 期。

[116]麦佳曾:《北平怀幼会的研究》,燕京大学法学院社会学系学士学位论文,1939年。

[117]南京市救济院:《妇女工读班简章(十九年九月十六日本府核准)》,《首都市政公报》1930年第69期。

[118]南京中央医院编:《中央医院年报(民国二十二年)》,1933年。

[119]蒲爱德、唐佳其、刘继同:《医务社会工作者:他们的工作与专业训练》,《社会福利(理论版)》2014年第10期。

[120]钦甫:《妇女解放运动的先决条件》,《妇女旬刊》1929年第311期。

[121]上海伤残重建服务处:《社会福利事业的创举:伤残重建服务训练伤残者使重新创建起来减轻社会负担增进人类幸福》,《残不废月刊》1947年第6期。

[122]申三总管理处:《申新第二纺织公司劳工自治区概况》,《无锡杂志》1933年第21期。

[123]市救济院:《注意妇女职教》,《中央日报》1934年4月23日。

[124]宋思明:《从事伤残重建工作所得的经验》,《教育与职业》1949年第205—206期。

[125]宋思明:《伤残重建与个案工作》,《社会建设(重庆)》1948年第5期。

[126]孙本文:《书刊评价薛汤铭新著"儿童行为指导工作"》,《社会建设(重庆)》1948年第7期。

[127]孙晓忠、高明编:《延安乡村建设资料·第一卷》,上海大学出版社2012年版。

[128]汤铭新:《儿童行为指导工作》,《儿童福利通讯》1947年第9期。

[129]汪效驷:《政府和民间在社会建设中的角色担当——以民国合作事业为中心的探讨》,《兰州大学学报(社会科学版)》2014年第4期。

[130]王春霞:《"虽残不废":我国第一所公办康复医院——南京伤残重建院初探》,《南京医科大学学报(社会科学版)》2018年第6期。

[131]王贺宸:《燕大在清河的乡建试验工作》,《社会学界》1936年第9期。

[132]王可卿:《天津基督教女青年会——一个社会学的分析》,燕京大学法学院社会学系学士学位论文,1941年。

[133]吴秀桂:《女青年会少女工作之研究》,燕京大学法学院社会学系学士学位论文,1943年。

[134]伍佰禧:《中国华洋义赈救灾总会农村合作事业之研究》,燕京大学法学院社会学系学士学位论文,1941年。

[135]香山慈幼院专刊:《香山慈幼院儿童教保方法》,《世界画报(北京)》1936年第551期。

[136]萧淑媛、何雅淑、陈燕群:《参观香山慈幼院笔记》,《辟才杂志》1924年第3期。

[137]熊希龄:《香山慈幼院创办史》,《新教育》1923年第2期。

[138]熊芷:《南京儿童福利实验区工作报告》,《社会工作通讯》1948年第5期。

[139]许仕廉:《北京社会运动与基督教徒》,《现代评论》1926年第107期。

[140]许仕廉:《对于社会学教程的研究》,《社会学杂志》1925年第4期。

[141]许仕廉:《附录二燕京大学社会学及社会服务学系一九二八至一九二九年度报告(一九二九年六月二十五日)》,《社会学界》1930年第4期。

[142]许仕廉:《建设时期中教授社会学的方针及步骤》,《社会学界》1929年第3期。

[143]许仕廉:《清河农村社会中心》,《河北月刊》1933年第2期。

[144]许仕廉:《清河镇社会实验工作》,《村治》1933年第2—3期。

[145]许仕廉:《清河镇试验区的合作事业》,《合作讯》1933年百期特刊。

[146]许仕廉:《燕大社会学系教育方针的商榷》,《晨报副刊:社会》1926年第61期。

[147]薛明剑、过冠生:《申新第三纺织厂之概况》,《无锡杂志》1923年第4期。

[148]晏阳初:《农村运动的使命》,《华西乡建》1947年第6期。

[149]燕京大学法学院:《社会学系近十年概况》,《燕京社会科学》1948年第1期。

[150]佚名:《清河镇幼女组织农忙看孩团》,《妇女青年》1934年第86期。

[151]佚名:《伤兵之友》,《新运导报》1936年第23期。

[152]于恩德:《燕京大学社会学系概况》,《社会学界》1930年第4期。

[153]俞庆棠、毛守丰:《现阶段的中国社会教育》,《大夏半月刊》1939年第2期。

[154]云:《家庭福利协济会》,《益世报(天津版)》1935年2月6日。

[155]恽代英:《妇女解放运动的由来和其影响》,《民国日报·妇女周报》1923年10月10日。

[156]张士杰:《中国近代农村合作运动的兴起和发展》,《民国档案》1992年第4期。

[157]张玺曼:《妇女解放运动怎样了》,《中国青年》1943年第4—5期。

[158]郑瀛之:《为什么医院设立社会服务部》,《华西社工》1946年第3期。

[159]中国华洋义赈救灾总会:《农村信用合作社章则(第八辑):本会处理农村合

作事业方针》,《中国华洋义赈救灾总会丛刊·乙种》,1932 年(卷期不详)。

[160]中国社会教育社:《提倡妇女家事教育案》,《教育周刊》1932 年第 137 期。

[161]周白棣:《自由论坛:旧式妇女的痛苦和救济》,《妇女杂志(上海)》1923 年第 10 期。

[162]周晓虹:《试论社会史研究的若干理论问题》,《历史研究》1997 年第 3 期。

[163]子厚:《燕京大学社会学系近况(民国二十年九月调查)》,《复旦大学社会学系半月刊》1931 年第 9 期。

[164]邹玉阶:《筹设中的南京伤残重建院》,《社会工作通讯》1947 年第 9 期。

[165]左芙蓉、刘继同:《国家与儿童:民国时期儿童福利政策与服务实践历史研究》,《青少年犯罪问题》2006 年第 3 期。

后　记

今年是我进入社会工作这个行业的第 11 个年头。和身边很多同事一样，对社会工作这个专业，我从最初选择时的被动和"懵懂"，逐渐转为接纳和认同，这种归属感更是伴随时光而不断沉淀。时至今日，社会工作于我，已经不再仅仅是一个专业和一门职业，而是成为了一种类似使命和情怀的东西，成为职业和生活交叉融合的一种状态。

研究社会工作历史纯属偶然——大约是 2010 年前后看到一些零散的社会工作研究，当时就震惊于民国时期居然已经有了较为系统的社会工作实务和教育，然后兴趣随之而来。入职后，作为社会工作专业的高校教师，开始做社工史研究。从 2015 年着手系统研究民国时期的社会工作实务，到如今这本书的出版，8 年时间里，研究虽偶有间断，但定稿的那一刻，历史研究和专业情怀霎时交织，感觉无论对于研究还是这些年对社会工作的感情，都终于有了一个交代。

作为一名社会工作专业教学科研工作者，做历史研究不是为了做专业史，而更多是出于一种朴素的"执念"，希望留存那一特殊时期社会工作从舶来到扎根本土的历史记忆；当然，也是出于对那一艰难时期先行者筚路蓝缕、开疆拓土的致敬。民国时期专业社会工作实务无论从实践规模还是从专业性以及"嵌入"社会治理程度等维度，均无法与当代社会工作职业化和专业化的迅猛发展相提并论,但历史就是历史,"前事之不忘,后事之师",历史的留存整理自有其价值。遥想燕大当年,社工初设,"清河实验"盛极一时;后历经战乱频仍,时局动荡,南迁复建;再到院校合并,专业裁撤;虽命运多舛,但在专业办学、人才培育、社会服务等诸多方面均有不俗业绩,而尤其是通过费孝通、雷洁琼两位先生传承薪火,社会工作专业得以复建——历史和现实其实从未割裂。

本书研究仅仅是对当时部分专业实务的梳理,才学所限,难免疏漏,也很难实现贯通历史和现实的期待,部分遗憾仍待弥补,著者也希望在后续研究中继续去拓展。搞历史研究,做专业教学,再参与当代实务,这种感觉就好像在历史和现实循环穿越,仿佛实现了一种与民国时期历史人物的"不在场"对话,这种知识和情怀的交流是我持续研究的动力。最后,特别感谢本书编辑的辛苦付出,使得书稿能够顺利付梓。

孟亚男

2023 年 5 月于华电二校

责任编辑：郭彦辰
封面设计：石笑梦
版式设计：胡欣欣

图书在版编目（CIP）数据

从舶来到本土：中国早期社会工作实务研究/孟亚男 著. —北京：人民出版社，
    2023.5
ISBN 978 - 7 - 01 - 025312 - 1

Ⅰ. ①从…　Ⅱ. ①孟…　Ⅲ. ①社会工作-研究-中国　Ⅳ. ①D632

中国版本图书馆 CIP 数据核字（2022）第 233675 号

从舶来到本土

CONG BOLAI DAO BENTU
——中国早期社会工作实务研究

孟亚男　著

人民出版社 出版发行
（100706　北京市东城区隆福寺街 99 号）

北京中科印刷有限公司印刷　新华书店经销

2023 年 5 月第 1 版　2023 年 5 月北京第 1 次印刷
开本：710 毫米×1000 毫米 1/16　印张：17
字数：233 千字

ISBN 978 - 7 - 01 - 025312 - 1　定价：85.00 元

邮购地址 100706　北京市东城区隆福寺街 99 号
人民东方图书销售中心　电话 （010）65250042　65289539